古代・中世の時空と依存

西谷地晴美［著］

塙書房

目次

目　次

目　次

古代・中世の時空と依存

序章　所有と依存の歴史学

はじめに

多くの人にとって「所有の歴史学」というテーマならば内容の予想もつけやすいが、「所有と依存の歴史学」という章題には、とまどいを覚えるかもしれない。これまでの日本史学において、「所有」を論じた研究書は数多く書かれてきたが(1)、「依存」をキーワードに据えた歴史研究書は、おそらく一冊も存在していないからである。なぜ一冊も存在していないのか。その理由は、「依存」という関係概念を、日本史学が意識的に取り上げて研究の対象に据えたことが、近年まで一切なかったからである(2)。まして言うまでもないことだが、二〇一二年度歴史学研究会大会特設部会で、私が「災害における所有と依存」と題する報告を行うまで、「所有」と「依存」の二概念を対比的に組み合わせた議論は、従来の日本史学では一度もなされたことがなかった。だから読者のために、「所有と依存の歴史学」という、歴史学においては未だなじみのないテーマを、認識論を扱う本書の序章に置いた理由を、示しておかねばならないだろう(3)。歴史の考察において、「所有」ではなく、なぜ「所有と依存」を問題とすべきなのか。そしてそれは、どのように認識論と関係することになるのか。まずは、誰もが知っている土地所有の歴史から話を始めよう(4)。

第一節　土地所有

1　土地所有の物語とその終焉

日本古代の律令制的土地政策の基本は、班田収受を原則とする公地制であったが、八世紀半ばに律令国家が制定した墾田永年私財法は、私的土地所有を生み出し、公地制の原則をみずから取り崩すきっかけとなる。この私的土地所有の発達は、やがて公地制に基づく土地制度を崩壊させて、中世的な土地制度である荘園制を生み出し、土地所有をめぐる領主階級の抗争は鎌倉幕府を成立させて、中世を封建制社会へと導いていく。その後の中世の歴史は、土地所有をめぐる封建制の深化となってあらわれ、守護権力の強化された室町時代を経て、下剋上の世たる戦国大名の争乱の時代へといたる。

これは、日本史を学んだ者にはなじみの深い土地所有史の教科書的通説である。この通説は、古代から中世にかけて史料的に容易に確認できる、土地公有から土地私有へという現象面での変化を、戦後歴史学の基礎となった進歩史観（マルクス主義的歴史観）を導きの糸として、土地所有の主体形成の歴史としてとらえ直し、中世の歴史を封建制の深化にともなう土地の所有主体の抗争史として描いた、一つの物語であった。

古代から中世への歴史が、このように封建制を生み出す土地所有の主体形成の物語であったからこそ、一九五〇年代から六〇年代の戦後歴史学の転換期において、中世の政治主体の一翼を形成する在地領主が奴隷主なのか農奴主なのかが重要な問題となった。この議論は在地領主を農奴主ととらえる方向で一段落して、日本の中世が進歩史観の範疇においても封建制社会であることが再確認されていく。[5] その後、一九七〇年代には民衆史的発想の高まりのなかで、中世前期において史料的に百姓との関わりが深い作手や永作手を、土地の所有権とみなしてよいのかどうかに注目が集まっていった。[6] さらに議論の過程で、百姓層の土地所有を共同で保証する村落共同体の重要性があらためて見直されていく。[7] 一方、中世後期においては村落の構造研究が進展していくなかで、地主作人関係や加地子得分をめぐる公権力と村落との対抗関係の解明が精力的に進められていった。[8]

このように、中世の歴史を動かしていく土地所有の主体は、荘園領主や在地領主からしだいに村落結合を媒介とした百姓層にまで拡大されながら、土地をめぐる公と私の対抗関係を基軸に土地所有の歴史を考える視点は維持され続けたのである。

ところでこのような公有と私有をめぐる伝統的見方に対して、土地所有研究は次のような根本的疑問も提起していく。

その第一は、吉田孝氏によって進められた墾田永年私財法の歴史的意義に関する研究である。[9] 吉田氏の研究によれば、中国における永業田の規定をはずして作られた日本の田令は、永業田規定に相当する墾田永年私財法が制定されることによって、ようやく本来の土地法の姿に近づき、班田を中核とする律令制的土地政策は、私財法の制定によって順調に進展していくことになった、という。この吉田氏の研究は、古代から中世への歴史過程を、土地公有と土地私有との、すなわち土地をめぐる国家と人民との対抗の歴史として描いてきた通説に、強く再考を迫るものであった。

第二は、中世の荘園制を私的土地所有の概念でとらえる伝統的な見方に対して、早くから出されていった次のような見解である。[10] それは簡略に言えば、荘園は初期荘園以来、国家による管理と統制によって一貫して政策的に生み出されてきた公的存在であり、多数の院領（王家領）荘園群を中核にして、国家的役割を負った諸権門がその役割にみあうかたちで荘園や公領を分有した体制が中世の荘園制である、という理解である。黒田俊雄氏の提唱した権門体制論[11]を肯定するかどうかにかかわらず、中世の荘園を国家に敵対する私的土地所有の範疇でとらえる研究者は、荘園公領制概念[12]の定着した現在ではほとんどいないと思われる。

このように、古代と中世の二つの時代から、公有から私有へという伝統的な土地所有史の考え方に対して、根本的な疑問が突きつけられていったのである。しかし、進歩史観に基づいて、あるいは西欧モデルにならって、日本の中世を封建社会ととらえる以上、中世の土地所有研究はどうしても私的所有を中心とした研究とならざるをえない。このため土地所有研究は前述したごとく、その対象を下方修正しつつ、荘園制内部の職の伝領や、百姓層の土地所有権をめぐる問題、あるいは徳政を契機にさまざまに検証できる土地売買慣行などに研究を特化させながら、次第に狭隘化の道をたどっていった。

かつての土地所有研究は、古代から中世をへて近世へと展開する日本史の時代区分認識と不可分であり、それは、それぞれの時代をはかる物差しの役割をも負った重要な研究分野だった。しかし、一世を風靡した土地所有研究も、今や色あせた観がある。さらに一九九〇年前後に起きた東西冷戦構造の崩壊に歩調をあわせるように、日本史学界においても進歩史観の学問的価値が足早に忘却されていくなかで、戦後歴史学の一翼を担ってきた土地所有をめぐる物語は、その歴史的役割を終えようとしている。

これまでの中世土地所有研究のおおよその流れをこのように理解できるとするならば、ここから二つの課題が必然的に導かれるだろう。その第一は、土地所有研究が時代をはかる基底的役割を担えないのだとすると、土地所有研究の歴史学上の価値がどこにあるのかを考え直すこと、すなわち土地所有研究自体のあらたな意義を探すことである。この作業を行うために特別な準備が必要なわけではないので、研究者の立ち位置や現状認識の違いによってさまざまな解答がありうるが、いずれにしても従来の研究の何を継承し、何を克服するかが重要な視点となる。第二は、土地所有研究の基礎に据えられていた、所有論そのものの歴史学上の意義を再検討することである。本書に直接関わるこの第二の課題については、次節で詳しく述べることにして、ここではまず、伝統的な所有論の重要な研究分野の一つとして今後も追究していく必要のある土地所有研究の第一の課題について、私の考えをあらかじめ簡単に述べておきたい。

2　中世土地所有研究の課題

（1）自給自足的発想からの脱却

中世の歴史を在地領主制を基礎とした封建制の形成の歴史ととらえることから出発した戦後の中世史研究は、同時にやっかいな発想を背負い込んでいる。[13]家父長制的奴隷制や家父長制的農奴制という言葉は、一九五〇年代から六〇年代にかけて、中世史においてしばしば使用された学術用語であるが、この用語がはからずも示しているように、イエの所有と経営の解明が社会構造を知るための基礎と認識された時期があった。名田経営論や、名共同体論、あるいは名田を名主の所有権の対象とみなした研究の多くも、この系譜に属している。そこでは一つ一つのイエや名が、理念的にも歴史理論上のモデルにおいても完結した空間であった。一方、一つの共同体と思われていた荘園の内部に複数の村が発見されると、この村こそが共同体であるという村落共同体論が提起されていった。

過去の研究のなかで、イエ・名・村・荘園のいずれが歴史理論上の空間モデルとして重視されたかは、この際たいして重要ではない。問題なのは、一時期の西欧の歴史研究にならって、それを封建制社会における完結した一つの世界とみなした点にある。

中世の村を自給自足の社会としてとらえる研究は、さすがに現在では皆無となった。さまざまな商業や流通を前提に、人々の社会が維持されていたことが明らかだからである。では、商業や流通とは何か。それは、商品や物品を媒介とした人と人との関係にほかならない。それがどのような規模の共同体であろうと、外部との関係なくしては成り立たないのである。なぜならば史料的に確認できるあらゆる共同体は、先天的に存在する外部社会(人間社会)を前提にして、その外部社会との関係(友好的であれ敵対的であれ)においてさまざまな機能を果たす団体としてつくられているからである。内部の関係だけですべてを充足できた完結した世界など、国家規模にまで範囲を広げても、歴史上存在した例はないのである。

イエや村の考察は、土地所有研究においても不可欠な作業である。しかしそのために、イエや村を理論上のモデルとして歴史を考えていく発想に、これまで批判の目が向けられたことがほとんどなかったのだとすれば、問題が大きいと私は思う。あらためて指摘するまでもないが、支配関係の側面だけに限っても、身分制社会であった中世では、人々の関係はイエや村の空間で完結することはない。支配関係は、イエや村の空間を初めから超越するかたちで生み出されているからである。この政治的な関係に、外部とのさまざまな経済的・社会的諸関係が加味されて、初めて一つのイエや村が存在しえているのである。中世の土地所有は、多面的な諸関係のなかで生み出され維持されていたことになる。

従来の土地所有研究が、イエや村落共同体の範囲で論理的に完結する議論となっていたことはなかったかどうか。それがたとえ百姓層の土地所有であったとしても、中世の社会が自給自足経済ではなかったのと同様に、土地を媒介とした人と人との関係であった土地所有が、イエや村や荘園の範囲で収まることなど、当時の人々は初めから想定していなかったのではないか。中世の土地所有秩序を明らかにするためには、イエや村を完結した小宇宙のようにとらえる自給自足的な発想から抜け出して、総体としての土地所有秩序の解明に向かわなければならないのである。この点について、もう少し具体的に考えてみよう。

（2）総体としての土地所有秩序の解明

一九八〇年代に入ると、いわゆる社会史の流行を背景に、中世の土地所有慣行をめぐる議論が活発となった。そのなかで菅野文夫氏の発見した土地所有をめぐる文書フェティシズムのあり方は、土地所有研究の新しい方向を考える場合に示唆に富んでいる(14)。

中世の土地売買や相続においては、売買や相続ごとに必ず土地証文を作成していたわけではなく、所有権の移動に際して土地証文を作成しない場合もあったことは、すでに笠松宏至氏によって示されていた(15)。菅野氏はそれに加えて、中世社会においては、本人との関係を直接明示しない土地証文でも、それを所持している限り土地所有の保証において有効な働きを果たしていたことを発見する。菅野氏はこのような土地証文のあり方を文書フェティシズムと名付け、土地の所有において土地証文を作らない無券文状態から、所有権の移動ごとに証文を作成する厳格な文書主義にいたるまで、中世社会でみられた権利移動をめぐるさまざまな形態のなかで、このような文書フェティシズムこそが最も中世的な文書主義のあり方であった、としている。文書を重視する人々からは「手継中絶」として疑念の目を向けられた、このような中世的文書主義を支えていた土地所有秩序の構造はどのようなものだったのか。

無券文状態での所有権の移動を支えた構造を前提に、文書フェティシズムを考えることができるのならば、それは村落共同体による土地所有保証システムに対応する在地社会の土地所有慣行だったようにもみえるだろう。しかし、「私文書」と呼ばれた手継証文[16]が実際に機能した場は、葬送後の譲状の公開などの場合[17]を除けば、たいていは裁判など人々が公権力と向き合う場であった。それが「私文書」であろうが、あるいは本人への権利移動を全く証明できない「手継中絶」の状態であろうが、文書を所持している限り土地所有の権利主張ができるはずだと考えた当時の人々の観念が、その文書に記された土地と直接関わる村落共同体の保証や、荘園公領制内部の支配関係によってのみ支えられていたとは考えにくい。

あたかも貨幣のごとく、時空を超えて共通に機能する土地証文の意義を明らかにするためには、地域的視点だけでは不十分であり、中世の総体としての土地所有秩序を解明しなければならない。そのためには、個性豊かな各地域を中央（たとえば国衙や権門）がさまざまな形態で束ねながら、最終的に国家的制度として統合する荘園公領制の仕組みを追究するとともに、国家ないしは公権力との関係で姿をあらわす領域全体（日本という領域もその一つに該当する）を研究対象とする広域的視点が必要になる。そしてこの広域的視点に立てば、次のような研究課題が再認識されることになるだろう。

中世における土地をめぐる抗争は、身分制を前提とした、生産物と労働力の再配分をめぐる争いでもあった。身分制の枠組みに変動が起これば、そのたびにこの再配分の仕組みを変更する要求が出され、政治的に解決していく必要が生じる。身分制の枠組みに変動が生じることによって、従来の土地所有秩序が新しい秩序に変更されていくのだとすれば、身分制の変動を引き起こす契機や、身分制の変動そのものの解明が、土地所有研究の重要なテーマになってくる。では、身分制の枠組みが変更されるのは、どのような場合だろうか。

社会全体に甚大な被害をもたらした自然災害と戦争・内乱こそが、中世においては身分制の枠組みに変動をもたらす最大の契機であった。自然災害や戦争・内乱などのいわゆる非常時と土地所有秩序の変動との関係の考察は、土地所有研究にとっては一見古めかしいが実は新しい課題なのである[18]。公と私の、公権力と人民の、いつ果てるともしれない対抗の物語だった従来の土地所有史は、確かにその役割を終えたが、政治史との関わりで土地所有の歴史を考察する視点の重要性は、今後も色あせることはないと私は思う。

また日本史学においては、戦争や内乱の研究に比べて[19]、ときに厳しい災害をもたらす自然環境そのものに関する研究は、進歩史観の影響下でながらく手薄な状況が続いてきた。しかし、環境決定論という言葉を振りかざすことで、歴史の変動要因から自然環境の影響を意図的に排除できた幸せな時代は、とうの昔に過ぎ去っている。自然環境の研究が遅々として進まなかったことで、中世史研究にどれほどのゆがみが生じているのかを考えることも、必要なことである[20]。

第二節　所有論

1　網野善彦氏の無縁論と無所有概念

(1)　無縁論の論理

次に検討しなければならないのは、先に指摘しておいた第二の課題、すなわち土地所有研究の基礎に据えられていた所有論そのものの歴史学上の意義についてである。

中世における土地所有の研究は、土地を媒介とした人と人との関係を明らかにすることにあると言われてきた[21]。

ここには、明らかにすべき二つの関係をめぐる問いがある。それは、土地を媒介とした関係とは何かという、土地所有研究が保持すべき固有の問いであり、もう一つは、人と人との関係とは何かという、より普遍的な問いである。従来の日本史学は、主に前者の問いに対して精力的に取り組んできたが、後者の問いについては必ずしも十分に検討してきたわけではない。しかし、人と人との関係の概念化は、所有論の意義を再考するうえで、実はたいへん重要な問題なのである。

ところで、人と人との関係とは何かという問題を、所有との関わりで考えようとするときに避けて通れないのが、網野善彦氏が著書『無縁・公界・楽』で全面展開させた無縁論の検討である。[22] なぜならばこの無縁論は、「『私有』『有主』の論理の発展・深化のみに歴史の『進歩』を見出し、『無所有』『無主』の論理に、おくれた、克服さるべきものしかみようとしない志向[23]」に対して、強烈な異議申し立てを行っているからである。したがってここでは、網野学説の個々の論点ではなく、無縁論の核を構成する「無所有」概念の有効性を検討することになる。

網野氏の主張は多岐にわたるが、網野無縁論の基軸となる論理構造を理解するには、以下の二つの内容を検討すれば十分である。その第一は、網野氏が同書第十一章「無縁・公界・楽」の冒頭に記した次の整理、すなわち「『無縁』『公界』『楽』という言葉でその性格を規定された、場、あるいは人（集団）の根本的な特質は、これまでくり返しのべてきたように、主従関係、親族関係等々の世俗の縁と切れている点にある」という説明である。[24]

網野氏が、「無縁」の場や人（集団）の根本的な特質を、「主従関係、親族関係等々の世俗の縁と切れている点」に見いだしていることは明らかである。ところで、ここで注意しておかねばならないのは、この場合の「無縁」とは、「世俗」（外部社会）と「〈特定〉の場や人（集団）」との関係を表現する言葉であって、決して「〈特定〉の場や人〈集団〉」の内部構造や内部関係を表現したものではないという点である。あくまでも「無縁」とは、「世俗」〈外部社会〉と「〈特定〉の場や人〈集団〉」との関係を示す概念なのである。

検討すべき第二は、「有主・有縁―私的所有が、無主・無縁の原理―無所有に支えられ、それを媒介としてはじめて可能になるという事実は、きわめて本質的な問題を提示している、と私は考えるが、この『矛盾』が最も本源的な姿をとって現れるのは、さきにもふれた『イエ』、家、屋敷であろう」という主張である。[25]

これは同書第十九章「寺社と『不入』」の末尾に記されており、この理解を基礎に第二十章「『アジール』としての家」が展開されている。さてここに記された主張によれば、「有主・有縁〈の原理〉―私的所有」[26]と「無主・無縁の原理―無所有」とは対立する概念であり、いわば敵対する構図になっていたが、にもかかわらず私的所有は無所有によって支えられるという矛盾した構造になっていた、という。[27]そしてこの構図が最も端的にあらわれるのが家であった、と網野氏は考えている。[28]ここで先に示した注意点を踏まえると、この主張には論理的に整合性を欠くところがあることがわかるだろう。それはこういうことである。

網野氏のいう「有主・有縁〈の原理〉」とは、前述の表現を使えば、「世俗」の内部構造・内部関係の特徴を示す言葉である。一方、繰り返しになるが、「無主・無縁の原理」とは、「〈特定〉の場や人〈集団〉」の内部構造や内部関係の特徴を示す言葉ではなく、「〈特定〉の場や人〈集団〉」とそれを取り囲む「世俗」との関係を示す概念である。ところで、たとえばAとBの二つの事項の意義を説明する場合に、Aの内部構造・内部関係と対比すべきなのはBの内部構造・内部関係であって、Aの内部構造・内部関係〈この場合は有主・有縁〉とA―Bの関係〈この場合は無主・無縁〉をどれだけ対比して示してみても、Bを説明したことにはならないはずである。にもかかわらず、網野氏が「有主・有縁〈の原理〉―私的所有」と「無主・無縁の原理―無所有」とを、社会の二大原理のごとく対比させているのはなぜなのか。

同様の疑問は次の箇所にもある。それは網野氏が、「有主・有縁〈の原理〉―私的所有が、無主・無縁の原理―無所有に支えられ」るという「矛盾」が端的にあらわれるのは「家」であろう、と説明している点である。これを網野氏自身の言葉で表現し直せば、「家そのものに即してみれば、無縁・無主の原理と、有縁・有主の原理が、ここでは最も密着した姿で背中合せに現われる」(29)ということである。ところで、「最も密着した姿で背中合せに現われる」という表現から判断すると、網野氏は「世俗」との関係を示す概念であったはずの「無縁・無主の原理」を、「有縁・有主の原理」と対置可能な、いわば内部構造・内部関係を示す概念としても扱っているのではないかという疑問がわく。網野氏の主張そのものからそれを確認してみよう。

(2) 所有論と無所有概念

網野氏が同書第十一章「無縁・公界・楽」のなかで、「無縁・公界・楽の場、及び人の特徴」としてまとめた内容は、全部で八項目ある。それは①不入権、②地子・諸役免除、③自由通行権の保証、④平和領域、「平和」な集団、⑤私的隷属からの「解放」、⑥貸借関係の消滅、⑦連坐制の否定、⑧老若の組織、の八点である。このうち、①〜⑥の六項目は、「世俗」と「無縁・公界・楽の場、及び人」との関係を示す内容であるが、⑦と⑧およびの④一部はそうではなく、これは「無縁・公界・楽の場、及び人」の内部関係・内部構造の特徴に該当する。ここには二つの異なる特質が混在しているわけである。なぜこうなるのか。その理由を、実は網野氏自身が次のように説明している。網野氏によればこの八項目は、「主従関係、親族関係等々の世俗の縁と切れている」という特質から、「おのずと生れてくる特徴」だというのである(30)。

網野氏が、「世俗」と「〈特定〉の場や人（集団）」との関係を示す概念であったはずの「無縁」や「無主」を、「〈特定〉の場や人（集団）」の内部構造・内部関係を示す概念として、なし崩し的に拡大・転用していることは、疑問の余地がなさそうである。したがって、網野氏が「無主・無縁の原理」の特徴として明示した「無所有」という規定が、従来の所有論の範疇から抜け出ている概念なのかどうかは、はなはだ疑わしいと言わねばならない[31]。たとえば、⑧老若の組織が「無縁・公界・楽の場、及び人」に固有の特徴なのかどうかは、中世の村落組織などを念頭に置くと、そうやすやすとは首肯しがたいことなのではなかろうか。ところがこの点に関して網野氏は、「一揆」に「『公界』『無縁』の原理の底知れない深さと生命力」を見いだしたうえで[32]、「鎌倉後期から文献に姿を現わし、室町期以後、全面的に表にでてくる農村・漁村・山村の『惣』の組織が、『老若』の形態をもっているのは、当然のこと」と述べている[33]。これではいったい「世俗」の場はどこにあるのか、逆に心配になってくる。

この事実は、網野氏の意図とは裏腹に、「無縁・公界・楽の場、及び人」の内部が、「世俗」の内部構造とそれほど違った姿をとっているわけではないことを示しているように思われる。したがって、「〈特定〉の場や人（集団）」が、「主従関係、親族関係等々の世俗の縁と切れている」という特殊性をもっている場合でも、そこに人々の生きる社会がある限りは、その内部に所有関係が存在していると考えざるをえない、と私は判断する[34]。

このように、網野氏の無縁論が、論理的に整理をすると結局は所有論の範疇に収まってしまう可能性が大きいのだとすると、網野学説の学問的価値をどう評価すればよいのだろうか[35]。アジールや非農業民など、従来の日本史学が軽視ないしは等閑視していた諸事象の重要性を明らかにして研究対象として確立した点は、網野史学の特筆すべき功績である。また右に述べたように、本人の意図とは裏腹に、所有論の研究対象が無縁・無所有にまで拡大可能なことを明示した点も、逆説的に再評価しなければならないだろう。しかしこれ以外に、網野学説から継承すべきことはないのだろうか。私は、われわれが本気で検討しなければならないことがあると思う。

私が重視するのは、網野氏が無縁論を提起した理由である。『無縁・公界・楽』は、東西冷戦構造下の一九七八年、伝統的な所有論が日本史学においてまだ力を保っていた時期に出版された。網野氏がそのなかで無縁論を提起し、「無所有」という言葉を強調したのは、「私的所有の発展、『有主』の世界の拡大にのみ、人間の『進歩』の歴史を見出」す従来の考え方に根本的な疑問をもったからである。[36]『無縁・公界・楽』は、マルクス主義的な進歩史観を見直し、歴史のなかにもう一つの新たな「進歩」を発見するための基礎作業でもあった。[37]日本史学において進歩史観が後退した今、この網野氏の研究目的には、現代的意義が生じているのである。

しかし、無縁論では結局、「人間にとっての本当の意味での『進歩』」を提示できなかった。[38]無縁論が所有論の範疇から抜け出ていないのであれば、これは当然の帰結というべきであろう。従来の所有論を乗り越えるには、無所有概念を持ち出しても有効ではないことを、われわれは網野無縁論の挫折から学ばねばならない。

ならば、「人間にとっての本当の意味での『進歩』」を考えるには、どうすればよいのか。歴史における進歩をもう一度新しく考え直すには、どうすればよいのだろうか。

ところでかつては、たとえ網野学説に批判的であったとしても、この問いの存在可能性そのものがやり玉に挙がることは決してなかった。しかし現在においては、この問いが成り立つのかどうかが、必ずしも自明ではなくなっている。より明確にいえば、歴史学において進歩や発展を措定すること自体が、すでにきわめて困難な課題になっているのである。なぜならば、この問いの正面に、あのポスト・モダンの思想が、この問いの無効を宣告するべく立ちはだかっているからである。

2　歴史における進歩の難題

（1）日本史学のポスト・モダン状況

歴史における進歩や発展をもう一度新しく考え直すために、なぜわれわれはポスト・モダンの思想を一度は経由しておく必要があるのか。その理由を述べる前に、あらかじめ歴史学におけるポスト・モダン状況を簡単に述べておくことにしよう。

フランス現代史を精力的に研究している渡辺和行氏は、アナール学派のポスト・モダン状況を整理したうえで、「グローバル・ヒストリー」を再考する社会史を実現する条件として、「冷戦の終焉とグローバリゼーションの進行、国民国家の相対化、言語哲学の挑戦という歴史学内外の状況」の意識化を挙げている。[39] ところで、この「言語哲学の挑戦」とは、いわゆる「言語論的転回」のことであるが、私も含めて日本中世史研究者の多くは、歴史叙述や語りの問題を除けば、日本近現代史研究者のようには、「言語論的転回」をめぐる大騒ぎに加わらなかった。日本で起きた「言語論的転回」をめぐる大騒ぎとは、たとえば、歴史には「事実」も「真実」もなく、特定の視角から何度でも書き換え可能な、再構成された「現実」があるのみだ、などという言説を触れ回るいわば特殊な「言語ゲーム」のことで、[40] 小路田泰直氏はこの間の日本史学の状況を、皮肉を込めて次のように述べている。[41]

すなわち、「過去に『事実』や『真実』を探ること自体の、即ち歴史学の営み自体の無意味性を宣告され」た結果、「この宣告に恐れをなした多くの歴史家は、『言語論的転回』など、使い慣れない一知半解の言葉を駆使して、あらゆる歴史を書き手の描くフィクションとして貶化することに全力をあげて」きた。「歴史学にとってこの一〇年間は、ある意味で受難の一〇年間」であり、「縮小再生産を続けてきた歴史」だった、と。

このような騒ぎを対岸の火事のごとく眺めてきた日本中世史研究者の態度は、決してほめられたものではないのだろうが、そもそも限られた文献史料によってしか研究を遂行することができず、史料の信憑性や史料解釈をめぐる厳しい相互批判を、戦後何十年にもわたって繰り返してきた中世史研究者にとって、このような表層雪崩のごとき「言語ゲーム」が、あたかも周回遅れの議論にみえたことは否めないだろう。ただし、渡辺和行氏が整理したアナール学派の歩みにならえば、われわれが今後もこのような研究態度を貫きうるのかどうか、必ずしも予断を許さない状況にあることには、注意を払っておかねばならない。

日本中世史研究が深く関わってきたポスト・モダンの思想は、このような「言語論的転回」をめぐる議論ではなく、国民国家の相対化の議論であった。日本における「言語論的転回」が、小路田氏が指摘するように「歴史学の営み自体の無意味性」の宣告であったのに対して、国民国家の相対化論は日本史学に何を要求したのだろうか。

ここでは歴史家の意見ではなく、ポスト・モダンの思想そのものを研究対象としている専門家の説明を、素直に聞くことにしよう。フランスの哲学者リオタールのポスト・モダン認識[42]を、西研氏は次のように簡潔にまとめている[43]。

近代においては、学問は「真理」に近づくものであって神話を語ることとはちがうと信じられてきた。しかしいままでは、複数の異質な知があるのであって学問が特権的地位をもつわけではない、とだれもが感じている。西洋近代は、学問が発展し真理へ近づくことによって人間性と社会の在り方もますます進歩していくという「大きな歴史の物語」を掲げていたが、そのような真理と進歩の物語を信じた近代はもう終わったのである。

西氏は、このようなポスト・モダン認識が支配的になっていった理由として、「第一次・第二次大戦の衝撃」、「マルクス主義の失敗」、「西洋中心主義に対する批判」の三点を挙げている。西氏の主張は明快なので、もう少し氏の話に耳を傾けてみよう。

一点目の「第一次・第二次大戦の衝撃」とは、自由と平等の実現をめざしたはずの国民国家が、理性の成果であるはずの発達した科学技術を用いて大量殺戮を引き起こした事実に対し、人々が受けた衝撃のことであり、理性を通じて人類はすばらしい未来に向かって進歩する、という近代の確信は、これによって大きく揺らいだと西氏は判断する。(44)

二点目の「マルクス主義の失敗」とは、「理性の働きによって人間性と社会とを理想的なものに改造しようとする大胆な試み」が失敗したことであり、三点目の「西洋中心主義に対する批判」とは、レヴィ＝ストロースの構造主義・文化相対主義などに代表される、「西洋近代がめざした唯一の真理や正義という観念の独善性・抑圧性を批判し、異質で多様な知や生き方を認めるべきだとする主張」のことである。総じて、近代の礎に据えられた理性そのものを疑うこと、それがポスト・モダンの思想の基盤をなしていることは、あらためて述べるまでもない。(45)

私がここで注目したいのは、西氏の哲学史的観点からの説明（前記の一点目）を踏まえると、国民国家の相対化というポスト・モダン的言説の流行は、進歩という言葉に込められた近代の確信に対する深刻な懐疑と、実は表裏一体であったことである。たとえば西川長夫氏も、「国民国家論が国民国家批判でなければならない理由と歴史的背景」として、二〇世紀が「大量死」と「大量虐殺」の時代であり、「その大量死をもたらした中心的な装置が国家であり、殺人の実行者が国民であったこと」を挙げ、(46)また、「かつて歴史学と歴史記述を支えていた主要な概念（国民、民族、人種、主体、文明、文化、進歩、発展、時代区分、国民史、世界史、等々）はもはや維持できないか、根本的な変化をせまられている」との認識を示している[47]。

日本史学において国民国家の相対化が提起されて久しいが、国民国家の相対化論が、歴史における進歩や発展や時代区分の否認と通底していることを、日本史研究者はどこまで自覚していただろうか。中世史研究に限ってみても、国境の相対化や列島内部の複数国家観を議論することで、近現代史研究を席巻する国民国家の相対化論に寄与しよう、などと無邪気に考えてきた場面がなかっただろうか。私にはむしろこの点が気がかりである。

（2）進歩の否定とニヒリズム

ところで、近代的理性の基本線を知るには、ヘーゲルの『歴史哲学講義』（一八四〇年）がわかりやすい。ヘーゲルは、「歴史における理性とはなにか」を説明するにあたり、その冒頭で次のように述べている[48]。

> 理性そのものがなんであるか、という問いは、理性が世界と関係づけてとらえられるかぎりで、世界の究極目的はなにか、という問いにつながります。究極目的は、いうまでもなく、実現されるべきものと考えられています。ここでは二重の考察が必要で、一つは、究極目的の内容を定義づけること、もう一つは、その実現のさまをあきらかにすることです。

ヘーゲルは理性をこのように、「世界の究極目的」と「その実現のさま」から考察し、「世界の究極目的」（歴史の絶対的究極目的[49]）とは「精神の自由」の実現のことであり、その実現は「国家」を生み出すことによってなされる、という著名な結論を導いている。また、「ギリシャ人は奴隷を所有し、奴隷によって美しい自由な生活と生存を保証されていた」という記述からうかがい知れるように、この「精神の自由」は私的所有によって支えられる構図になっている[50]。私的所有に支えられた自由が発展することによって、理性は社会的に（ヘーゲルにおいては国家的に）実現されていくというのが、近代を立ち上げた理性の基本線であったことは、私が説明するまでもないだろう。

この近代の理性そのものに疑いの目が向けられれば、自由や平等や国民国家だけではなく、進歩の理念そのものが批判の射程に入るだろうし、それによって人類が目標とすべき未来像が消え失せれば、当然のようにニヒリズムが生まれるだろう。竹田青嗣氏は、「ポスト・モダンの思潮の本質的な性格」を、懐疑論、ニヒリズム、反社会的心情の三点に見いだしたうえで、「おそらくポスト・モダンの思潮において最も重要なのは、それがニヒリズムを必然化するという点にほかならない」と述べているが、まことに的確な指摘だと思う[51]。なぜならば、文脈はやや異なるものの、ニヒリズムの流行は歴史学周辺の世界でも同様だからである。

たとえば国民国家の相対化を主張する西川長夫氏は、「近代歴史学が国民国家と運命をともにするのは理の当然であって、歴史学は国民国家とともに終焉をむかえ、歴史記述、つまりジャンルとしての歴史も、消滅するか形を変えるはずである」と公言してはばからない[52]。また、日本の科学史研究を牽引してきた村上陽一郎氏は、科学史の方法として「歴史の文化人類学化」（この背景にレヴィ＝ストロースの構造主義があるのは明らかだろう）、「全体論的、断片主義的アプローチ」を提起・推奨したうえで、「全体論的アプローチは、文字どおり、全体論的であるがゆえに、全人間的な性格をもっており、それが、他者の確認の営みであると同時に自己の確認の営みでもあるところにおいて、科学史は、強いて何であるかと問われれば、文学である、と答えざるを得ない」と述べている[53]。

このような、外来の新しい思想に基づいてみずからの研究基盤の瓦解を解説し、その解説になにがしかの価値を付与するような研究は、あまりにむなしい、と私は思う。竹田青嗣氏は「日本の思想が結局いつも西洋思想のあと追い的流行現象を繰り返してきたこと」を嘆いているが[54]、私に言わせれば、このような現象は近代以降の日本型アカデミズムにはびこってきた風土病のようなものであり、意識的な対処が必要である。あからさまに言えば、今後も生まれてくるはずのさまざまなポスト・モダンの思想に、学者を自任する人々が身も心も絡め取られて、ニヒリズムが日本の学問世界に蔓延してしまう前に、われわれは「強く深く普遍的に考える[55]」努力を意識的に行わなければならないのである。

だから日本史学は、マルクス主義的進歩史観の呪縛から抜け出して、ポスト・モダンの思想を歴史学深化のための重要な一つの条件として認知し、あるいは意識化するとしても、人類進歩の可能性そのものを放棄してはならない、と私は思う。「進歩」や「発展」という言葉に「モダン」という荷札を貼って博物館に納品する前に、われわれは『無縁・公界・楽』における網野善彦氏の挑戦にならって、進歩や発展に関わる従来の歴史の見方や考え方そのものを、根底から内在的に検討し直す必要があるだろう。しかも前項で確認したように、網野学説で使われた無所有概念は、この場合すでに有効ではない。所有概念だけに依拠して歴史における進歩を書き換えることは、もはや論理的に不可能だろう。この難問を乗り越えるには、どこから何をどのように考えていけばよいのだろうか。

ところでこのような人類進歩の本質に関わる問題について、ニーチェの思想の現代的意味を確認しながら、竹田青嗣氏が次のように述べている[56]。すなわち、「ニーチェの思想は、一般には現代思想の大きな源流となったとされているにもかかわらず、むしろ現代思想のいちばん重要な盲点を見事についている」という。この「現代思想のいちばん重要な盲点」とは竹田氏によれば、現代思想が、マルクス主義的社会変革の展望の底にあった本質的な視線、つまり理想的な社会を見いだすべきであるという近代思想の理念を引きついだために、ニヒリズムを生み出したことを指している。マルクス主義の社会変革の展望を棄て去ったから現代思想にニヒリズムが蔓延したのではなく、逆にマルクス主義の基底にあった近代西欧の哲学的理想や理念を現代思想が引きついでしまったために、ニーチェの想定通りにニヒリズムが思想界にもたらされたのだ、という竹田氏の説明には説得力がある。竹田氏はこの判断を前提に、ニヒリズムを克服する展望を次のように描き出す(57)。

ニーチェの考えからわたしたちがつぐべきものがあるとすれば、それは次のようなことであるはずだ。まずわたしたちは、思い切って、理想的な〈社会〉が実現されるべきであり、そうでなければ人間は一切の可能性を失うという、近代思想以来の〈社会〉思想の根本的理念を棄て去るべきなのである。そうではなくて、〈社会〉は完全な理想には決して到達しえないかもしれないが、それにもかかわらず、人間は、自己の関係本質を実現し得る「可能性」を持っているし、また一方で人間が〈社会〉を永続的に改変してゆこうとする努力には、はっきりした意味も根拠もある、と私には思えるのである。

右に引用した文章のキーワードは、「社会」と「人間」である。誤解を恐れずに竹田氏の主張を簡潔に述べれば、人類進歩の方向は、完全な理想「社会」の実現にあるのではなく、「人間」の関係本質（ここでは人倫や類的本質を指す）の実現「可能性」にある、ということである。人類進歩の方向を完全な理想社会の実現に置かないという氏の考えに対しては、感情的に反発する人がいるかもしれないが、マルクス主義の挫折が意味するところは結局こういうことなのであり、これはなんら不合理な主張ではない。しかし、「人間」の「関係本質」についての竹田氏の主張には、明らかに未整理の内容があるだろう。竹田氏は右の主張に続けて、実はこう付け加えるべきであった。すなわち、「ここでいう人間の関係本質が近代思想を支えてきた人倫や類的本質そのものを意味することはもはやあり得ないが、それでもそのような実現可能な人間の関係本質に意味や価値があるとすれば、それは人間の新しい関係本質の発見を必ずともなったものになるはずだ」、と。なぜならば、竹田氏自身が右記の展望に沿って次のような重要な問いを出しているからである。

一挙に世界を理想状態へ導く変革の条件を求めるのではなく、人間がおよそ現にある〈社会〉を否認し、それを改変してゆくことの現実的な条件と根拠はどこにあるか、と問うべきである。そして、この条件と根拠が、〈社会〉の改変がさしあたって目差されるべき構造を明示するだろう。

ここで示された現代社会を改変していく「条件と根拠」が、伝統的な近代的理性群のなかにそのまま保存されていることは、もはやありえないだろう。だからこそ竹田氏はフッサール現象学の再構築を図ろうとしているのではないのか。氏の仕事が真に成し遂げられれば、それは人間の新しい関係本質の発見を必ずともなったものになると私は判断する(58)。

しかしこれは哲学者が取り組むべき課題であって、歴史学者には当然別のやり方があってよい。なぜならば、現代の哲学者がようやくたどり着いた最新の知を振りかざして大騒ぎを始めたり、あるいはその知に唯々諾々と従ったりする前に、歴史学者にはやるべきことがあるからである。それは現代の哲学者がそれまでの認識の誤謬に気づいた瞬間の、その事実がもつ歴史的意義の解明を通じて、新しい人間の関係本質を発見し、それを過去の人類の歴史のなかに置き直すことで、従来の歴史像を再考する仕事である。

歴史学においては前述したように、所有概念だけに依拠して、あるいは所有の弁証法として、歴史における進歩を説くことがすでに困難なのだとすれば、所有との関わりで構想されてきた、私利私欲から近代的理性にいたるまでのさまざまな人間の関係本質とは異なる、人間の新しい関係本質を見いださねばならないだろう。そしてここで発見される人間の新しい関係本質が、所有とは全く無関係に存在しているのならば、歴史における進歩の書き換えは、従来の歴史学そのものの存在価値を否定的に問い直すことになるし、新しい関係本質が所有の存在を前提とした、所有との対比において存在しているならば、従来の歴史学を全面的に否定することなくその読み替えによって、新しい歴史の進歩を措定できることになるだろう。

私の想定は当然後者にあり、所有との対比において、歴史の読み替えを要求するほどに意味のある人間の関係本質が、果たして存在しているのかどうかが問題になる。次節では、大乗仏教を理論的に跡付けたナーガールジュナの思想と、ポスト・モダンの思想の原点にあるソシュール言語学に立ち返り、その歴史的意義を見極めることで、人間の新しい関係本質を提示し、人類進歩の可能性の「条件と根拠」をつかんでみることにしよう。[59]

第三節　依存論

1　ナーガールジュナの思想

ナーガールジュナは古代インドの僧で、およそ一五〇～二五〇年ごろの人と推定されている。周知のようにナーガールジュナは、『中論』『十二門論』『空七十論』『廻諍論』『六十頌如理論』などの著作によって『般若経』の空の思想を哲学的・理論的に基礎づけ、大乗仏教の思想を確固たるものにした人物であり、日本では「八宗の祖師」と仰がれている。大乗仏教を理論的に跡付けたこのナーガールジュナの思想、特にその中核となる『中論』の思想を理解するためには、中村元氏の名著『龍樹』が必読文献になるが、この空の思想が依存関係そのものであることについて、中村氏は次のように簡潔に述べている。[60]

大乗仏教は、もろもろの事象が相互依存において成立しているという理論によって、空の観念を基礎づけた。空とは、その語源は「膨れあがった」「うつろな」という意味である。……大乗仏教、とくにナーガールジュナを祖とする中観派の哲学者たちは次のように主張した。――何ものも真に実在するものではない。あらゆる事物は、見せかけだけの現象にすぎない。その真相についていえば空虚である。その本質を「欠いて」いるのである。無も実在ではない。あらゆる事物は他のあらゆる事物に条件づけられて起こるのである。〈空〉というものは無や断滅ではなく、肯定と否定、有と無、常住と断滅というような、二つのものの対立を離れたものである。したがって空とは、あらゆる事物の依存関係にほかならない。

ここで中村氏が述べている「もろもろの事象が相互依存において成立しているという理論」、あるいは「空とは、あらゆる事物の依存関係にほかならない」という結論は、中観派哲学における空や依存関係の重要さのみを指し示しているわけではない。この中観派の主張は、法（自然的存在を可能ならしめている「ありかた」）の実有（それ自身の本質として有ること）を主張する説一切有部の学説に対する明確な否定であるが、同時にそれは大乗仏教の理論として、現象面における人間の独立自存意識や俗世における所有・欲望関係の否定をも、当然議論の前提に置いている。中観派哲学において、依存関係の重要さが、法の実有の否定（形而上的「ありかた」の独立自存性の否定）を媒介としながら、現象的な所有関係と対（ここでは位相的上下関係）になるかたちで提起されている点は、中村氏によるこの空の説明ですべて尽きているが、念のためニルヴァーナに関する中村氏の記述も引用しておこう。

われわれの現実生活を離れた彼岸に、ニルヴァーナという境地あるいは実体が存在するのではない。相依って起こっている諸事象を、無明に束縛されたわれわれ凡夫の立場から眺めた場合に輪廻とよばれる。これに

反してその同じ諸事象の縁起している如実相を徹見するならば、それがそのままニルヴァーナといわれる。（二九七～二九八頁）

ここに記された内容を、私なりに説明し直せばこういうことである。「すべての事象は相互依存関係にあるが、われわれ凡夫はそれを所有や欲望のもととなる独立自存の関係として認識してしまう。その状態がすなわち輪廻である。同じ事象をそのまま相互依存関係として認識できるならば、それがすなわちニルヴァーナである。だからこの俗世の外部にニルヴァーナという境地や実体が存在しているのではない」。ニルヴァーナとは涅槃と漢訳され、一般的にそれは煩悩を断つことによって到達できる絶対的静寂のこととされている。ナーガールジュナの思想において、依存関係が所有関係と対になっている点は明らかである。

ところで、中村氏の空やニルヴァーナの説明が『中論』に基づいている点は言うまでもないが、ナーガールジュナがその結論を引き出すためにどのような手法をとったのかについても確認しておきたい。それを最もよく示しているのが『中論』第二章「運動（去ることと来ること）の考察」である。

一　まず、すでに去ったもの（已去）は、去らない。また未だ去らないもの（未去）も去らない。さらに〈すでに去ったもの〉と〈未だ去らないもの〉とを離れた〈現在去りつつあるもの〉（去時）も去らない。〔第一詩の後半、「現在の〈去りつつあるもの〉が去らないということはいえないはずではないか」と反対者が第二詩を述べる〕

二　動きの存するところには去るはたらきがある。そうしてその動きは〈現在去りつつあるもの〉（去時）に有って〈すでに去ったもの〉にも〈未だ去らないもの〉にもないが故に、〈現在去りつつあるもの〉のうちに去るはたらきがある。

〔第二詩に対して、ナーガールジュナは答える〕

三　〈現在去りつつあるもの〉のうちに、どうして〈去るはたらき〉がありえようか。〈現在去りつつあるもの〉のうちに二つの〈去るはたらき〉はありえないのに。

四　〈去りつつあるもの〉に去るはたらき（去法）が有ると考える人には、去りつつあるものが去るが故に、去るはたらきなくして、しかも〈去りつつあるもの〉が有るという〔誤謬が〕付随して来る。

＊もしも「去りつつあるものが去る」という主張を成立させるためには、〈去りつつあるもの〉が〈去るはたらき〉を有しないものでなければならないが、このようなことはありえない。

五　〈去りつつあるもの〉に〈去るはたらき〉が有るならば、二種の去るはたらきが付随して来る。〔すなわち〕〈去りつつあるもの〉をあらしめる去るはたらきと、また〈去りつつあるもの〉における去るはたらきとである。

＊すなわち、もしも「去りつつあるものが去る」というならば、主語の「去りつつあるもの」の中に含まれている「去」と、新たに述語として付加される「去」と二つの〈去るはたらき〉が付随することとなる。

六　二つの去るはたらきが付随するならば、〔さらに〕二つの〈去る主体〉（去者）が付随する。何となれば、去る主体を離れては去るはたらきはありえないから。

右に掲示した第一詩から第六詩は、『龍樹』第Ⅲ部からそのまま引用したものであり、（　）は漢訳の仏教語、〔　〕は中村氏による補足、＊の記述はその詩に対する中村氏の解説である。中村氏によれば、この第一詩から第六詩は、隋末唐初の僧で三論宗再興の祖である嘉祥大師吉蔵が「三時門破」と名付けている論法の中核箇所であり（一二二頁）、「この議論は真にプラサンガの論法（帰謬論法―西谷地）の面目を最も明瞭に示しており、第二章の論理の中心は上述のところで尽きている」（一二二頁）とされる。

ここで私が注目するのは、「もしも『去りつつあるものが去る』というならば、主語の『去りつつあるもの』の中に含まれている『去』と、新たに述語として付加される『去』と二つの〈去るはたらき〉が付随することとなる」という、第五詩に中村氏が付けた解説である。この解説が如実に示すように、ナーガールジュナの帰謬論法は言語論的手法をとっている。『中論』がこのような言語論的な帰謬論法を採用した直接的理由は、「〈法有〉の主張を排斥」するためであるが、中村氏によれば「その最後の目的は、もろもろの事象が互いに相互依存または相互限定において成立（相因待）していることを明らかにしようとする」ことにあるという（一五五頁）。つまり『中論』における依存関係の真理性は、言語論的な帰謬論法を駆使することで説明されているわけである。だから先の結論は次のように言い換えておくべきだろう。すなわち、言語論的手法を駆使して書かれた『中論』で展開されるナーガールジュナの思想において、依存関係が所有関係と対になっている点は明らかである、と。

2　ソシュール言語学の歴史的意義

次は、ソシュール言語学を見よう。ソシュール言語学の歴史的意義を専門外のわれわれが考える場合、やっかいな問題がある。それはソシュールの『一般言語学講義』[61]の資料的価値をめぐる問題である。「一般言語学に関するソシュールの唯一の作品と見做される『一般言語学講義』は、ソシュール没後にその弟子であり当該講義には参加していなかった「バイイとセシュエが、リードランジェの協力のもとに、一九〇七年から一九一一年の間三回にわたってなされたジュネーヴ大学での一般言語学講義の講義録を、当時の聴講生たちのノートによって再構成、綜合したものである[62]」。すでに周知の事実であるが、『一般言語学講義』はその成立過程に無視しえない問題が含まれているわけである。

この問題について、ソシュール言語学を専攻する町田健氏は、「遺稿集を読んでみる限りでは、『講義』に書かれている内容は、全体としてはソシュールが実際に考えていた内容をかなり正確に反映しているのではないかと思え」るとして、『講義』に書かれた内容をもととしながら、安心してソシュールの言語学説について語ることができると考えていい」と述べているが[63]、丸山圭三郎氏の『ソシュールの思想』第二章「『一般言語学講義』と原資料」を読む限りでは、やはり『一般言語学講義』だけに頼ってソシュール言語学について論ずるのは躊躇せざるをえない。専門外の者がソシュール言語学の歴史的意義を考える場合には、丸山圭三郎氏の『ソシュールの思想』の内容に配慮しつつ、そこに引用されているソシュール手稿や聴講生の講義ノートをまずは基本に据えながら、『一般言語学講義』の記述も参考にするというのが、現時点においては最良の手法であるように思う。だから結果的に、その多くを丸山氏の研究に依拠せざるをえないことを自覚しておく必要があるだろう。

丸山氏は『ソシュールの思想』のなかで、次のような言語の依存関係に着目している。羅列的に示すとそれは、①ラングとパロールの相互依存関係（八四～八五頁）、②「語は体系に依存している。孤立した記号というものはないのである。〈リードランジェのノート〉」（九六頁）などの説明から明らかな、価値体系としてのラング、③「記号（シーニュ）を個別に即自的なものとして捉える誤謬。〈ソシュール手稿〉」（一一七頁）などの指摘から明らかな、言語名称目録観の否定、④シニフィアン（意味するもの・記号表現）とシニフィエ（意味されるもの・記号内容）の相互依存性（一二五頁）、などである。このように、ソシュール言語学における依存関係の重要性については、私があらためて述べる必要もないほどだが、ここでは②の言語価値体系をめぐる問題、③の言語名称目録観の否定、④のシニフィアンとシニフィエの相互依存性について、資料に基づいてもう少し詳しく見ておくことにしたい。

まず言語価値体系をめぐる問題から確認しよう。次に示すのはコンスタンタンの講義ノートの一節である。

語や辞項から出発して体系を抽き出してはならない。そうすることは、諸辞項が前以て絶対的価値を持ち、体系を得るためには、それらをただ組立てさえすればよいという考えに立つことになってしまうだろう。その反対に、出発すべきは体系からであり、互いに固く結ばれた全体からである。[64]

この内容は、『一般言語学講義』では次の箇所に該当すると思われる。

そのうえ、価値の観念は、このように定めると、辞項というものをたんにある音とある概念とが合一したものだくらいに考えることの、大きな誤りであることを教える。そのように定義することは、それが部分をなす体系からそれを切り離してしまうことになる。それは、辞項から始め、それらを加え合わせて体系を構成しうるかのように思うことである。じじつはその反対で、連帯的全一体から発して、その包含する要素を分析によってえなければならないのである。[65]

ここでは本章の考察に必要となる傍線部に注目しておきたい。コンスタンタンの講義ノートで「諸辞項が前以て絶対的価値を持ち」とある箇所が、『一般言語学講義』では「辞項というものをたんにある音とある概念とが合一したものだくらいに考えること」と記述されている。コンスタンタンの講義ノートからは明瞭に読み取れるソシュールの判断、すなわち言語辞項に対して人々がそれを絶対的なものととらえてしまうという点が、『一般言語学講義』では曖昧にされ、人々がもつであろう辞項の絶対性認識をここから読み取ることはもはや困難な文章に編集されていることがわかる。丸山氏の研究手法の正しさはこの事実からも明らかであるが、丸山氏はこのコンスタンタンの講義ノートから、「体系において『存在する』ということは、『関係づけられて在る』ということの同義語にほかならない」こと、「個々の語はあくまでも全体に依存しており、その大きさはその語を取巻く他の語によってしか決定されない」ことを指摘している（九五頁）。丸山氏が、言語の依存関係を存在論の視点から理解されていることは明らかであり、賛同したい。

コンスタンタンの講義ノートとこの丸山氏の理解に基づいて、本章に必要なソシュールの見解を私なりに表現し直しておけば、こうなるだろう。すなわち、「言語的辞項を独立自存のもの（ここでは「絶対的価値」）ととらえ、言語体系は独立自存の言語辞項の組み合わせだと考えるのは間違いである。個々の語はあくまでも全体に依存しているのであり、体系のなかで関係づけられて存在しているにすぎないのである。」と。

次に言語名称目録観の否定を見よう。左に掲げるのはソシュール手稿の一節である。

> コトバについて哲学者がもっている、あるいは少なくとも提供している考え方の大部分は、我々の始祖アダムを思わせるようなものである。すなわち、アダムはさまざまな動物を傍に呼んで、それぞれに名前をつけたという。……〔哲学者の考えには〕コトバが究極的にいかなるものかを見る上で、我々が看過することも黙認することも出来ないある傾向の考え方が、暗黙のうちに存在する。それは事物の名称目録という考え方である。それによれば、まず事物があって、それから記号ということになる。したがって、これは我々が常に否定することであるが、記号に与えられる外的な基盤があることになり、コトバは次のような関係によって表わされるだろう。

＊──c
事物　＊──b　名称
＊──a

ところが、真の図式は、a─b─cなのであって、これは事物に基づく＊──aといったような実際の関係のすべての認識の外にあるのだ（一一七頁）。

ここでソシュールが否定しているのは、コトバを事物の名称目録とする考え方である。この考え方の特徴は、「まず事物があって、それから記号」という順序で言語を理解することにあり、それは「記号に与えられる外的な基盤」が初めから存在しているというように考えることである。ソシュールはこれを「事物に基づく＊──aといったような実際の関係」と表現してそれを否定し、「真の図式は、a─b─c」であるとする。この点を別のソシュール手稿では次のように述べている。

記号を個別に即自的なものとして捉える誤謬。……あるいはまた、語が他の語（パラセーム）に取り囲まれていることを忘れて、語とその意味を語ることができると思っている間は、言語現象について何らかのイメージをもてると考えたら間違いである（一一七頁）。

「事物に基づく＊──aといったような実際の関係」として言語を理解する名称目録観を、ここでは「記号を個別に即自的なものとして捉える誤謬」と表現していることが明らかである。では、なぜこのような誤謬を犯してしまうのか。それは先のソシュール手稿が示すように、「真の図式」である「a─b─c」の依存関係が、「事物に基づく＊──aといったような実際の関係のすべての認識の外にある」ためである。

ところで、名称目録のように「事物に基づく＊──a」の関係として誤認してしまう言語記号を、正しく認識するためにソシュールの発案した用語が、シニフィアン（意味するもの・記号表現）とシニフィエ（意味されるもの・記号内容）である。このシニフィアンとシニフィエの相互依存性について、丸山氏によれば、「ソシュールがこの用語を最終的に用いた理由は、二つの項の相互依存性を強調したかったからにほかならず、他の用語では、別々の存在である二項が結合して記号《シーニュ》を構成するかの如き誤った考え方に立つ危険性があると考えたから」とされる（一二五頁）。ここでは、コンスタンタンの講義ノートの次の一節を見ておきたい。

シニフィアンとシニフィエの絆は、人が混沌たる塊に働きかけて切り取ることのできるかくかくの聴覚記号とかくかくの観念の切片の結合から生じた特定の価値のおかげで、結ばれる。この関係が即自的に与えられていたと言えるためには、何が必要であろうか。まず何よりも、観念があらかじめ決定されている必要があるだろう。しかし実際には決定されてはいない。まず何よりもシニフィエがあらかじめ決定されている事物であった必要があろう。しかし実際にはそうではないのである（一四六頁）。

シニフィアンとシニフィエの関係を即自的なものと言うためには「シニフィエがあらかじめ決定されている事物であった必要」があるが、「実際にはそうではない」というソシュールの説明は、言語名称目録観の否定と全く同じ論理であることを確認しておきたい。

さて、ここで述べてきたソシュールの想定する言語的関係を整理すると、三つの関係を抽出することができることがわかる。それは、（イ）事物に基づく事物＊――a名称の関係＝名称目録観、（ロ）シニフィアンとシニフィエの相互依存関係、（ハ）シニフィアン相互の依存関係、の三つである。このうち（イ）の理解が人々にとっては一般的であり、コトバを事物の名称目録とみる考え方であるが、それは「記号を個別に即自的なものとして捉える誤謬」にほかならない。真の言語関係は（ロ）と（ハ）にあるが、これは（イ）のような実際の関係のすべての認識の外にあるため、通常は気づくことがない。では依存関係であるはずのない（イ）の関係はいったい何か。言語名称目録観を関係論で表現すれば、独立自存の事物と独立自存の名称との排他的関係ということになる。事物が名称を永久に独占していると見るか、名称が事物を永遠に独占していると見るかでいささか違いはあるものの、これは通常の所有関係・所有観念にほかならない。

ところで、依存関係は決して特殊な関係概念ではないが、ナーガールジュナとソシュールの研究が興味深いのは、いずれも、人間にとって認識するのが困難な依存関係があることを示している点である。ナーガールジュナやソシュールが考察の対象として設定したレベルの依存関係を、言語論的には理解可能であるが、人々が通常では認識することが困難であるという意味で、言語論的依存関係と呼ぶことにする。これに対して日常的に容易に確認できるレベルの通常の依存関係は、現象的依存関係と表現して、言語論的依存関係と区別しておくことにしたい。

言語論的依存関係の認識がなぜ困難なのかについて、中観派の解釈は先に示した通り、われわれ凡夫は相互依存関係を所有や欲望のもととなる独立自存の関係として認識してしまうからであるが、残念ながらナーガールジュナのこのような言説は、科学的根拠に欠ける説明である。人間が言語論的依存関係を認識するのが上手ではないことを証明する事例として私が注目しているのは、ソシュール言語学の成果のうちの言語名称目録観の否定である。なぜならば、ソシュールによる言語名称目録観の否定がもつ歴史学的意味は、その後多くの哲学者が注目することとなる言語の差異性をめぐる問題（たとえば言語論的転回による真理性の否定など）にあるのではなく、人間は依存関係（ここでは「言語」）を独立自存の関係（ここでは「即自的なもの」）としてとらえるため、結局それを所有関係（ここでは「名称目録」）として認識してしまうという、人間の認識能力の特性をめぐる問題が開示されたことにあるからである。

ナーガールジュナをはじめとする中観派の思想家たちを除けば、二〇世紀初頭にソシュール言語学がかたちを成すまで、人々は「記号（シーニュ）を個別に即自的なものとして捉える誤謬」を犯してきた。人類は二〇万～一五万年前に今の人間に進化したが[66]、複雑な言語を駆使する能力をもつにもかかわらず、人間は言語論的依存関係を理解するのがもともと苦手なのである。そのため、人間は言語論的依存関係を所有関係に読み替えてしまうのである。この人間の特性を、言語の依存性の究明によって論理的かつ実証的に提示したこと、これこそが歴史学が注目すべきソシュール言語学の最大の成果なのである。

3　人間の関係本質と進歩の条件

言語学の研究成果が歴史学にとって重要な理由は、それが人間とは何かという歴史学にとって最も重要な問いと直結している点にある。人間とは言語を操る能力を獲得した動物であり、さらに現在の人間（ホモ・サピエンス・サピエンス）は複雑な言語を駆使する能力を身につけた人間だからである。したがって、人間とは何かという問いには、二つの解答がある。その一つは人間と動物との違い、もう一つは現世人類とそれ以前の人類との違いである。言語はこのいずれにも深く関与している。

人の思考は言語による思考であり、動物の「思考」は言語によらない。言語によらない動物的「思考」は、自己とその都度の相手との即自的関係を中心としたものになる。この場合の思考対象が、言語思考のような、ある事象の不可視領域をも含めた全体に拡大したり、抽象化されたりする可能性は存在しない。一方、ソシュール言語学の成果に基づけば、人が操る言語の本質は、それが言語論的依存関係で成り立っている点にある。言語論的依存関係として成り立っている言語の特徴は、その基盤の全体性にある。個々のコトバは全体との関わりで意味を付与されているにすぎない。この言語論的依存関係を認識しないまま人は言語を使用しているわけだが、それでも言語に全体性（この場合は有限性でもある）が存在していることは薄々感じ取っている。人にとって言語の全体性は、不可視性のベールで覆われていて、かつア・プリオリ（先天的）な存在である。

この言語のもつ全体性は、言語を獲得した動物、すなわち人間に、他の動物には存在しなかった、全体を認識する可能性を付与することとなったと考えられる。人間が初めて獲得したこの全体性認識の可能性は、経験的生活空間をはるかに超えた世界認識へと人間を導いたに違いない。人類が過去に何度も、住み慣れたアフリカから環境の異なる外部世界へ分散していった事実（いわゆる「出アフリカ」）も、この問題と無関係とは思えない(67)。脳の容積比で示される現世人類への生物的進化が、言語能力の発達と表裏一体なのだとすれば、現世人類出現にいたるまでの人の進化は、全体性認識能力の獲得過程でもあったことになる。

そしてその総仕上げが、「最初の芸術、複雑な技術、宗教」の出現が象徴する「六万年前から三万年前にかけての文化の爆発的発達」にいたる過程である(68)。スティーヴン・ミズン自身が、社会的言語から汎用言語への移行を「一五万年前から五万年前にかけての時期に起こったものと推測」しているので(69)、六万年前から三万年前に起きたいわゆる現世人類の「文化革命」は、一五万年前に起きた現世人類の「出アフリカ」以後の歴史をその序曲としたものであったと考えてよいだろう。だから現世人類にとっては、経験したことのない空間が圧倒的な比率を占める「世界」が、一五万年前の「出アフリカ」以降どの時点（時代）においても、常にア・プリオリなものとして認識され続けたと考えた方が合理的であるように思われる。この全体性認識能力こそが、現世人類を文字通り世界中へ拡散させた原動力の一つであったと考えられる。全体性認識の確立と世界観の成立こそが、複雑な言語使用能力を獲得した現世人類を、それ以前の人類と区別する最大の特徴なのである。

ところで、問題とすべきはこの先にある。それが前項で示した、ソシュール言語学の成果が示す、人間の本質に関わる問題である。言語名称目録観の否定などに示されるソシュール学説（言語のもつ不可思議性の指摘）は、本章でもしばしば触れてきたように、認識論における「言語論的転回」をもたらし、ポスト・モダンの潮流を生み出した。前節で述べたように、この影響は歴史学にも及んでいる。しかし問題とすべきは、現前性を喪失したエクリチュールに依拠することで歴史の事実や真実に到達できるかどうか、などという言語フィルターの存在如何にあるのではない。ソシュールによる言語名称目録観の否定が示しているのは、前述したように、人間は言語論的依存関係を所有関係として認識するという、人間の認識能力の特性（不完全性）をめぐる問題なのである。

人間は、依存構造をとる言語を駆使し、それと表裏の関係にある全体性認識を獲得したが、われわれの依存関係に対する認識能力は未だ不完全であって、言語論的依存関係をそのまま認識するだけの能力をもたず、それを所有論的思考のなかに置き直している。つまり人間の歴史は、言語を名称目録と考える人々によって造られ、記述されてきたことになる。彼らはおしなべて言語論的依存関係を所有関係と理解して、行動していた。もちろんわれわれもその例外ではありえない。ソシュールが言い当てたのは、その歴史的事実でもあったのである。

では、言語論的依存関係を所有関係に読み替えている事例として、いったい何が想定できるのだろうか。この問題については発想の転換による史料の読み替えを丁寧に行っていく必要があるが、現在のところ私は、その最大の読み替えは、依存関係の支配関係への読み替えであると考えている。この点を考えるうえで示唆的なのが、先に公表した拙稿「災害における所有と依存」で取り上げた、災害における施行の問題である[70]。それはこういう問題であった。

吉田伸之氏は論考「近世都市と諸闘争」で、「飢饉・物価騰貴・大火等により町方全体が困窮に陥った時」の、江戸・大坂・京都における三井家の施行を取り上げ、それが「出入・抱屋敷・居町とその周辺、という三つの形態において三井との具体的関係をとりむすんだ都市下層民衆を対象として実施された」ものと判断された。ところで吉田氏は、大坂と京都においては、この三つの施行形態とは別に、三井家が大坂惣町や洛中全域への惣町施行（都市全体への施行）を繰り返し行っている事実も指摘する。吉田氏によれば、三井家がこの惣町施行を行った理由は「不明」であるが、三井家は「大商業高利貸資本」なのであるから「分業や金融を介して、直接・間接に厖大な都市下層民衆と相対峙せざるをえなかったのではないか」との想定を示している。[71]

この吉田説に対して、安政二年（一八五五）の安政江戸地震のあとに被災地の江戸で実施されたさまざまな施行を、災害社会史の視点から考察した北原糸子氏が、次のような異議申し立てを行っている。[72] すなわち、「施行の本質を、近世都市の社会矛盾の緩和剤と主張する立場からは、施行における富裕町人による都市支配という側面が強調される（吉田伸之「近世都市と諸闘争」『一揆』三、一九八一）。しかし、このような視点だけでは、右にみた階層の多様性が提起している問題を解くことはできまい。」と北原氏は主張する。なぜならば「御救小屋への施行は、財力のある者のみに許された行為ではなく、施行という行為に徳を感得できる者には誰にでもなし得るものであり、そうした人々に対して御救小屋は一種の開かれた場としての象徴的意味を持っていた」からである。だから「黛の施行や、髪結一万五〇〇〇人分施行といった施行には、施行の持つ互恵性、あるいは宗教性が示唆されている」というのである。

北原氏は近年の論考においても、「災害時には都市の富裕層による施行の慣行はあるが、それは災害という非日常に限られており、日常世界では行われない。他人から施しを受けることを『恥』だとしてきた人々が災害時にはそれを恥とはせず他者からの施しを受け取ることができるのはなぜなのか。日常的な価値観の転換がなければそうはならない。」と述べており[73]、近世のこのような施行を「日常的な価値観の転換」から読み解いた北原氏の主張は説得的である。

ここで北原氏の研究に注目すれば、少なくとも施行主にとって地縁性をもたない施行は、都市支配からではなく互恵性や宗教性の側面から理解できることになる。詳細は前稿を参照していただきたいが、この北原氏の反論を私なりに表現し直せば、こうなるだろう。すなわち、災害にまつわる諸問題は、所有関係（上記表現では「都市支配」）から理解すべきではなく、現象的依存関係（上記表現では「施行」「互恵性」「宗教性」）から理解すべきである、と。前稿ではこの点を踏まえながら、「普段ならば認識が困難な言語論的依存関係を人間が認識しうる特殊な状況が、巨大災害時の非日常性」なのであり、「災害時に特徴的に現れる現象的依存関係は、言語論的依存関係の認識に伴って具象化した、永続しえない依存関係[74]」である点を、論理的に導いたが、実はここでは過去の巨大災害をめぐって、依存関係の所有関係への読み替えという現象が、現在と過去のいずれにおいても起きていることがわかる。その一つは過去を解釈する研究上の問題として、もう一つは過去の人々の日常と非日常の転換としてである。

もう一度、吉田伸之氏の理解を振り返ってみよう。近世の施行を支配関係の延長としてとらえようとする吉田氏の解釈は、決して不合理な主張ではない。支配関係の日常的役割を重視するならば、むしろ合理的な筋立てだと見ることもできるだろう。一方、巨大災害時における「日常的な価値観の転換」を重視する北原糸子氏の施行解釈も、きわめて説得性が高く、私は北原説のほうが正鵠を射ていると判断する。巨大災害時における「日常的な価値観の転換」によって出現するのが、私見では現象的依存関係（災害ユートピアはその一形態）ということになるが、災害時に特徴的に出現するこの現象的依存関係が、吉田説では都市支配の延長、あるいは支配関係と表裏一体のものとして理解されている点に注目したい。前稿で指摘したように、「災害時に特徴的に現れる現象的依存関係は、言語論的依存関係の認識に伴って具象化した、永続しえない依存関係」であると私は考えているが、それを支配関係の一環として把握する、歴史研究者にとっては理解しやすいオーソドックスな筋立てを示したのが吉田説ということになる(75)。しかし注目すべきは、ここで私が指摘している依存関係の支配関係への読み替えという事象は、単なる研究上の解釈の違いなのではない、という点である。この読み替えは、近世の施行が巨大災害という特殊な研究テーマの一部だったからこそ表面化しえたのであり、この読み替え自体は、人間固有の特性に導かれた当然の結果と言うこともできるのである。しかも所有論を議論の中核に据えることに慣れ親しんできたわれわれ歴史研究者にとっては、自分たちの学問的性癖を自覚しない限りは、認識することがなおさら難しい読み替えなのである。

このような依存関係の支配関係への読み替えは、過去においても実際にあまねく起きていたと考えられる。前稿で指摘したように、災害時において近辺の町人によってなされる地縁的な施行は、それだけをとってみれば、日常的な扶助関係の延長である可能性と、日常的な価値観の転換による利他的行為である可能性の二つが想定できる。しかし、都市全体を意識して行う施行が、言語論的依存関係の自覚化による現象的依存関係としての行為なのであれば、地縁的な施行も非日常における現象的依存関係行為として理解しなければならないだろう。この現象的依存関係は、日常性の回復とともに姿を消し、そのあとには通常の支配関係が復活する。支配する者と支配される者との関係が、非日常においては現象的依存関係としてあらわれ、日常においては支配関係としてあらわれているのであり、過去の当事者たちもそう考えていたに違いないが、日常と非日常で変化したのは関係のあり方（人と人との存在形態）そのものではなく、変化しているのは人と人との関係に対する認識のあり方なのである。人間は、非日常的衝撃によって一時的に覚醒したとき、人と人との言語論的依存関係が認識可能となり、見知らぬ相手に対してもその相手が求める現象的依存関係行為を無理なく実行できるが、日常性が回復されてしまうと、人間は自分たちの言語論的依存関係をそのまま認識することが困難になり、人と人との関係を、安定的な社会構造をもたらす支配関係や所有関係に読み替えて理解することになる。実際の人間の歴史において、言語論的依存関係の支配関係への読み替えは、日常性を安定的に維持するために、おそらくは支配・被支配に関わるすべての構成員によって無自覚のままなされてきたと私は考えている。

ところで前稿で述べたように、非日常的な共通体験によって、言語論的依存関係の自覚化が社会のなかで一挙に起きた場合は、日常性の再構築過程において、人々が想い描く所有関係（支配関係）の方向や時代の全体性認識は、以前のそれと全く同じものにはならないと考えられる。もしも先例の踏襲にこだわる支配層にこの自覚化が発生しなければ、所有関係の方向や時代の全体性認識において、人々とのズレが発生することになる。このズレがそのまま歴史の転換にまでつながるのかどうか、あるいは歴史の転換につながった場合でもどのような新しい所有関係（支配関係）が再構築されるのかは、すべてその時点での歴史的状況に左右される問題であり、そこに特別な法則性があるわけではない。だから歴史の転換において、常により理性的な、あるいはより理想的な社会の実現が、保証されているわけでもない。しかしそれでも現世人類は、社会のあり方を変化させながら、一五万年前から現代にいたるまで、まがりなりにも繁栄を続けてきた。この間の人類の歴史を、進歩の概念でとらえない議論がもしあるとするならば、それは人間の本質を理解しない者による詭弁にすぎない。現世人類の進歩は今後も止まることはないのである。なぜならば、人類の歴史は、言語論的依存関係の自覚化が幾度となく繰り返されるなかで、そのうちのいくつかが時代の転換にまでいたった歴史と見ることが可能だからである。そしてこの仮説がもし正しいのであれば、言語論的依存関係を認識する能力が未だ不完全な現世人類が、これまで同様にこれからも必ず進歩し続けることは、人類の歴史そのものがすでに証明していることになるだろう。

おわりに――本書の課題――

歴史の考察において、「所有」ではなく、なぜ「所有と依存」を問題とすべきなのかという、本章の冒頭で提起した問いに対する私の回答は、以上の通りである。

所有論で歴史像を構築しようとする場合、いわゆる史的唯物論に勝る考え方はなさそうに思える。この考え方は、共有社会を歴史の始原に置き、共有から私有が発生し、その後は私有の発展と農業生産力の上昇が階級矛盾を生み、歴史の発展をもたらすというものである。この理解では、歴史の始まりに存在する共有が実現できる社会の規模は、当然大きなものにはならない。だから人間社会は、必ず小さな共有集団から始まり、農業生産力の上昇とともに私有が発生して身分と階級を生み出し、階級矛盾が激化すると当初の集団の規模とは比べようもないほどの、大きな国家が生まれるという、おなじみの歴史認識にいたることになる。しかも、歴史の進歩は、私有の発展や個人の自立過程と表裏の関係になるので、最終的には、欲望を充足する権利をもつ自立した個人が自由に活動する社会、すなわち欲望のはびこる社会にいたるという認識になる。だからマルクス主義の失敗によって欲望社会を克服する展望が打ち砕かれると、歴史を発展や進歩という観点でとらえる発想そのものが疑われることになる。これが日本史学を取り巻く知の現状である。

しかし、歴史の始原に小さな共有社会を想定するところから出発して、ついには歴史の進歩に疑いをもつまでにいたった、近代から現代への知の歩みは、人間の歴史過程を所有論のみで構想したことによって引き起こされた混乱なのであって、人と人との依存関係（言語論的、現象的）の重要性に注目すれば、そもそも人間の歴史像はこのようにはならない[76]。たとえば日本史学における所有論の歴史モデルでは、古代日本語の基盤となる大きな母集団（大きな社会）の存在を、歴史上のどの時期に措定できるのかが全くわからないし、なぜそのような大きな社会が国家成立以前に（以後では国家成立の条件が整わない）存在しているのかも、的確に説明できないからである。依存関係を所有関係として認識する性癖をもつ人間の陥りやすい幻想が、現代の知（その大半は欧米の知である）のなかにも数多く存在していることを、われわれは正しく自覚する必要がある、と私は思う。

最後に本書の課題を簡単に述べて、この序章を閉じることにしよう。

「所有と依存」の視点を歴史学の中核に据えるためには、少なくとも解明すべき二つの課題がある。その第一は歴史における依存関係の具体的解明であり、第二は依存関係の所有関係への読み替えの歴史的解明である。前述したように、後者の課題のなかに人類の進歩を解明する鍵があるが、第一の作業を経ないままでは、その鍵に手が届かないだろう。またここでは論及しないが、人間の宗教・思想・文化行為全般の役割を、歴史のなかで論理的にかつ構造的に把握する場合、依存関係は最も重要な関係概念になると予想される。第一の課題は、実は広大な研究の裾野を有しているのである。

本書では、第一の課題を取り扱っている。各章の考察は、歴史における依存関係の重要性を具体的に示すことを最終的な目標に据えてなされたものであり、ここでは「古代中世の時空認識」を研究対象に選択している。日本史学においては、これまで時空認識論が意識的に立ち上がっていなかったし、まして時間認識と空間認識の相互依存性の重要さについては、ほとんど意識されてこなかったからである。だから以下の各章は、私にとっては依存論の基礎的研究であるが、研究史的には時空認識論に該当するだろう。本書の標題を『古代・中世の時空と依存』としたのは、このためである。

（1）先に上梓した拙著『日本中世の気候変動と土地所有』（校倉書房、二〇一二年）もそのような研究書の一冊である。

（2）「依存」という概念に注目した先行研究として、小路田泰直氏による近年の仕事を挙げておかねばならない。ここではとりあえずその主な論考として、小路田依存論の始点となった小路田泰直「人・社会・神の誕生についての仮説―依存理論の確立に向けて―」（『日本史の方法』六号、二〇〇七年）と、直近の論考である同「人における進化と発展の由来―依存と理性の弁証法―」（高等研報告書一〇〇五『生物進化の持続性と転移』財団法人国際高等研究所、二〇一一年）、同「神と心の歴史―日本史試論（上）―」（『人文学の正午』二号、二〇一一年）、同「歴史の誕生―日本史試論（中）―」（『人文学の正午』三号、二〇一二年）を挙げておこう。私の「依存」に対する考え方と小路田氏のそれとは、発想の原点、研究目的や研究手法、あるいは依存の基層の評価（歴史具体的な自覚的他者依存性を重視するか、言語論的な無自覚的相互依存性から構想するか）などで違いがあり、また後述するように、網野無縁論を依存論の範疇で評価するかどうかという点においては、おそらく決定的に異なっている（小路田泰直「『無主・無縁』と『有主・有縁』の弁証法」〈永井隆之他編『検証網野善彦の歴史学』岩田書院、二〇〇九年〉）。しかし、私が中村元氏の『龍樹』（講談社学術文庫）を繰り返し熟読していた六年ほど前に、小路田氏とお互いの学問的構想を語り合ったとき、「依存」という用語が共通のキーワードに挙がったこと、小路田氏はナーガールジュナやソシュールを経由せずに「依存」の重要性にたどり着いていたこと、しかも「自立」的概念を何より重んじる日本近代史の研究者が「依存」の重要性を語ったことに、私自身ひどく驚き、小路田氏の構想力の豊かさと柔軟さにあらためて感心したことも事実である。これまで、「依存」に関する小路田氏の見解と私の考えを意識的に調整するようなことはしてこなかったが、依存論の学問的価値がそれによって損なわれることは一切ないだろう。なぜならば、これまで誰も手を付けてこなかった依存論の裾野は、小路田氏や私が言及できる範囲よりも、はるかに広大だからである。

（3）この「序章」の本来の位置づけについては、前掲拙著の「はしがき」に、おおよその経緯を記しておいた。

（4）以下の記述は、拙稿「中世土地所有研究の視点」（『新体系日本史3　土地所有史』山川出版社、二〇〇二年）の一部を第一節の記述に活用しながら、全く新しく書き下ろしたものである。二〇〇二年に公表した拙稿を、今ここでそのままのかたちで掲載できないのは、その論考が「所有」のみをキーワードに据えて構想されていたからである。「所有と依存」の意義を説明するにあたって、伝統的な所有論の水準を超えていない過去の拙稿から転用できる箇所は、あまり多くはない。それでもこの拙稿の一部を第一節の記述に活かしたのは、網野善彦氏の提示した無縁論が「所有と依存」のどこに位置づくのかを、ここで全く新しく説明し直しておくことに、学問的意義を認めるからである。「依存」というキーワードを未だ見いだしていない時期に、この拙稿で網野無縁論に言及していた私にとって、これは不可避な作業でもある。なお同様の理由から、「網野史学と古代認識―関係・所有・国家―」（『網野史学の越え方』ゆまに書房、二〇〇三年）と「日本古代史に関する覚書―未開・文明・国家―」（『弥生時代千年の問い』ゆまに書房、二〇〇三年）の二本の旧稿は、本書に収録しなかった。

（5）戸田芳実『日本領主制成立史の研究』（岩波書店、一九六七年）。

（6）稲垣泰彦「中世の農業経営と収取形態」（『日本中世社会史論』東京大学出版会、一九八一年、初出は一九七五年）。

（7）小山靖憲『中世村落と荘園絵図』（東京大学出版会、一九八七年）。拙稿「村落構造とその矛盾―中世前期の村落―」（『日本村落史講座4政治Ⅰ』雄山閣、一九九一年、前掲拙著所収）。田村憲美『日本中世村落形成史の研究』（校倉書房、一九九四年）。

（8）日本村落史講座編集委員会編『日本村落史講座4政治Ⅰ』（雄山閣、一九九一年）の中世後期を対象とした諸論考は、その成果の一つである。
(9) 吉田孝『律令国家と古代の社会』(岩波書店、一九八三年)。
(10) 荘園に対する認識が変化し始めるのは、永原慶二「荘園制の歴史的位置」(『日本封建制成立過程の研究』岩波書店、一九六一年、初出は一九六〇年)以降である。
(11) 黒田俊雄「中世の国家と天皇」(『日本中世の国家と宗教』岩波書店、一九七六年、初出は一九六三年)。
(12) 網野善彦「荘園公領制の形成と構造」(竹内理三編『体系日本史叢書6　土地制度史I』山川出版社、一九七三年)。なお、網野氏が提起した荘園公領制概念は、高橋一樹「「荘園公領制」と私の荘園研究」(『展望日本歴史8　荘園公領制月報7』東京堂出版、二〇〇〇年)などにより、新しい研究段階に入りつつある。
(13) 石母田正『中世的世界の形成』(岩波文庫、一九八五年、初出は一九四四年)。
(14) 菅野文夫「本券と手継―中世前期における土地証文の性格―」(『日本史研究』二八四号、一九八六年)。
(15) 笠松宏至「本券なし」(『日本中世法史論』東京大学出版会、一九七九年、初出は一九七五年)。
(16) 拙稿「中世的土地所有をめぐる文書主義と法慣習」(『日本史研究』三二〇号、一九八九年、前掲拙著所収)。
(17) 拙稿「中世前期の譲状と証文」(『神戸大学文学部紀要』二三号、一九九六年、前掲拙著所収)。
(18) 拙稿「中世の集団と国制」(『日本史研究』四四〇号、一九九九年、前掲拙著所収)。
(19) ここでは、中世の内乱研究を戦争の視点から一新させた川合康氏の研究を挙げておこう(『鎌倉幕府成立史の研究』校倉書房、二〇〇四年)。川合氏の研究成果の要点は、川合康『源平合戦の虚像を剥ぐ』(講談社学術文庫、二〇一〇年、初出は一九九六年)が読みやすい。
(20) この点を論じた最新の論考として、保立道久「地震・原発と歴史環境学―九世紀史研究の立場から―」(『歴史学研究』八八四号、二〇一一年)がある。また保立氏自身の自然環境に対する直近の視点は、保立道久「貞観津波と大地動乱の九世紀」(『季刊　東北学』二八号、二〇一一年)に示されている。

(21) 山田渉「中世的土地所有と中世的所有権」(歴史学研究別冊特集『東アジア世界の再編と民衆意識』、一九八三年度歴史学研究会大会報告)。
(22) 網野善彦『無縁・公界・楽』(平凡社、一九七八年)。
(23) 網野善彦『増補　無縁・公界・楽』(平凡社ライブラリー、一九九六年)、一一六頁。以下、網野無縁論の引用はすべてこれによる。
(24) 網野前掲書、一一〇頁。
(25) 網野前掲書、二一二頁。
(26) 網野氏は第二十章「『アジール』としての家」で、「家そのものに即してみれば、無縁・無主の原理と、有縁・有主の原理が、ここでは最も密着した姿で背中合せに現われる」(二二一頁)と記しているので、有主・有縁にも「原理」という表現を補った。
(27) 網野氏は「私的所有は無所有の原理に支えられて、はじめて成立しえた、という家の出発点にみられる事実」(二二三頁)という表現も使っている。
(28) 関係する指摘をもう一つだけ挙げておこう。「土地・人間を問わず、『私的所有の原点』は、まさしく家にあることは疑いない。しかし、この事実そのものが、『無縁』『無主』という、全くそれと相反する原理に支えられて成り立っていることも、また否定し難い事実である」(二二三頁)。
(29) 前掲注26に同じ。
(30) 前掲注24に同じ。
(31) 網野氏の無縁論を整理しようとした場合に困惑するのは、その論理構造の曖昧さ・単純さと、『無縁・公界・楽』の読後感との間に、いわく言いがたい隔たりが存在する点である。このため、無縁論の評価に関わる文章を作成するにあたって、本当にその評価でよいのかどうか、網野氏の真意は別にあるのではないか等々、たいていは一度ならず躊躇するはずである。かつて私はその要因が、所有論に軸足を置くこちら側にある可能性を考慮に入れていたが（前掲注4拙稿）、やはりその責任の多くは網野氏自身が負うべきである。

（32）　網野前掲書、九六頁。

（33）　網野前掲書、九七頁。

（34）　網野氏は、前掲書補注の2（無縁所と結縁）で、無縁所のような場では「仏の前での自由・平和・平等な関係が追究されたことは間違いないのではなかろうか」と推測し、「原理として神仏に直結する人々の間の関係は、世俗の『縁』とは異質なものと考えなくてはなるまい」としている。しかし、「もちろん現実のこうした寺院の内部のあり方が、たやすくその通りにならないことはいうまでもない」と網野氏も認めざるをえないように（二六四頁）、網野氏の希望的観測と中世の歴史的現実との違いはあまりに明白である。もしも網野氏がこの違いに目をつむらずに、なぜこのような原理と実態との相違が生まれてしまうのか、という問いを自覚的につかんでいれば、無縁論の議論は新しい衣装をまとって全く違った地平に到達していた可能性があるだろう。

（35）　小路田泰直氏は網野無縁論を依存論の視点から読み替え可能と判断し、網野氏が提示した「無主・無縁」「有主・有縁」概念に大幅な変更を加えている（「『無主・無縁』と『有主・有縁』の弁証法」〈永井隆之他編『検証網野善彦の歴史学』岩田書院、二〇〇九年〉）。しかし本章で述べてきたように、網野無縁論が所有論の重力圏から抜け出ていた事実は論理的に確認できないし、そもそも小路田氏は論考「網野史学の越え方について―現代末法思想考―」（『網野史学の越え方』ゆまに書房、二〇〇三年）の思考段階を脱してすでに依存論に立脚しているのであるから、無縁論を構成する個々の概念装置にそこまで拘泥する必要はないと私は思う。

（36）　網野前掲書、一七五頁。網野氏は次のように述べている。「私的所有の発展、『有主』の世界の拡大にのみ、人間の『進歩』の歴史を見出し、『おくれた』無主・無縁の原理は、それとともにたやすく克服されるという見方に立つ人々にとって、このような背理・矛盾（無縁・無主の原理によって、有主・私的所有の世界がはじめて成り立ち、それを媒介として発展するという矛盾―西谷地）を階級社会にまでもちこむということは、多分、考えてみたくもない問題にちがいない」。

(37) 網野氏は『無縁・公界・楽』を締めくくるにあたり、「文学・芸能・美術・宗教等々、人の魂をゆるがす文化は、みな、この『無縁』の場に生れ、『無縁』の人々によって担われている」点に論及している（二五〇頁）。この網野氏の指摘の歴史学的当否は別にして、網野氏の主張が進歩史観のアキレス腱であった文学・芸能・美術・宗教等々に及んでいるのは、決して偶然ではない。

(38) 網野氏は『無縁・公界・楽』の増補版に三〇個の詳細な補注を付けたが、その最後の補注は「進歩とはなにか」であった。網野氏はここで、「これまでの歴史学の視野の中から、切り落され、見落されてきたことが、いかに厖大であるか……そうした見捨てられてきた問題をできる限り明らかにしつつ、人間にとっての本当の意味での『進歩』とはなにかを、今後とも追究してみたいと思っている」と述べている（三二三頁）。

(39) 渡辺和行『近代フランスの歴史学と歴史家』（ミネルヴァ書房、二〇〇九年、四二七頁）。

(40) 上野千鶴子『ナショナリズムとジェンダー』（青土社、一九九八年、一二頁）。日本におけるこの大騒ぎが、ソシュール言語学や記号論の影響だけでなく、ジャック・デリダ言説の大流行が引き起こした文化現象でもあったことは言うまでもない。私がここでこのような錯綜した文化現象を、ウィトゲンシュタインの「言語ゲーム」概念でとらえる理由は、周知のごとく「言語ゲーム」は言語に関わる行為全体に及ぶのであって、もとよりその対象が人文・社会科学のなかで歴史学だけにとどまるはずもないことを、あらためてはっきりと確認しておくためである。近代的知の基礎にあった認識論に対して、その根本的批判を本質とする「言語論的転回」は、歴史学批判を行う他分野の人々が属する学問的基盤をも、実は当事者の予想以上に深刻に掘り崩しているからである。しかも、人文・社会科学が直面している事態は、本文で後述するようにそれが認識論に関わるが故に、たやすく問題を整理できるほど単純な構図にはなっていない。ただし歴史学に向けられたこの批判が、ソシュール言語学やデリダ言説の単なる模倣ではなく、『論理哲学論考』でウィトゲンシュタインが因果律の真理性を否定していたことをも射程に入れた奥深い発言なのであれば、私には別の考察が必要になるだろう。

(41) 小路田泰直「マックス・ヴェーバー社会学の歴史学的考察」(小路田泰直著者代表『比較歴史社会学へのいざない』勁草書房、二〇〇九年、二一八頁)。

(42) ジャン＝フランソワ・リオタール(小林康夫訳)『ポスト・モダンの条件』(星雲社、一九八六年)。

(43) 西研「哲学を生かすために」(竹田青嗣・西研編『はじめての哲学史』有斐閣、一九九八年、二八四～二八五頁)。なお、竹田青嗣・西研編『はじめての哲学史』は大学教養科目のために編まれたテキストであるが、編者や執筆者の哲学に対する意欲が伝わってくる良書である。個々の原典と読み比べてみると、そのわかりやすさに驚かされる。

(44) 前掲『はじめての哲学史』第10章3節「ドイツの現代思想」(西研氏執筆)、二七二～二七三頁も参照。

(45) ポスト・モダンの思想の基底を理解するために、竹田青嗣『現代思想の冒険』(ちくま学芸文庫、一九九二年、初出は一九八七年)を繰り返し熟読した。竹田氏の哲学に対する立ち位置は、竹田青嗣『自分を知るための哲学入門』(ちくま学芸文庫、一九九三年、初出は一九九〇年)によく示されているが、哲学をめぐる学問状況と歴史学における学問状況は似たようなものであり、私にとって氏の主張には共感できるところが多い。

(46) 西川長夫「戦後歴史学と国民国家論」(歴史学研究会編『戦後歴史学再考』青木書店、二〇〇〇年、七六頁)。

(47) 西川氏前掲論文、一〇八頁。

(48) ヘーゲル(長谷川宏訳)『歴史哲学講義』(上)(岩波文庫、一九九四年、三六頁)。

(49) ヘーゲル前掲書、四八頁

(50) ヘーゲル前掲書、四〇頁。

(51) 竹田青嗣『現代思想の冒険』、九八～九九頁。

(52) 西川氏前掲論文、一〇七～一〇八頁。

(53) 村上陽一郎「科学史の哲学」(村上陽一郎編『科学史の哲学』朝倉書店、一九八〇年)。

(54) 竹田青嗣『現代思想の冒険』、一〇六頁。なお、竹田氏は同書のなかで、日本におけるデリダの思想の流行にからめて、次のようにも述べている。すなわち、「肝心なのは、デリダの方法を模倣して、日本的文脈の中でそれを繰り返し演じて見せることではなく、むしろデリダが編み上げた複雑な装置の意味を簡明なかたちでつかみとり、その先へ進んでみることだろう。日本の思潮は、いつもこういったかたちで新しい思想の輸入と模倣を繰り返してきたのだが、その傾向は現在も全く変わっていない」、と(七〇頁)。

(55) 前掲『はじめての哲学史』、一八頁。

(56) 竹田青嗣『現代思想の冒険』、一六四頁。

(57) 同右。

(58) 竹田青嗣氏によるフッサール現象学の再構築の方向性は、竹田青嗣「現象学的還元と確信成立の条件」(『超解読! はじめてのフッサール『現象学の理念』』講談社現代新書、二〇一二年)、同「現象学の再興」(『完全解読 フッサール『現象学の理念』』講談社選書メチエ、二〇一二年)に明瞭に示されている。竹田氏はこの二つの論考で、近代哲学の根本問題である主観と客観をめぐる認識問題の「謎」の解明が、フッサールの提起した「内在—超越」構図の正しい理解によって果たされることを説いたうえで、「フッサール自身においてはほとんどなされなかった」「本質学」の展開の重要性を主張している(『超解読! はじめてのフッサール『現象学の理念』』二六七〜二六八頁)。この「本質学」を竹田氏は、「普遍的思想の可能性」を有する、人間と社会の「意味」と「価値」の関係性の理論であると評価しつつ、「この課題は現象学的方法の核心を受け取りなおす次の世代によって、新しく再始発されるに違いない」と述べているが、研究者養成システムの中核を担う日本型アカデミズムの現状を踏まえれば、「本質学」の全体像の提示は竹田氏自身の手によって成し遂げるべきである、と私は思う。

(59) デリダの判断を基準にすれば、デリダが『声と現象』(林好雄訳、ちくま学芸文庫、二〇〇五年)で批判したフッサール現象学、同じく『グラマトロジーについて』(上・下、足立和浩訳、現代思潮新社、一九七二年、なおこの邦訳には「根源の彼方に」という余計な題名が付加されている)で批判した言語学(ちなみに批判対象はソシュールとルソーである)、およびデリダをも含む現代思想の源流をなすニーチェの思想、のいずれかに立ち戻ってその原理から考え直すことが、この「条件と根拠」を考える場合の有効な手法と言いうるのかもしれない。ただし後述するように、私がソシュール言語学に注目した理由は、デリダを経由したからではなく、ソシュール言語学とナーガールジュナの思想との本質的相似による。なお、デリダによるソシュール批判は『グラマトロジーについて』第一部第二章「言語学と書差学《グラマトロジー》」でなされているが、もちろん中身はエクリチュールの話である。ただし通常のエクリチュール(文字言語)の概念がそこではすでに解体されており、原―エクリチュールなるものを仮想し、差延作用というおなじみの(ある意味独善的な)「時間」概念装置を使った、複雑な筋立てになっていて、今の私にはただちには評価を下せない(デリダ言説を解説した書物の多くは、デリダの主張や結論をそのままなぞったものにすぎず、彼らがその本質を本当につかんでいるのかどうか私には疑わしい)。しかし、せいぜいソクラテスやプラトン以降の時代を扱っていれば仕事になる哲学者にとっては、ソシュール言語学や従来の哲学の基盤をロゴス中心主義と批判する意義も価値もあろうが、二〇万～一五万年前以降の現世人類の歴史、すなわち無文字社会の歴史とその変化をも考慮に入れて、それを論理化せねばならないわれわれ歴史学者にとっては、原―エクリチュールの内容(あるいはそれをエクリチュール概念で表現する正当性)が明確にならない限り、言語学に対するロゴス中心主義という批判は、相対的意味しかもちえない。

(60)　中村元『龍樹』(講談社学術文庫、二〇〇二年、一六～一七頁、初出は『ナーガールジュナ』の題名で一九八〇年刊)。中村元氏のナーガールジュナの思想および『中論』理解については、すべてこれに依る。『龍樹』からの引用は、本文中に(　)でその頁数を示す。この本は、中村氏が雑誌『現代思想』に連載した論考を中核にして執筆した一般向けの書物であるが、七世紀の中観派チャンドラキールティ(月称)による注釈書『プラサンナパダー』(サンスクリット原文)に引用された『中論』テキストの現代語訳が全文掲載されており、中村氏が六〇歳代後半に著した、『中論』研究の総決算のごとき著書である。問いの水準の高さや、博捜した知識に基づく論証、論理的・合理的な内容だけでなく、そこで展開される相互依存関係の真理性に関する氏の仏教学的確信には、宗教者に特有の趣（さとり）すら感じられる点が、本書の特筆すべき特徴であり、この点においてはおよそ他の『中論』研究の及ぶところではない。「所有と依存」についての私の構想は、この中村氏の著作を繰り返し熟読することで得られたものである。また、ナーガールジュナの思想に関しては、梶山雄一・上山春平『空の論理〈中観〉』（角川ソフィア文庫、一九九七年、初出は一九六九年）も読みやすい。仏教における空の思想については、立川武蔵『空の思想史』（講談社学術文庫、二〇〇三年）など、これまでにさまざまな研究が公表されているが、ここではいちいち立ち入らない。なお、三枝充悳訳注『中論』（上）（中）（下）（第三文明社、一九八四年）は、鳩摩羅什訳『中論』の読み下し文と『プラサンナパダー』の邦訳を対照させていて、この上なく便利な注釈書である。『中論』以外のナーガールジュナの著作に関しては、チベット訳を中心に一部サンスクリット原本も使用した梶山雄一・瓜生津隆真訳『大乗仏典14　龍樹論集』（中公文庫、二〇〇四年、初出は一九七四年）が有用である。なお、第三節の以下の記述は、二〇一二年度歴史学研究会大会特設部会報告「災害における所有と依存」（『歴史学研究』八九八号、二〇一二年）と一部重なるところがある。「所有と依存」という全く新しい論点を効果的に説明する筋道が、今の私にいくつも見えているわけではないためである。この点は今後も研鑽を積みたいと思う。

(61)　ソシュール（小林英夫訳）『一般言語学講義』（岩波書店、一九四〇年）。

(62)　丸山圭三郎『ソシュールの思想』（岩波書店、一九八一年、四三頁）。以下、『ソシュールの思想』からの引用は、本文中に（　）でその頁数を示す。

(63)　町田健『ソシュールと言語学』（講談社現代新書、二〇〇四年、一九～二〇頁）。

(64)　コンスタンタンのノート、第三回講義。丸山圭三郎『ソシュールの思想』、九五頁。

(65)　ソシュール『一般言語学講義』、一五九頁。

(66)　ジョン・リレスフォード（沼尻由起子訳）『遺伝子で探る人類史』（講談社ブルーバックス、二〇〇五年）。著者のジョン・リレスフォード（ニューヨーク州立大学オニオンタ校人類学部教授）は、レベッカ・キャン、マーク・ストーンキング、アラン・ウィルソンが一九八七年に雑誌『ネイチャー』に発表したいわゆる「ミトコンドリア・イヴ」説の登場以降、当該分野で注目されている現世人類アフリカ単独起源説に賛同していたが、その後、遺伝子流動説（多地域進化説の一つ）の有効性を認めて自説を修正し、「もっとも論理的な現代型人類起源の仮説」として「アフリカ以外の大陸の遺伝子流動と結合したアフリカ起源説」（同書、八一頁）を提唱している研究者である。自然系の研究分野は文字通り日進月歩の世界であり、しかも彼らは自説の「正しさ」を必要以上に強調する性癖をもっている（そうしなければ十分な研究資金を獲得できない）ので、専門外のわれわれが自然系の最先端の研究成果を活用する場合には、実は結論を鵜呑みにしない細心の配慮が必要である。その意味で、かつての自説の誤りを認めているこの本は、一読の価値がある。

(67) アラン・テンプルトンは、ミトコンドリアDNA、核DNAなど一〇の特徴を示す遺伝子の系統樹と化石の証拠とから、約一七〇万年前、八〇万～四〇万年前、一五万年前に、人類のアフリカからの分散があったことを結論づけている（ジョン・リレスフォード前掲書、九〇頁）。ただし最後の「出アフリカ」の時期については、私の知る限り一五万～七万年前まで諸説ある。

(68) スティーヴン・ミズン（松浦俊輔・牧野美佐緒訳）『心の先史時代』（青土社、一九九八年、二〇頁）。なお、小路田泰直氏は論考「人・社会・神の誕生についての仮説―依存理論の確立に向けて―」（『日本史の方法』六号、二〇〇七年）のなかで、依存論による「人の誕生についての仮説」を提示している。参照されたい。

(69) スティーヴン・ミズン前掲書、二四七頁。

(70) 拙稿「災害における所有と依存」（『歴史学研究』八九八号、二〇一二年）。

(71) 吉田伸之「近世都市と諸闘争」（『一揆　3　一揆の構造』東京大学出版会、一九八一年）。

(72) 北原糸子『地震の社会史―安政大地震と民衆―』（講談社学術文庫、二〇〇〇年、二七五～二七七頁、初出は一九八三年）。

(73) 北原糸子「災害にみる救援の歴史―災害社会史の可能性―」（『歴史学研究』八八四号、二〇一一年）。

(74) 災害時に特徴的にあらわれる、永続しえない現象的依存関係の代表例の一つが、いわゆる「災害ユートピア」である。ただし、現象的依存関係そのものは、日常社会に普通に存在している。この点については、前掲拙稿「災害における所有と依存」を参照されたい。

(75) 所有概念に依拠してきた従来の歴史学では、現象的依存関係についても正しく理解されてきたわけではない。たとえば、子供や老人を取り巻く長期にわたる現象的依存関係と、成人を中核とした所有関係の組み合わせで成り立っている人間のライフサイクルを、これまでの日本史学では、家内部の家父長制や家長権に注目し、所有関係に引きつけて理解するのが通例であったからである（前掲拙稿「災害における所有と依存」）。なおいずれにしても、この問題を考える場合には、黒田日出男『『童』と『翁』―日本中世の老人と子どもをめぐって―』（『境界の中世　象徴の中世』東京大学出版会、一九八六年、初出は一九八三年）に立ち戻って考えることが重要である。黒田氏のようにこの問題を境界論・周縁論でとらえることももちろん可能であるが、神や宗教の問題は依存論の中心テーマの一つなので、人間のライフサイクルは依存論で解くのが本筋のように私には思える。

(76) 「人は、自立的な存在ではなく、他者依存的な存在」なので、「たちまち人全体をおおう依存の糸が生まれ」、「それが社会の形成につながる」と考える小路田泰直氏は、「『原始共同体』など最初から存在し得ない」との判断を示している（「ナショナリズムとは何か―大澤真幸著『ナショナリズムの由来』を素材に―」『歴史評論』七一〇号、二〇〇九年）。この斬新な考え方に対して異議を唱える場合は、モーリス・ゴドリエ（竹沢尚一郎・桑原知子訳）『人類学の再構築―人間社会とはなにか―』（明石書店、二〇一一年）の第2章「家族や親族に基礎をおく社会など存在したことがない」を一読してからでも、遅くはないだろう。歴史学を前進させるためには、ポスト・モダニズム以降の人類学が直面している課題や、その研究成果を、正しくつかんでおくことも必要である。総じて、歴史学の基盤の一部を構成している周辺諸学の知も、歴史学同様に更新され続けていることを、忘れてはいけない。もちろんこの言葉は、私自身の研究にも当然当てはまることを、自覚しておきたいと思う。

第一章　盧舎那仏をめぐる時間と空間

はじめに――歴史学的時間論――

本論に入る前に、本章で使用する時間と空間の考え方について、あらかじめ整理しておきたい。歴史を理解するうえで、いつ（時期）・どこで（場所）の要素は欠かせない。この二つの要素をより抽象化すれば、「時期」は「時間」に、「場所」は「空間」に、それぞれ言い換えることができる。時間と空間は、歴史を理解するための基礎的な概念である。

ここで言う「空間」とは、物理学的な三次元空間のことではなく、通常の場合は「場所」を含み込んだ、より広範な地域を意味する。たとえば、東大寺における盧舎那仏造立の意味を大和国という空間で考える、畿内という空間で考える、あるいは日本や東アジアという空間で考えるなど、特定の場所で起きた一つの歴史事象は必ず複数の重複する空間のなかで理解することが可能である。このような空間論を、ここではとりあえず歴史学的空間論と呼ぶことにしよう。これまでの日本史学は、このような歴史学的空間論を歴史分析の有効な手段の一つとしてきたので、「場所」と「空間」の類似点と相違点は、容易に理解できることと思う。

では「時期」と「時間」はどうだろうか。「時期」は、西暦や年号を基準とした年表上に表示することができる。現代のわれわれは、過去の歴史を、どこまでもさかのぼる一つの時間軸上で理解している。考察の対象としての空間をどの範囲に置こうとも、歴史事象は唯一の時間軸で処理するのが、日本史学における一般的な考察の方法となっている。たとえば、歴史論文における年号と西暦の併記ルールの普及は、その一つのあらわれであろう。現代においては、過去があたかも無限の長さをもつ一本の線のごとき時間として立ちあらわれているのである。このように、時間軸が所詮一つしか存在しないのであれば、日本史学の関心が「時間」にではなく「時期」へ集中的に向けられてきた点は、それほど不思議なことではない。

しかし、過去に実際に使用された時間軸は、周知のように決して一つではなかった。たとえば、徳川家など著名な旧家にはたいてい家系図があり、「現在の当主は何代目」などという表現に接しても、われわれはたいした違和感をもたない。「家」を一つの特殊な空間ととらえれば、この空間には「家系」という固有の時間軸が存在していることになる。日本という空間と皇統譜という時間軸との関係も、同様である。

歴史的に意味をもつさまざまな時間軸には、それぞれに固有の、時間の起点が存在している。起点の異なる複数の時間軸を、過去の人々はそれぞれに含意された特有の意味を十分に理解したうえで、自在に使い分けていた。どの時間軸に重きを置くかは、自己にとっての「今」をどのように認識するかという問題に直結していた。

ところで、このような複数の時間軸を一つの年表上に併記できるのは、過去に使用されたさまざまな時間軸で表現されるいずれの時間も、物理学的には同一であるためである。物理学的には差異のない時間ではあるが、歴史学的にはそれらを異なった時間として把握することが可能であり、それは過去の人々の精神構造を分析する手段としても有効である。特定の時期に起きた一つの歴史事象は、複数の重複する時間のなかで理解することができるからである。このような時間論を、歴史学的空間論に対比させて、とりあえず歴史学的時間論と呼ぶことにしよう。このような歴史学的時間論は、人々の歴史意識や現在認識を問う場合に、特に重要となる。

拙稿ですでに指摘しているように、空間にはその空間固有の時間軸が存在しているのが通例である[1]。過去の人々が空間を認識するときには、その空間を意味づける固有の時間軸とセットで認識している場合が多い。時間と空間は、人々の意識のうえで、切り離すことのできない緊密な関係を保っている。

歴史における時間と空間の関係を以上のようにとらえた場合、仏教的時間と仏教的空間の関係史のなかで、天平期の盧舎那仏造立はどのような意味をもっているのだろうか。

第一節　像法の中興

『続日本紀』天平十五年（七四三）正月癸丑条に、次のような良く知られたくだりがある[2]。

癸丑。金光明最勝王経を読ましめむが為に、衆の僧を金光明寺に請す。その詞に曰はく、「天皇敬ひて四十九座の諸の大徳等に諮ふ。弟子宿殖に階縁して、宝命を嗣ぎ膺けたり。正法を宣揚し蒸民を導御せむと思ふ。故に今年正月十四日をもって海内の出家せる衆を住める処に勧請して、七七日を限りて大乗金光明最勝王経を転読せしむ。また天下をして、七七日を限りて、殺生を禁断し、及雑食を断たしむ。別に大養徳国金光明寺に殊勝の会を設け奉りて、天下の摸と為さむとす。諸徳等、或は一時の名輩、或は万里の嘉賓、僉人の師と曰ひ、咸く国の宝と称ふ。冀はくは、彼の高明を屈ひて茲の延請に随ひ、始めには慈悲の音を暢べて終には微妙の力を諧へむことを。仰ぎ願はくは、梵宇威を増して皇家慶を累ね、国土厳浄、人民康楽にして、広く群方に及ぼして綿く広類を該ね、同じく菩薩の乗に乗して並に如来の座に坐せんむことを。像法の中興は実に今日に在り。凡そ厥の知見は思はずあるべけむや」とのたまふ。（癸丑、為読金光明最勝王経、請衆僧於金

光明寺。其詞曰、天皇敬諮四十九座諸大徳等。弟子、階縁宿殖、嗣膺宝命。思欲宣揚正法、導御蒸民。故以今年正月十四日、勧請海内出家之衆於所住処、限七七日転読大乗金光明最勝王経。又令天下限七七日禁断殺生及断雑食。別於大養徳国金光明寺、奉設殊勝之会、欲為天下之摸。諸徳等、或一時名輩、或万里嘉賓、僉曰人師、咸称国宝。所冀、屈彼高明、随茲延請、始暢慈悲之音、終諧微妙之力。仰願、梵宇増威、皇家累慶、国土厳浄、人民康楽、広及群方、綿該広類、同乗菩薩之乘、並坐如来之座。像法中興、実在今日。凡厥知見、可不思哉。）

史料によればこのとき、聖武天皇は金光明寺に集合させた多くの高僧を前にして、次のような話をしたという。(3)前々からの縁にすがることで、今私は皇位にある。だから仏法が盛んなさまを世の中にはっきり示し、人々を正しく導くために、正月十四日から四十九日間にわたって金光明最勝王経の転読と殺生肉食の禁断を命じる。また大養徳国金光明寺（のちの東大寺）に殊勝の会を設けて天下の模範としよう。あなたたち高僧は国の宝である。経文を読誦して仏の慈悲の言葉を伝え、霊妙な力を整えてほしい。私の願いは、寺院が威厳を増し、天皇家に慶びが重なり、国土はきよらかになって、人々が安楽に生活できることであり、そのような状況が広くゆきわたり、永く継続することで、みなが同じく菩薩の乗り物に乗り、並んで如来の境地にいたることである。

ここで注目したいのは、この内容に続けて聖武天皇がみずから述べた「像法の中興は実に今日に在り」という時代認識である。この「像法」文言については、新日本古典文学大系『続日本紀　二』の補注（主担当は岡田隆夫氏）が、天平宝字四年（七六〇）七月の大僧都良弁等の上奏にみえる「今者像教将季」(4)という文言も踏まえて、「像法の思想が一般化していたことが知られる」としており、私もこの判断に従いたい。

ところで近年、この史料に直接関わる解釈が鷺森浩幸氏から提示されているので、以下に引用しよう。(5)

天平九年以来の体制の動揺がこのような像法（その末期）に不可避の現象と認識された可能性がある。つまり、一連の現象（天平九年の天然痘の猛威と、十二年の藤原広嗣の乱のこと―西谷地）が聖武の不徳から分離され、時代に固有のものと理解されたのではなかろうか。聖武に像法の中興の主体として、再び正統性を獲得する可能性が生まれた。……聖武は像法末期における仏教中興の主体となる菩薩として、みずからの正統性を確保しようとしたのである。具体的には、東大寺大仏に象徴される華厳教学、最勝王経の護国思想、般若系の教学、密教的な観音信仰などがこの時期の仏教の中心となる。……光明は中国の則天武后を強く意識したことでも知られる。新訳華厳経や最勝王経の成立は則天武后のもとでの事業である。当時の王権を支える仏教の論理は主として則天武后の時代の中国のそれに依拠したと思われる。

天平九年（七三七）以来の疫病と戦乱によって王権の正統性を揺るがされた聖武が、像法という仏教的時間を政策的に利用し、仏教中興の主体となることによってみずからの正統性を回復しようとした、というのが鷺森氏の主張である。「像法」は天平九年以来の悪化した政治的状況に対応し、「中興」の具体像は「東大寺大仏に象徴される華厳教学、最勝王経の護国思想、般若系の教学、密教的な観音信仰など」、光明皇后と聖武によるさまざまな仏教政策に求めている。鷺森氏の関心は、聖武が「仏教中興の主体」となることによって「みずからの正統性を確保しようとした」という点にあり、「像法の中興」を政治史的に解釈したところに鷺森説の特徴がある。

では、「像法の中興」を仏教的視点でとらえるとどうなるのだろうか。『続日本紀』に引用された聖武天皇の「詔」には、盧舎那仏の造立を予告するような言説はみえないが、大仏造立の詔が出されたのは周知のごとくこの年の十月であり、「像法の中興」と華厳経やその教主盧舎那仏とは密接に関係しているはずである。あまりにも著名な史料でいささか食傷気味ではあるが、大仏造立の詔のなかで、盧舎那仏造立の目的を聖武がどのように語っているのかを確認しておこう(6)。

冬十月辛巳、詔して曰はく、「朕薄徳を以て恭しく大位を承け、志兼済に存して勤めて人物を撫づ。率土の浜已に仁恕に霑ふと雖も、普天の下法恩洽くあらず。誠に三宝の威霊に頼りて乾坤相ひ泰かにし、万代の福業を脩めて動植咸く栄えむとす。粤に天平十五年歳癸未に次る十月十五日を以て菩薩の大願を発して、盧舎那仏の金銅像一軀を造り奉る。国の銅を尽して象を鎔、大山を削りて堂を構へ、広く法界に及して朕が知識とす。遂に同じく利益を蒙りて共に菩提を致さしめむ。夫れ、天下の富を有つは朕なり。天下の勢を有つは朕なり。（後略）」とのたまふ。（冬十月辛巳、詔曰、朕以薄徳、恭承大位、志存兼済、勤撫人物。雖率土之浜、已霑仁恕、而普天之下、未洽法恩。誠欲頼三宝之威霊、乾坤相泰、脩万代之福業、動植咸栄。粤以天平十五年歳次癸未十月十五日、発菩薩大願、奉造盧舎那仏金銅像一軀。尽国銅而鎔象、削大山以構堂、広及法界、為朕知識。遂使同蒙利益共致菩提。夫有天下之富者朕也。有天下之勢者朕也。（後略））

傍線を付した箇所が、盧舎那仏造立の理由を述べた部分である。第一の理由は、「天下すべてに仏法の恩がゆきわたってはいないので、仏教の威と霊の力によって天地が安泰となり、万代までのすぐれた事業を成就させて、動物と植物にいたるまで全てが栄えるようにしたい」というものである。(7) 第二の理由は、菩提（悟り）を求め、衆生を済度しよう（悟りに導こう）とする「菩薩の大願」にあり、これが聖武にとって盧舎那仏造立の直接的な目的として語られている点は、すでに周知の通りである。この「菩薩の大願」の内容は、最後の傍線部に具体的に示されている。それは「仏法の及ぶ世界の人々をあまねく自分の協力者に組み入れて盧舎那仏の造立事業を行い、ついには皆同じく利益を受け菩提の境地にいたらせたい」というものであった。

この大仏造立の詔にみえる「遂に同じく利益を蒙りて共に菩提を致さしめむ」という聖武天皇の願いは、この年の正月に述べた「同じく菩薩の乗に乗して並に如来の座に坐せんむことを」という願いと、意味するところは全く同様である。そして後者の発言の直後になされたのが「像法の中興は実に今日に在り」という語りであった。聖武にとって盧舎那仏造立が「像法の中興」の核心であったことは間違いないと思われる。

鷺森氏の史料理解をあえて政治史的解釈と位置づけたのは、鷺森氏の先の解釈は、史料における「像法の中興」文言が、一般的によく使われる「仏法の中興」文言であったとしても成立しうる解釈になっているからである。しかし、「像法の中興」とは単なる仏教中興のことなのだろうか。「像法」という仏教的時間に注意を払った場合には、「像法の中興」は一般的な仏教興隆とは意味合いが大きく異なってくるように私には思われる。

ところで、大仏造立の詔にみえる「遂に同じく利益を蒙りて共に菩提を致さしめむ」という文言、あるいは聖武天皇の「詞」にある「同じく菩薩の乗に乗して並に如来の座に坐せんむことを」という文言は、内容上は聖武が大乗仏教の立場に立っていることを示すものでしかない。大乗仏教のなかから華厳経と盧舎那仏が選択された理由を、これらの文言は直接的には語っていないのである。唯一残された手がかりは、聖武自身が語った「像法」という時代認識ということになる。

ここで私が聖武天皇の語った「像法」という仏教的時間にこだわるのは、それに注目することではじめて、「像法の中興」になぜ華厳経や盧舎那仏の造立が必要だったのか、という問いを手にすることができるからである。盧舎那仏の造立がなぜ「仏法の中興」になるのか、という問いはおよそ意味をなさないが、盧舎那仏の造立がなぜ「像法の中興」になるのか、という問いは成立するからである(8)。後者の問いが成り立つ所以を見ていくことにしよう。

第二節　経典と功徳

1　正像末三時説

聖武天皇が述べた「像法」という時代認識を理解するためには、当時日本に伝来していた経典における像法の考え方と、正像末三時説における像法のとらえ方との両面から考える必要がある。

末木文美士氏によれば、般若経典・浄土経典や法華経・華厳経など大乗仏教の骨格をなす初期大乗仏典は、紀元二世紀頃までに成立したと考えられており[9]、インド以来の経典にみえる正法・像法というのは「正しい仏法、正しい仏法に似たものということで、直接には時代を意味する概念ではない」とされる[10]。

一方、周知のように正像末三時説における正法とは、釈尊の滅後五百年あるいは千年間、その教え（教）と、それを実践する修行（行）と、その結果としての悟り（証）の三つが正しく具わっている時代を指し、像法は正法の次の千年間で、教と行とはあっても、証を完成することのできない時代であり、その後一万年続く末法は、教えだけが残り、修行も悟りも不可能な時代のことである。この正像末三時説は、中国において、経典にみられる正法・像法が「時代をあらわす概念に転ずるとともに、末法が加わって」成立した考え方であり、末木氏によれば「末法」の用例の初見は慧思（五一五〜五七七）の『立誓願文』である[11]。

田村圓澄氏の整理[12]によれば、仏滅年次を、『周書異記』の記事に拠って、周穆王五十三年壬申（紀元前九四九）とした場合は、正法五百年・像法千年説では、欽明天皇十三年（五五二）が末法第一年となり、正法・像法各千年説では、永承七年（一〇五二）が末法第一年となる[13]。また、仏滅年次を、費長房の『歴代三宝記』に拠って、周匡王四年壬子（紀元前六〇九）とした場合は、正法五百年・像法千年説では、寛平四年（八九二）が末法第一年となり、正法・像法各千年説では、明徳三年（一三九二）が末法第一年となる[14]。

天平十五年（七四三）に聖武天皇が述べた「像法の中興は実に今日に在り」という時代認識が、上記のうち後三者いずれの説に基づいているのかはただちに断言できないが、前節で述べたように、この「像法」は正像末三時説における用例であると判断される。正像末三時説が日本に伝来した時期はわかっていないが、奈良時代にはすでにその考え方が一般化していた。そうだとすれば、経典にみえる正法・像法の文言も、当該期には正像末三時説に基づいて理解されていたことになる。そして何よりも重視すべきは、悟りを完成することができないとされたこの像法の時代、空海の即身成仏思想も天台宗の本覚思想もまだ出現していない奈良時代において、いずれも本来は悟りにいたる教えを説いていたはずのさまざまな大乗経典が、どのような役割を担う経典として人々に理解されたのか、という点である。仁王経・金光明最勝王経・法華経・金剛般若経を一瞥しながら、この問題を考えてみよう。

2　仁王経

汝等大衆よ、当に此経を受持し読誦し解説するの功徳によりて、無量不可説不可説の諸仏あり、一一の仏は無量不可説の衆生を教化し、一一の衆生みな成仏することを得む。……況んや復此の経中に於いて、一念の信を起さば、此の諸の衆生は百劫千劫十地等の功徳を超えん。何に況んや、〔此の経を〕受持し読誦し解説するものの功徳をや。〔彼等は〕即ち十方の諸仏と等うして異りあること無けん。（二諦品）[15]

これは仁王経二諦品の一節である。この経典を受持し読誦し解説すれば、その功徳によって衆生はみな成仏できること（悟りを得られること）を説いている。しかし、正像末三時説を前提にしてこの一節を読んだ者が、ここに示された功徳を額面通りに受け取ったかどうかはきわめて疑わしい。

大王よ、汝等善く聴け、吾いま正に国土を護る法用を説かん。汝当に、般若波羅蜜を受持すべし。国土乱れ、破壊し、劫焼し、賊来つて国を破らんと欲する時に当つて、当に百の仏像と百の菩薩像と百の〔阿〕羅漢像と百の比丘衆と四大衆と七衆とを請じて、共に是の経を聴き、百の法師を請じて、般若波羅蜜を誦せしむべし。……大王よ、一日二時に此の経を聞かんと楽ふ。此の諸の鬼神は、汝が国を護るべし。大王よ、国土乱るる時は、先づ鬼神乱る。鬼神乱るるが故に、万民乱れ、賊来つて国を劫し、百姓亡喪して、臣と君と太子と王子と百官と共に是非を生ず。〔加之〕天地怪異にして、二十八宿星の道も日月も〔共に〕時を失し、多くの賊起ることとあり。大王よ、若し火難水難風難〔及び〕一切の諸難あらば、亦応に此の経を講読すべし。法用は上に説くが如し。（護国品）[16]

我が滅度の後、法の滅尽する時に当つて、諸の国王等は、皆まさに是の般若波羅蜜を受持し、大いに仏事を作すべし。一切の国土の安立し、万姓の快楽ならんことは、皆この般若波羅蜜に由れり。是故に諸の国王に付嘱して、比丘比丘尼、〔及び〕清信男清信女に付嘱せず。何となれば王の威力なきを以てなり。故に汝は当に受持し読誦して、此経の義理を解すべし。（受持品）[17]

いずれも仁王経の一節である。後者受持品の傍線部にみえるように、仏滅後、法の滅尽するときにおいても、国王が仁王経を受持し読誦し、大いに仏事をなせば、その功徳によって国土の安立と万姓の快楽がもたらされると説いている。前者護国品の傍線部も同様であり、国王が仁王経を受持し読誦すれば、その功徳によって火難水難風難など一切の諸難に対処できることを教えている。正像末三時説を前提にした場合、仁王経が現世利益的な護国の経典としての役割を期待されたのは、しかるべき理由があったと私は考える。

3　金光明最勝王経

仏に白して言さく、世尊若し所在の処に、是の如き金光明王微妙の経典を講説せば、其国土に於て、四種の利益あり。一には国王の軍衆強盛にして、諸の怨敵なく、疾病を離れ、寿命長く、吉祥安楽にして、正法興顕せん。二には、中宮・妃后・王子・諸臣和悦して、諍ふことなく、諂佞を離れて、王に愛重せられん。三には沙門・婆羅門及諸の国人、正法を修行して、病なく安楽にして枉死者なく、諸の福田に於て、悉く皆修立せん。四には三時の中に於て、四大調適し、常に諸天に増加守護せられ、慈悲平等にして、傷害の心なく、諸の衆生をして、三宝に帰敬し、皆願ふて菩提の行を修習せしめん。（分別三身品[18]）

善男子、是金光明微妙の経典は種種の利益あり、種種に菩薩の善根を増長し、諸の業障を滅す。善男子、若し……人の為に此金光明経を講説せば其国土に於て皆四種の福利善根を獲ん。云何が四とす。一には国王病なく、諸の災厄を離る。二には寿命長遠にして障礙あるなし。三には諸の怨敵なく、兵衆勇健なり。四には安穏豊楽にして、正法流通す。何を以ての故に、是の如き人王は、釈・梵・四王・薬叉の衆に、共に守護せらるるが故なり。（滅業障品[19]）

以上は、いずれも金光明最勝王経の一節である。この経典が、傍線部に示すような護国の経典としての役割を負ったことはあまりに著名な事実なので、その点の解説は割愛しよう。ここで注意しておきたいのは、分別三身品の傍線部に明らかなように、金光明最勝王経を講説すれば、その功徳によって、すべての衆生が三宝に帰依し、みながすすんで菩提の行を修習するようになるという、まさに大乗仏教的教説が、この経典の国土全体に及ぼす四種の利益の一つとして挙がっている点である。

大仏造立の詔にみえる「遂に同じく利益を蒙りて共に菩提を致さしめむ」という聖武天皇の願いは、正法の時代であれば、国分寺における金光明最勝王経の読誦や講説の実施で、十分に実現可能であったことがわかる。

汝等能く是の如きの微妙の経王に於て、虔誠に流布し、乃至我が般涅槃の後に於て散滅せしめず。即ち是れ無上菩提の正因にして、獲る所の功徳は恒沙劫に於て説くとも尽すこと能はじ。……余の善男子・善女人等有りて、供養し、恭敬し、書写し、流通して、人の為に解説せば、獲る所の功徳も亦復た是の如けん。是の故に汝等応に勤めて修習すべし。（付属品）[20]

これは、金光明最勝王経付属品の一節である。この経典を供養し恭敬し書写し流通させて、人のために解説すれば、その功徳はこの上ない菩提（悟り）の正因となると説いている。しかし、先に仁王経二諦品の史料で述べたように、正像末三時説を前提にしたとき、奈良時代において、金光明最勝王経の功徳に無上の菩提の正因が期待されたかどうかはやはり疑問とせざるをえない。

正像末三時説を前提にした場合、護国の経典としての役割以外で金光明最勝王経に期待されたのは、むしろ次のような教説だったと思われる。

若し善男子善女人ありて、此金光明経に於て、聴聞信解せば、地獄・餓鬼・傍生・阿修羅道に堕せず。常に人天に処し、下賤に生ぜず、恒に諸仏如来に親近し、正法を聴受し、常に諸仏清浄の国土に生ず。所以はいかに、此甚深の法を聞くことを得るに由れり。（分別三身品）[21]

この金光明最勝王経分別三身品の一節では、経典を聴聞し信じて理解すれば、死後に地獄・餓鬼・畜生・修羅の下賤な四道に堕ちることなく、常に人間界と天界に輪廻転生できると説いている。

解脱しない限り迷いの世界である三界六道を輪廻しなければならないという輪廻転生は、悟りを得るまで文字通り果てしなく続く不可避の行程であるが、最後には悟りがありうると思える時代と、最後の悟りの希望がなくなった像法や末法の時代では、その受け止め方は大きく違ってくると思われる。下巻の序文で末法の時代認識を記した『日本霊異記』が、輪廻転生に関わる因果応報説話を中心に編纂されていることに如実にあらわれているように、輪廻転生は像法や末法という仏教的時間意識のなかで、特に重視された問題であったと考えられる。

4　法華経・金剛般若経

ここでは法華経と金剛般若経を一瞥しておく。まず法華経だが、この経典のつまみ食いは意味がないので、ここでは四点のみの掲示にとどめたい。

この故にわれは説く「如来の滅後に、若し受持し読誦し、他人のために説き、若しくは自らも書き、若しくは人をしても書かしめ、経巻を供養すること有らば、復塔寺を起て及び僧坊を造り衆僧を供養することを須いざれ」と。況んや、また人有りて、能くこの経を持ち兼ねて布施・持戒・忍辱・精進・一心・智慧を行ぜんをや。その徳、最勝にして無量無辺ならん。（分別功徳品[22]）

得大勢よ、当に知るべし、この法華経は大いに諸の菩薩・摩訶薩を饒益して、能く阿耨多羅三藐三菩提に至らしむ。この故に諸の菩薩・摩訶薩は、如来の滅後において、常に応にこの経を受持し読誦し解説し書写す

べしと。（常不軽菩薩品[23]）

若し如来の滅後、後の五百歳の中にて、若し女人有りて、この経典を聞きて、説の如く修行せば、ここにおいて命終して、即ち安楽世界の阿弥陀仏の、大菩薩に囲遶せらるる住処に往きて、蓮華の中の宝座の上に生れん。（薬王菩薩本事品[24]）

若し人ありて、受持し読誦し、その義趣を解らば、この人命終するとき、千仏は手を授けて、恐怖せず悪趣に堕ちざらしめたもうことを為、即ち兜率天上の弥勒菩薩の所に往き……而ち中において生れん。かくの如き等の功徳利益あらん。（普賢菩薩勧発品[25]）

ここで確認しておきたいのは、法華経は仁王経や金光明最勝王経と同様に、経典の受持・読誦・解説・書写の功徳によって、悟りにいたれるとしている点である（分別功徳品、常不軽菩薩品）。また、経典の功徳によって輪廻転生を有利に導くことができることを教えている点にも注意を払っておきたい（薬王菩薩本事品、普賢菩薩勧発品）。

須菩提よ、意においていかに。もし、人、三千大千世界を満たす七宝を、以て用いて布施せんに、この人の得る所の福徳は、寧ろ多しとなすやいなや。須菩提言う、「甚だ多し、世尊よ。何を以ての故に。この福徳は、すなわち、また、福性に非ざればなり。この故に如来は、福徳多しと説きたもう」。「もしまた、人有り、この経の中において、乃至四句の偈等を受持して、他人のために説くときは、その福は彼よりも勝れたり。何を以ての故に。須菩提よ、一切の諸仏および諸仏の阿耨多羅三藐三菩提の法は、皆、この経より出でたればなり[26]。

世尊よ、われ今、かくのごとき経典を聞くことを得て、信解し、受持するに難しとなすに足らず。もし、まさに来るべき世の、後の五百歳に、衆生ありて、この経を聞くことを得て、信解し、受持することあらば、この人をこそ、すなわち第一希有となすなり(27)。

この二つはいずれも金剛般若経の一節である。経典の受持や解説の功徳が、悟りにいたることを教えている。

5　小括

中国において正像末三時説に基づく末法の初見が、末木氏の示すように六世紀であったとすれば、日本への伝来はその後ということになる。正像末三時説の伝来の詳細は知りえないが、天平十五年（七四三）正月の聖武天皇の「詞」が日本での像法使用の初見なので、それが七世紀にまでさかのぼるのかどうかは微妙なところである(28)。むしろ、像法という仏教的時間意識を示す二番目の史料が、前述したように天平宝字四年（七六〇）の大僧都良弁等の上奏であることを重視すれば、日本への正像末三時説の伝来は、華厳経の伝来と深く関わっていた可能性があるかもしれない。

ところで仁王経・金光明最勝王経・法華経・金剛般若経はいずれも、経典の受持・読誦を求め、あるいはその解説・書写を要求している。それは、経典を受持・読誦・解説・書写する功徳によって、ついには悟りにいたることができるとする経典本来の教えと表裏一体であった。正像末三時説は、このような経典理解に大きな影響をもたらしたと考えられる。

正像末三時説は、悟りにいたるまでの必然的過程であった輪廻転生において、未来の悟りへの出口を塞ぐものであった。末法は言うに及ばず、像法という時代認識も、本来は悟りのための行であった経典の受持・読誦・解説・書写の功徳を、輪廻転生における内なる優越さをもたらすものに矮小化させる可能性をもっていた。先に紹介したように、金光明最勝王経や法華経には、その可能性を支える教説が含まれていた。

聖武天皇はこのような閉塞的な像法の時代認識に立脚したうえで、あえて「菩薩の大願」をおこし「遂に同じく利益を蒙りて共に菩提を致さしめ」ようとしたことになる。「像法の中興」になぜ華厳経や盧舎那仏の造立が必要だったのか、という前節で提示した問いは、このような文脈上に成立するのである。

聖武はなぜ、像法の時代であっても、盧舎那仏に帰依することで悟りを得ることが可能だと判断したのだろうか。最後に、問いの答えを探ることにしよう。

第三節　盧舎那仏とその時空――結びにかえて――

華厳経の深遠な教義から上記の課題に答える十分な準備ができていないので、ここでは盧舎那仏がどのような時空に位置しているのかという視点から、その課題に迫ることにしたい。(29)

又光明を放つあり楽法と名く、彼の光一切の衆を覚悟して、法を聴き講説し及び書写して、正法の中に於て常に愛楽せしむ。仏法滅せんと欲するときに能く護持して、求法の者をして意充満せしめ、精勤して仏の正法を修習し、是に因りて楽法の光を成ずることを得たり。（賢首菩薩品）(30)

これは華厳経賢首菩薩品の一節である。傍線部に明らかなように、「法を聴き講説し及び書写」する功徳を一般論として説いているし、仏滅後にいずれ直面するであろう法滅への危機感も読み取れる。華厳経は初期大乗仏典の一つなので、仁王経・金光明最勝王経・法華経・金剛般若経などと共通するこのような一面をもっていても不思議ではない。

しかし、華厳経がこれらの経典と決定的に異なっているのは、経典のなかで華厳経そのものの読誦や書写を求めていない点である。華厳経は経典の功徳を直接は説いていないのである。

「華厳経の中で毘盧遮那仏は、かつて一度も説法をしたことがな」く、「そのために毘盧遮那仏に代わって、無数の諸菩薩が入れかわり立ちかわり法を説いたのが華厳経」であるという玉城康四郎氏の指摘を踏まえれば(31)、華厳経がその読誦や書写を求めない理由は、個々の教説そのものに絶対的価値が置かれていないからであると考えられる。華厳経における絶対的価値は、法身仏としての盧舎那仏そのもの、仏教における真理の措定そのものにあると私は考える(32)。法華経では如来寿量品が全二十八品のなかで十六番目に置かれているのに対して、華厳経で同様の役割を果たす盧舎那仏品が七処八会の第一に据えられ、諸菩薩のなかで最も重視される普賢菩薩がそれを説いているのは、盧舎那仏の〈存在〉そのものが華厳経の絶対条件であったからである。

ところで、周知のように華厳経の説く盧舎那仏は、永遠の時間にわたって三千大千世界全体を教化する法身仏（真理そのもの）である。この須弥山世界で教えを説いたブッダは、盧舎那仏の応身（化身）にすぎないので、仏教の真理が時間と空間に左右されることはない。このような考え方が生まれたのは、ブッダの死そのものと仏滅後の時間を相対化するためであった。法華経の従地涌出品や如来寿量品の筋立ては、それを端的に示すものであるが、華厳経と比較すれば法身仏とブッダとの違いになお不明確さを残している。

さまざまな諸問題に直面し、像法という仏滅後の時代を強く意識した聖武天皇が、ブッダの教えを記し、それ故に経典の受持・読誦・解説・書写の功徳を説いていた金光明最勝王経や法華経などで、ブッダに起因するこの時間を相対化できるとは思えなかったに違いない。像法という須弥山世界を規定する仏滅後の時間を、聖武天皇が相対化可能と判断できたのは、無限の時間と無限の空間のなかで真理を唱え続ける盧舎那仏と、その〈存在〉を絶対的な前提とする華厳経に出会うことができたためであったと思われる。これが、多くの推測を介在させたうえでなしえる、現段階での私の解答である。聖武天皇の語った「像法の中興」とは、いわば正法の回復を目指したものであったと考えられる。

では、盧舎那仏の時空に依拠することで、正像末三時説は解決できたのであろうか。天平勝宝四年（七五二）に執り行われた東大寺大仏開眼供養の華々しさは、いったんはそれが実現されえたことを示していよう。しかしその後の歴史は、この体制では結局、像法問題に対処できなかったことを示している。最後にこの点の見通しを述べて、本章を閉じることにしよう。

聖武天皇にとって「像法の中興」が盧舎那仏の造立として実現されたように、無限性を特徴とする盧舎那仏の時空と、須弥山世界を舞台とする正像末三時説とは、二律背反的な関係にありながら重複して存在していく。ところで正像末三時説は、「如来の滅後、後の五百歳」（法華経薬王菩薩本事品、前掲）のような、経典にしばしばあらわれる仏滅後の時間を、教・行・証という仏教の核心部分との関係で再構成したものであり、人々の関心を、永遠の時を刻む三千大千世界から須弥山世界の現実の場へ、容易に引き戻す力をもっていた。須弥山世界を規定する像法や末法という時間に比べたとき、無限性を特徴とする盧舎那仏の時空は、いわば外部の時空として立ちあらわれざるをえず、親密性という点で決定的に劣っていた。この問題は、毘盧遮那仏（大日如来）の時空に、新たに即身成仏という親密な時空を加味した空海の真言密教によって、乗り越えられていくことになる[33]。

（1）拙稿「歴史意識の時空—文明圏・国家・地域社会—」（研究代表小野寺淳『八瀬童子の空間認識と歴史意識』平成十

五・十六年度科学研究費補助金基盤研究C（1）研究報告書、二〇〇五年、本書第三章）。

（2）引用は新日本古典文学大系『続日本紀　二』（岩波書店）より。

（3）以下の訳文は、新日本古典文学大系『続日本紀　二』の脚注に負うところが大きい。

（4）新日本古典文学大系の読みを現代仮名遣いで示すと「いまぞうきょうおとろえんとして」となる。

（5）鷺森浩幸「王家と貴族」（『日本史講座』第2巻、東京大学出版会、二〇〇四年）。

（6）前掲注2に同じ。

（7）前掲注3に同じ。

（8）平岡定海氏は、盧舎那仏造立の経緯について、「この事業はさきの智識寺でのこと（聖武天皇が天平十二年に河内国の智識寺の盧舎那仏を礼したこと―西谷地）に発端はあるにしても、天平十五年の正月の詔にある『像法中興』の意識が大きく左右しているともいえる」と判断しながら、その意義については、「最澄も守護国界章のなかで……平安時代の初頭を以て像末の時代といっていることから考えて、聖武天皇が像法中興の意欲をもって東大寺大仏の造顕を意図されたことは、奈良時代に像法思想が非常に高まって、像法千年の金字塔としてこの像を造顕することを発願されたのであろう」と理解するにとどまっている（『東大寺の歴史』至文堂、一九六六年、一五～一六頁）。盧舎那仏の造立を「像法千年の金字塔」とみる平岡氏の評価には、盧舎那仏の造立がなぜ「像法の中興」になるのか、という問いが明らかに欠けている。

（9）末木文美士『日本仏教史』（新潮文庫、一九九六年、六二～六三頁、初出は一九九二年）。

（10）同前、一三四頁。

（11）同前、一三四頁。

（12）田村圓澄「末法思想の形成」（『日本佛教史』3、法蔵館、一九八三年、初出は一九五四年）。

（13）末木氏によれば、この『周書異記』は唐代の初めに捏造された書物らしいが、隋代にはすでに穆王壬申説がみえているという（末木前掲書、一三二頁）。

(14) 欽明天皇十三年（五五二）や明徳三年（一三九二）など、日本史上著名な年代が末法初年と重なる点については、ここでは触れないでおく。

(15) 国民文庫刊行会編『国訳大蔵経』経部第三巻（第一書房、四七三〜四七四頁）。

(16)『国訳大蔵経』経部第三巻、四七五頁。

(17) 同前、四八七頁。

(18)『国訳大蔵経』経部第十一巻、五八頁。

(19) 同前、八六〜八七頁。

(20) 同前、二六四〜二六五頁。

(21) 同前、五七頁。

(22) 岩波文庫『法華経』下巻、六〇頁。

(23) 同前、一四二・一四四頁。

(24) 同前、二〇四頁。

(25) 同前、三二八頁。

(26) 岩波文庫『般若心経・金剛般若経』、五八・六〇頁。

(27) 同前、八〇頁。

(28) 天平期以前の国史関係史料で仏教の悟りに言及した記事としては、欽明紀六年三月の「百済、丈六の仏像を造りまつる。願文を製りて曰へらく、……又願はくは、普天の下の一切衆生、皆解脱を蒙らむ。故に造りたてまつる」と、欽明紀十三年十月の仏教公伝記事にある「此の法は能く量も無く辺も無き、福徳果報を生し、乃至ち無上れたる菩提を成弁す」の二つがある（引用はいずれも日本古典文学大系『日本書紀　下』岩波書店より）。このうち後者は、「唐の義浄が長安三（七〇三）年に訳した金光明最勝王経の文を用いて構成したもので、明らかに書紀編者の修飾」であり（日本古典文学大系『日本書紀　下』頭注、執筆分担は黛弘道氏）、論理的に判断すれば『日本書紀』編纂段階で正像末三時説が意識されていた可能性は少ないように思われる。

(29) 拙稿「東大寺盧舎那仏と仏教的世界観」（『日本史の方法』三号、二〇〇六年、本書第二章）は、この問題を古代・中世における仏教的世界観の変化から概観したものである。

(30) 『国訳大蔵経』経部第五巻、三一五頁。

(31) 玉城康四郎『華厳入門』（春秋社、一九九二年、三〇頁）。

(32) 鎌田茂雄氏は、華厳経の漢訳正式名称が「大方広仏華厳経」である点に依拠して、「『法華経』は法を説いたお経であり、それに対して『華厳経』は仏を説いたお経である」と指摘している（『華厳の思想』講談社学術文庫、一九八八年、四二頁、初出は一九八三年）。証明方法として問題がないわけではないが、鎌田氏の指摘は事の本質を言い当てているように思う。

(33) 空海は『秘蔵宝鑰』で、像法の後期を「今に当たって時は濁悪、人は根劣鈍なり」と玄関法師に語らせている（宮坂宥勝監修『空海コレクションI』ちくま学芸文庫、一一〇頁）。最澄の著作に像末意識がみられる点はよく知られた事実だが、空海にとっても像法は仏教的な対処の必要な時代であったことがわかる。真言密教と本覚思想がともに「成仏（悟り）」をキーワードとしているのは、仏教思想の一般的発展や文化交流に起因するところもあろうが、私は時代の必然として理解したい。

第二章　中世の東大寺盧舎那仏と仏教的世界観

はじめに

本章の目的は、東大寺盧舎那仏をめぐる仏教的世界観の、中世における変化を考察することにある。

華厳経の教主である盧舎那仏の開眼供養が、東大寺において盛大に執り行われたのは、天平勝宝四年（七五二）である。これまでの通説では、聖武天皇が盧舎那仏や華厳経の知識を得たのは、盧舎那仏造立の詔が出される天平十五年（七四三）の三年前、天平十二年（七四〇）であったとされてきたが、その時期は聖武天皇が宸翰『雑集』を書写した天平三年（七三一）にまでさかのぼることが明らかになっている(1)。宸翰『雑集』には、「それ法身は色に非ざるも、物の為にあらわれ、百億の閻浮はみな示見を蒙る」（夫法身非色、為物而形、百億閻浮、咸蒙示見）との文言がある。後の箇所に「盧舎那像」が、また讃の冒頭に「蓮蔵世界、舎那如来」の文言があるので、この「法身」が盧舎那仏である点は明らかである。森本公誠氏は、「法身が衆生のために、あるいは衆生の心に応じて形を現わされるという法身応現の考えは、当時大乗仏教に心得のある者にとっては通念になっていた」こと、それをこの時期に聖武天皇が書写したことに注目されている(2)。ここでは、盧舎那仏をめぐる仏教的世界を理解するための基礎知識が簡潔に示された内容を、聖武天皇が盧舎那仏造立の詔を出す十年以上前に書写していた点を確認しておきたい。

ところで、東大寺盧舎那仏をめぐる仏教的世界観の変化を考察するには、統治層内部における初期の経典理解度をどのように判断するかという点が大きな課題となる。たとえばこの宸翰『雑集』の事例では、盧舎那仏の本質に関わる文言を聖武天皇が書写していたからといって、その内容を理解していた証明にはならない、という反論が予想される。(3) 近年の歴史研究者は、初期の経典理解度をおおむね低くみようとする傾向にあるが、ここでは教理には深入りせず、仏教的世界認識に限定して議論を進めることとしたい。

一方、本郷真紹氏の整理によれば、「近年の天平仏教に関する考察は、概して……光明子により導かれた方向性と、その史的意義に触れたものが中心となっている」という。また本郷氏は「文字通りの国家護持の機能を果たせしむるべく、国分寺の建立を命じ」たのは光明子であり、「国分寺建立の構想が打ち出されて二年後に、河内・知識寺の大仏に範をとった盧舎那大仏の造立が謳われ、いよいよこの国土を盧舎那仏の主宰する蓮華蔵世界（仏国土）となすべく、空前の大事業が展開される事になる」とされている。(4) 私には天平期の仏教政策の主体をめぐる論争に参加する意図も準備もないので、本章ではとりあえず通史的立場（聖武主体説）に従って論を進めていくことにしたい。

第一節　南都焼き討ちとその評価

治承・寿永の内乱が勃発してまもなく、治承四年（一一八〇）十二月に、平重衡の軍勢によって南都が焼き討ちされ、多くの堂舎とともに東大寺大仏殿も焼失した。知らせを聞いた九条兼実が、「七大寺已下、ことごとく灰燼に変ずるの条、世のため民のため仏法王法滅尽しおわるか、およそ言語の及ぶところにあらず、……猶々大仏の再造立は、いずれの世いずれの時ぞや、会昌天子の跡に異ならざるものか」（七大寺已下、悉変灰燼之条、為世為民仏法王法滅尽了歟、凡非言語之所及、……猶々大仏再造立、何世何時哉、不異会昌天子之跡者歟）と嘆いたことはよく知られている。(5)

この時に台座以外の大半が焼け落ちた東大寺の大仏は、造東大寺大勧進職についた重源の活躍などにより、それから約五年後の文治元年（一一八五）八月に開眼供養にいたるが、この南都焼き討ちが社会にもたらした衝撃は大きく、その様子は中世においてさまざまに語り継がれていくこととなる。ここではその代表として、平家物語における南都焼き討ちの語りを見ていくことにしよう。

延慶本平家物語の「南都ヲ焼払事、付左少弁行隆事」は、次のような構成をとっている。(6) まず南都騒動記事・平重衡の南都攻撃記事の後、興福寺由緒・東大寺由緒と評論aを述べ、次いで南都焼失記事・重衡帰京後の京都記事の後、三井寺・南都（興福寺中心）焼失の評論bを語っている。

〈評論a〉

東大寺ハ常在不滅、実報寂光ノ生身ノ御仏ト思食准テ、釈尊初成道ノ儀式ヲ表シ、天平年中ニ聖武天皇思食立テ、高野天皇、大炊天皇、三代ノ聖主自ラ精舎ヲ建立シ、仏像ヲ治鋳シ奉リ給フ。……金銅十六丈ノ毘盧舎那仏、烏瑟尊容ヲ模シタリシ尊像モ、御頭ハ焼落テ大地ニアリ。御身ハ涌合テ塚ノ如シ。目当リ見奉ル者モ、目モアテラレズ。遥ニ伝聞人モ、涙ヲ流サズト云事ナシ。瑜伽、唯識ノ両部ヲ始トシテ、法文聖教一巻モ不残。吾朝ハ申ニ不及、天竺振旦ニモ是程ノ法滅者、争カ可有ナレバ、梵釈四王、龍神八部、冥官冥衆ニ至ルマデ、驚騒給ケムトゾ覚シ。

〈評論b〉

而ヲ両月ノ中ニ灰燼トナリヌ。一天之歎、何事カ是ニ過ム。掠一物焼一屋、罪科尚ヲ重シ。況於南都園城数千之堂塔財宝乎。謗一文謗一仏、破戒是深シ。況ヤ於法相天台数万之仏像経巻乎。遠ク尋先蹤於異域者、過会昌天子之犯罪。近ク考悪例於本朝者、超守屋大臣之逆悪。極悪之分限難量、逆臣之将来其レ奈カム。抑モ我朝ニ鎮護国家之道場ト号シテ、朝夕星ヲ載イテ、百王無為ノ御願ヲ奉祈、四ケノ大寺是アリ。三ケ寺既ニ跡ナシ。適マ残ル叡岳モ、行学闘乱ノ事ニヨテ臥雲。

また「南都僧綱等止公請事」では、焼き討ち直後の治承五年（一一八一）正月の御斉会をどうするかという問題のなかで、斉衡二年（八五五）頃とおぼしき東大寺由緒cが語られる。

〈由緒c〉

昔シ彼ノ東大寺ノ御グシ、俄ニ大地ニ落給ヘル事アリ。天下第一ノ不思議也。御門大ニ驚カセ給テ、小野竹皇ヲ召テ、「汝ハ神道ヲ得タリト云聞アリ。此事掌ヲ指テ勘申セ」ト云綸言ノ被下ケレバ、竹皇畏テ被申ケルハ、「今年天下ニ疫癘起テ、人民命ヲ失ム事、百分ガ一ニ残ベシ」トテ、涙ヲ流テ悲ミケリ。「而閻浮提第一ノ大伽藍、兼テ物怪ヲ示給ヘルナリ」ト被申ケレバ、御門大ニ御歎アテ、……

以上の三点の史料から、延慶本平家物語では、法滅（南都焼亡）が三国世界観を前提に語られていること（評論a傍線部分）、東大寺が興福寺・園城寺・延暦寺とともに鎮護国家を司る四大寺の一つとされていること（評論b傍線部分）、東大寺は「閻浮提第一ノ大伽藍」と評価されていること（由緒c傍線部分）が明らかである。

一方、覚一本平家物語「奈良炎上」では、南都騒動記事→平重衡の南都攻撃記事→南都焼失記事d→重衡帰京後の京都記事、の順で事件が語られている[7]。

〈記事d〉

興福寺は淡海公の御願、藤氏累代の寺也。東金堂におはします仏法最初の釈迦の像、西金堂におはします自然湧出の観世音、瑠璃をならべし四面の廊、朱丹をまじへし二階の楼、九輪そらにかゝやきし二基の塔、たちまちに煙となるこそかなしけれ。東大寺は常在不滅、実報寂光の生身の御仏とおぼしめしなぞらへて、聖武皇帝、手づからみづからみがきたて給ひし金銅十六丈の盧遮那仏、烏瑟たかくあらはれて半天の雲にかくれ、百毫新におがまれ給ひし満月の尊容も、御くしはやけおちて大地にあり、御身はわきあひて山の如し。八万四千の相好は、秋の月はやく五重の雲におぼれ、四十一地の瓔珞は、夜の星むなしく十悪の風にたゞよふ。煙は中天にみちゝゝ、ほのをは虚空にひまもなし。まのあたりに見たてまつる物、さらにまなこをあてず。はるかにつたへきく人は、肝たましゐをうしなへり。法相・三論の法門聖教、すべて一巻のこらず。我朝はいふに及ず、天竺震旦にも是程の法滅あるべしともおぼえず。うでん大王の紫磨金をみがき、毘須羯磨が赤栴檀をきざんじも、わづかに等身の御仏也。況哉これは南閻浮提のうちには唯一無双の御仏、ながく朽損の期あるべしともおぼえざりしに、いま毒縁の塵にまじはて、ひさしくかなしみをのこし給へり。梵尺四王、龍神八部、冥官冥衆も驚きさはぎ給ふらんとぞみえし。

「我朝はいふに及ず、天竺震旦にも是程の法滅あるべしともおぼえず」の文言が象徴的に示す通り、南都焼き討ちをめぐる覚一本平家物語の語りと延慶本平家物語のそれは、ほとんど同じである。しかし、東大寺と大仏の語りには、微妙な違いがみえる。延慶本では東大寺を「閻浮提第一ノ大伽藍」と評価しているのに対して、覚一本では大仏を「これは南閻浮提のうちには唯一無双の御仏」と記している。中世においては、東大寺の伽藍と同じように、その本尊である盧舎那仏も、須弥山説に基づく南閻浮提の世界のなかで比較されているわけである。ややもすれば見過ごしてしまいそうな、この覚一本平家物語における東大寺盧舎那仏の語りには、違和感がある。この違和感（おかしさ）の原因を探ってみよう。

第二節　金光明最勝王経と贍部洲

覚一本平家物語における東大寺盧舎那仏の語りが示している意味を理解するために、ここではまず、古代において盧舎那仏造立の政策的前提となった国分寺の根本経典である金光明最勝王経について見ていくことにしたい。

周知のように、大仏造立の詔が出される二年前、天平十三年（七四一）に国分寺建立の詔が出され、「金光明四天王護国之寺」国分寺における金光明最勝王経の書写・転読が命ぜられている(8)。この金光明最勝王経は、『続日本紀』神亀五年（七二八）の「金光明経六十四帙六百四十巻を諸国に頒つ。国別に十巻。是れより先、諸国の有てる金光明経、或る国は八巻、或る国は四巻。是に至りて写し備りて頒ち下す。経到る日に随ひて即ち転読せしむ。国家をして平安ならしめんが為なり(9)。」の記事にみえる十巻本の金光明経のことで、唐の義浄の訳になるものである。日本にはそれまでに八巻本や四巻本の旧訳の金光明経が伝わっていた。その伝来の時期は明らかではないが、仁王経とともに金光明経は護国の経典として、すでに七世紀後半の天武朝において著しく流行したとされている(10)。

では、金光明経はどのような経典なのか。金光明最勝王経についての一般的な説明では、「経文の中でこの経を広宣読誦する国王があれば四天王・弁財天などがその国土を擁護し人民を安穏ならしめると説き、また国王が正法をもって民衆を統治すれば国土は豊楽、諸天善神が守護すると説いている」とされる(11)。田村圓澄氏も金光明最勝王経について次のように説明している(12)。

「国家仏教」の経典とされる『金光明最勝王経』と『華厳経』との、最も重要な相違は、両経によって説かれる「世界」において見られる。四天王によって、国王とその国土、人民が守護されるとする『金光明最勝王経』の場合、その守護の範囲は、国王が治める「一国」の限界を超えることはない。四天王の「守護」の場は、常に国王の「政治」の場と重なり、国王が支配する「国界」を超えることはなかった。

金光明最勝王経が護国の経典である点は明白だが、この経典の役割は本当に護国だけなのだろうか。実はそうではないように思う。金光明最勝王経を実際にひもといてみると、国との関係ばかりではなく、瞻部洲との関わりを示す以下のような多くの教説を見いだすことができるからである(13)。

e、大光明を放ちて、王舎大城及び、此の三千大千世界乃至十方恒沙等の諸仏の国土を周遍照曜し、諸の天華を雨らし、諸の天楽を奏しぬ。爾時此瞻部洲中、及び三千大千世界に於て、所有衆生、仏の威力を以て、勝妙の楽を受け、乏少あることなし。(「如来寿量品」)

f、世尊、我等四王二十八部の薬叉大将、并に無量百千の薬叉と与に、浄天眼の世間に過るを以て観察し、此瞻部洲を擁護せん。(「四天王観察人天品」)

g、若人王有りて、是経を受持し・恭敬し・供養するものは、為に衰患を消して其をして安穏ならしめん。亦復た城・邑・聚落を擁護し、乃至怨賊悉く退散せしめ、また一切瞻部洲内の所有諸王をして、永く衰悩闘諍の事なからしめん、四王応に知るべし、此瞻部洲の八万四千の城邑聚落、八万四千の諸の人王等、各其国に於て、諸の快楽を受け、皆自在を得、所有財宝豊足し受用し、相侵し奪はず、彼の宿因に随ひて其報を受け、悪念を起して他国を貪求せず、咸く少欲利楽の心を生じ、闘戦繫縛等の苦あることなし、其土の人民は自然に楽を受け、上下和穆すること、猶水乳のごとく、情相愛重し、歓喜遊戯し、慈悲謙譲にして善根を増長せん。是因縁を以て此瞻部洲安穏豊楽に、人民熾盛に、大地沃壌し、寒暑調和し、時は序に乖かず、日月星宿常度虧くることなく、風雨時に随ひて諸の災横を離れ、資産財宝、皆悉く豊盈し、心に慳鄙なく、常に慧施を行じ十善業を具せん。(「四天王護国品」)

h、彼の人王手に香炉を執り、衆の名香を焼き、経を供養するに由りて、時に其の香煙の気、一念の頃に於て、遍く三千大千世界の百億の日月、百億の妙高山王、百億の四洲に至り、此三千大千世界の一切の天龍薬叉健闥婆阿蘇羅掲路茶緊那羅莫呼洛伽の宮殿の所に至り、虚空の中に於て、充満して住し、種種の香煙変じて雲蓋となる。其蓋金色にして普く天宮を照らさん。是の如く三千大千世界の所有種種の香雲と香蓋とは、皆是金光明最勝王経の威神の力なり。是諸の人王手に香炉を執りて経を供養するとき、種種の香気は但に此三千大千世界に遍きのみにあらず、一念の頃に於て、亦遍十方無量無辺恒河沙等の百千万億の諸仏の国土に遍く、諸仏の上の虚空の中に於て、変じて香蓋となり、金色にして普く照らさんこと亦是の如し。(「四天王護国品」)

i、此に由りて能く瞻部洲のあらゆる王等をして正法もて世を化し、能く衆生に安楽の事を与へしめ、自身及び諸の眷属を護りて苦悩なからしむるがためなり。(「四天王護国品」)

j、諸の衆生のために、是の如き微妙の経典を演説し、瞻部洲一切の国主及び諸の人衆をして、世間のあらゆる式法、国を治め人を化し、勧導の事を明了ならしむ。(「四天王護国品」)

k、此妙なる経宝は極めて甚深なり。能く一切の有情に楽を与ふ。彼の有情安楽なるに由るが故に、常に瞻部洲に流通することを得。この大千世界の中に於ける、所有一切の有情の類、餓鬼と傍生と及び地獄と、是の如き苦趣は悉く皆除き、この南洲に住する諸の国王、及び余の一切の有情の類、経の威力に由りて常に歓喜し、皆擁護を蒙りて安寧を得ん。（「四天王護国品」）

l、又この金光明最勝王経は、彼の有情の已に百千仏の所に於て、諸の善根を種ゑて、当に受持すべきものの為に、贍部洲に於て、広く行はれ流布して、速かに隠没せざらしめん。（「大弁才天女品」）

m、この経典をして、贍部洲に於て、広行流布せしめ、彼有情已に無量百千仏の所に於て、善根を種ゑたるものの為に、常に聞くことを得て、速に隠没せざらしめん。（「大吉祥天女品」）

n、世尊、是の因縁を以て、諸の贍部洲は安穏豊楽、人民熾盛にして諸の衰悩無く、所有る衆生皆安楽を受けん。（「堅牢地神品」）

o、世尊、われ堅牢地神法味を蒙り已りて、贍部洲縦広七千踰繕那の地皆悉く沃壌し、乃至前の如く所有る衆生をして皆安楽を受けしめん。（「堅牢地神品」）

p、世尊、是の如きの経典は、彼の衆生の已に百千仏所に於て善根を種ゑたるものの為に、贍部洲に流布して滅せず。（「堅牢地神品」）

q、われ昔曾て転輪王たり、此の大地并大海、四洲の珍宝皆充満するを捨てて、持以て諸の如来を供養す。（「善生王品」）

r、転輪王と為り四洲を化す、大海際を尽して咸く帰伏せり、城有りて名づけて妙音聲と曰ふ、時に彼の輪王此に住す。（「善生王品」）

これまでの古代仏教史研究では、金光明最勝王経が贍部洲において果たす役割について言及されることはほとんどなかった。しかし、上記の諸史料が明瞭に示しているように、金光明最勝王経やその「四天王護国品」の教説を、「人王」の視点から護国との関係のみでとらえてきた従来の理解には、再考の余地がある。金光明最勝王経は、確かに贍部洲内の各国の護国を保証する経典であるが、史料gの「是因縁を以て此贍部洲安穏豊楽に、人民熾盛に、大地沃壌し、寒暑調和し……」という「四天王護国品」の表現からわかるように、同時にそれは贍部洲全体の平安をもたらす経典でもあったのである。

ところで、史料hにみえる「三千大千世界の所有種種の香雲と香蓋とは、皆是金光明最勝王経の威神の力なり」という「四天王護国品」における教説は、金光明最勝王経の影響が三千大千世界にまで及ぶことを示しているが、金光明最勝王経が救済の対象とする空間は、基本的には贍部洲の内部に収まっていると判断してよいだろう。史料qやrのように金光明最勝王経に転輪聖王の言説がみられる理由も、金光明最勝王経と贍部洲との密接な関係から説明できると思われる。

このように、金光明最勝王経が贍部洲全体の平安を目的とする「護国の経典」であったのに対して、盧舎那仏造立を導き、東大寺の根本経典となった華厳経は、どのような経典なのか。周知の事実になるが、次にその点をみておこう。

第三節　華厳経と世界観

爾の時に世尊、一切の菩薩大衆をして、仏の無量無辺の境界自在の法門を知らしめんと欲するが故に、眉間の百毫相の、一切宝色燈明雲光を放ち、一切菩薩慧光観察照十方蔵と名く。此の光は遍く一切の仏刹を照し、一念の中に於て、皆悉く普く一切の法界を照し、一切の世界に於て、一切の仏の諸の大願雲を雨らし、普賢菩薩を顕現して、大衆に示し已りて還りて足下の相輪中より入れり。

これは、盧舎那仏の眉間から発せられた光明が「一切の法界」「一切の世界」を照らし、その光が再び足下へと戻ってくるという、よく知られた大方広仏華厳経「盧舎那仏品」の一節である(14)。この「一切の法界」「一切の世界」については、次の「如来光明覚品」の一節がその姿をよく示している。

爾の時に世尊、両足の相輪より百億の光明を放ちたまひて、遍く三千大千世界の百億の閻浮提、……百億の須彌山王、百億の四天王天、百億の三十三天、……百億の色究竟天とを照し、此の世界の所有一切のもの悉く現ず。此に仏、蓮華蔵の師子座の上に坐したまひて、十仏世界塵数の菩薩の眷属有りて囲繞せるを見るが如く、百億の閻浮提も亦復た是の如し。

盧舎那仏が救済の対象とする世界が「三千大千世界の百億の閻浮提」である点は、このように華厳経を読めば誰にでも容易に理解することができる。

この盧舎那仏と華厳経について、玉城康四郎氏は春秋社における講義のなかで次のように簡明に説明している(15)。

毘盧遮那仏は、われわれが今生きている宇宙世界そのものです。……毘盧遮那仏は宇宙そのものですから、目に入ってこないのです。……そうするとご本尊は毘盧遮那仏だけれども、その仏さま自身は目に見えない、形がない、色も姿もない。それを法身仏と申し上げる。まったく形を離れた仏さまのことです。したがって仏さま自身は、どうしようもない。説法することができない。華厳経の中で毘盧遮那仏は、かつて一度も説法をしたことがない。これはどうしようもないのです。そのために毘盧遮那仏に代わって、無数の諸菩薩が入れかわり立ちかわり法を説いたのが華厳経です。

華厳経の講説を受けた聖武天皇が、教学研究者であった玉城氏のように盧舎那仏を「宇宙世界そのもの」（経典の言葉で表現すれば「三千大千世界」そのもの）と理解できたかどうかはわからない。しかし、金光明最勝王経と華厳経との教理の格差、それぞれの経典が示す世界観の相違については、ただちに理解できたと思われる。金光明最勝王経を読んだ後で華厳経を実際にひもといた者ならば誰でも実感するであろう、その教理レベルの高さに、聖武天皇も圧倒され、華厳経の教主盧舎那仏に傾倒していったことは容易に推測できるからである。

ところで、金光明最勝王経と華厳経との世界認識の違いに注目された田村圓澄氏は、華厳経と盧舎那仏について、次のように説明している(16)。

「国家仏教」の経典とされる『金光明最勝王経』と『華厳経』との、最も重要な相違は、両経によって説かれる「世界」において見られる。……『華厳経』は「一国」の限界を超えた「十方一切世界」、つまり盧舎那仏の「光明普照」「光明遍照」の世界＝「法界」を説く。「法界」は法の世界であり、一面では世界・宇宙と同義とされ、他面では、仏法成立の根源である真如と同義である。……日本の境界を超え、そして日本を中心とする仏教こそ、東大寺の華厳経であった。『華厳経』の主尊である盧舎那仏の「法界」は、天皇の統治圏と重なる。なぜなら『華厳経』の経説は、天皇の根源的な「統治」にかかわっている、と考えられたからである。……宗主国＝日本と付庸国＝新羅の関係は、日本の為政者の期待と努力にもかかわらず、新羅の抵抗により崩壊の速度を早めていた。天平六年（七三四）以降、両国の統属関係は危機的な情況を迎える。盧舎那仏＝東大寺創建の眼目は、華厳経の「法界」の理念により、日本と新羅の宗主国―付庸国の統属関係を再構築し、強化することにあったのではないか。

金光明最勝王経の説く世界が「一国」であるのに対して、華厳経の説く世界は「十方一切世界」すなわち「法界」であり、それは「天皇の統治圏と重なる」もので、盧舎那仏や東大寺創建の目的は新羅に対する統属関係の強化にある、というのが田村氏の解釈である。金光明最勝王経と華厳経との最も重要な相違を、両経によって説かれる「世界」に求めた田村氏の視点は魅力的だが、盧舎那仏の法界の理念を天皇の統治圏に対置させる解釈には従えない。私には、華厳経やその教主盧舎那仏、あるいはその世界観に対する聖武天皇の理解がこの程度であったとは到底思えないからである。華厳経に実際に接した聖武天皇が、その経典に示された「十方一切世界」(三千大千世界)を日本や天皇の統治圏と重ね合わせるなどということは、聖武天皇がよほどの愚か者でない限りありえない話であろう。

前節で検討したように、金光明最勝王経の説く世界は「一国」に限定されるわけではない。金光明最勝王経が贍部洲全体の平安を目的とする経典であったのに対して、華厳経の救済範囲は三千大千世界に広がっている。この二つの世界像の違いを日本古代の統治層は十分に理解できたものと私は推測する(17)。

盧舎那大仏の造立目的を「この国土を盧舎那仏の主宰する蓮華蔵世界(仏国土)となす」ためであったとする古代史研究者の一般的理解も、盧舎那仏の救済範囲が三千大千世界であることを前提として初めて意味をもつ指摘であろう。

奈良の大仏を日本の国における華厳宗の中心として、日本全国の各地に国分寺と国分尼寺をたてて、日本国全体を毘盧遮那仏の仏国土に建立していきたい、これが聖武天皇の発願であったのです。後代になって、華厳についての注釈は作られ、その思想的勉強は盛んになりましたが、華厳の実践的な意味においてはおそらく聖武天皇の時代が最高であったと思います。華厳経の精神がもっとも力強く現われた時期ではないかと思います。

これは先に紹介した玉城康四郎氏の発言である(18)。盧舎那仏造立の目的に関しては、通説と同様の理解にたっているが、ここでは傍線部分の主張に注目したい。

華厳経とその教主である盧舎那仏が救済の対象とする空間は、三千大千世界である。われわれの閻浮提〈瞻部洲〉は十億・百億個のそれのうちの一つにすぎない。その閻浮提のなかの一国が日本であるが、そのような一国内の人々をも盧舎那仏は救済する。一切即一・一即一切という華厳経の思想は必ずしも平板な空間論を前提とするものではないが、その思想を媒介にして、はじめて盧舎那仏とわれわれとの関係が成立すると考えられる。聖武天皇によって造立された盧舎那仏は、玉城氏が想定するように「華厳経の精神」が最もよく表現された造形物であったと考えてよいだろう。統治層における初期の経典理解は、これまでの歴史研究者の想定とは逆に、経典の内容に沿った意外に純粋なものだった可能性が高いのである。

第四節　盧舎那仏と中世

ここまで金光明最勝王経と華厳経を素材として、古代における二つの世界観を考えてきた。金光明最勝王経は瞻部洲全体を視野に入れ、華厳経の教理は三千大千世界に及んでいる。先に指摘しておいた、東大寺盧舎那仏を「南閻浮提のうちには唯一無双の御仏」と評価する、覚一本平家物語の語りがもつ違和感の根元は、盧舎那仏を南閻浮提〈瞻部洲〉のなかで比較している点にある。華厳経の教主である盧舎那仏は、瞻部洲のようないわば一世界のなかで比較される性格の仏ではなかったわけで、これはその意味では盧舎那仏の価値の矮小化である。ではこのような変化はなぜ起きたのか。先行研究を整理・検討しながら、その理由を考えてみよう。

ここではまず、佐藤弘夫氏の主張する〈日本の仏〉論の検討から始めたい[19]。佐藤氏は『アマテラスの変貌――中世神仏交渉史の視座――』のなかで、中世における盧舎那仏について、次のような興味深い指摘をされている。

起請破りを監視するために勧請される冥衆は、圧倒的に神が多い。……中世の起請文全体を見渡しても、仏の数は神に較べればはるかに少ない。そこには、どのような仏たちがいるのであろうか。その代表格といってよいものが東大寺の「大仏」である。……大仏・薬師仏・観音菩薩、そして釈迦如来――これらに共通する要素はいったい何であろうか。……それは、これらの仏たちがいずれも仏像（彫像）として、日本国内に特定の場所に目にみえる姿をとって存在するものだったという点である。……東大寺の大仏も蓮華蔵世界の教主盧舎那仏などではなく、大仏殿におさまったあの大仏以外の何物でもない。(20)

佐藤氏のいう〈日本の仏〉とは、「起請文に日本の神々とともに勧請される仏」のような、「神と等質化していく」仏のことであり(21)、その代表格が東大寺の大仏であるという。氏によれば、中世東大寺の大仏は、もはや「蓮華蔵世界の教主盧舎那仏」なのではなく、神と等質化した〈日本の仏〉の一つにすぎないというのである。佐藤氏の〈日本の仏〉論で指摘された中世東大寺の大仏の性格は、東大寺盧舎那仏を南閻浮提のなかで比較した覚一本平家物語の語りと深く関係していると考えられる。

しかしその点をみていく前に、本章の立場と佐藤氏の〈日本の仏〉論の違いについて、あらかじめ確認しておきたいと思う。佐藤氏は〈日本の仏〉の成立を次のように考えている。

従来の通説では、当初こそ「蕃神」と称され、土着の神と同一レベルで捉えられていた仏も、仏教の教義に対する日本人の理解が深まるにつれて神と区分され、両者の相違も明らかになっていったとされる。神仏習合は、異質な存在としての神と仏という観念の成立を前提としたうえで、両者をどのようにつなぎ合わせるかといった課題への解答として生じた現象とみなされているのである。果たしてそうであろうか。時代が下るにしたがって「神とは異質な仏」の観念が確立し、神仏の差異をめぐる思弁が展開することはまぎれもない事実である。だが神と区別される仏はむしろ少数だった。大多数の仏についていえば、神との同一化はむしろ進行し、神仏の境い目がしだいに消えていくという方向をとることになった。〈日本の仏〉はその一例である。[22]

注目すべきは傍線部分の主張であるが、これに関してより具体的に述べている箇所があるので、正確を期すため煩を厭わず引用しよう。

仏教についていえば、仏は伝来当初から祟りをなす異国の神として、日本の神と同じレベルで把握されていた。ところが平安時代後期から浄土信仰が流行し、他界浄土の観念が昂揚するにつれて、此土に実在する仏像とはまったく次元を異にする、救済主としての彼岸の仏の存在がクローズアップされてくる。その結果仏の世界は、衆生の救済を司る他界浄土の仏と、賞罰の力を行使することによって人々をそれらの仏に結縁させようとする此土の仏、という二重構造をなすに至る。[23]

佐藤氏のいう「神と区別される仏」とは「彼岸の仏」のことであり、具体的には「西方浄土の阿弥陀仏」を指す。[24]誤解を恐れずに佐藤氏の主張を本章の課題に引きつけて整理すれば、本章が考察の対象としてきた盧舎那仏は、実は初めから「日本の神と同じレベルで把握され」た〈日本の仏〉であったということになる。佐藤氏は、中世的世界観を「此土—彼岸の二重構造」でとらえ、古代的世界観を「一元的世界観」と判断されているので、[25]経典に示された三千大千世界の認識も、日本においては古代・中世を通じて受け入れられることはなかったと想定していることになる。この点で、本章と佐藤氏の〈日本の仏〉論は大きく乖離している。

古代における盧舎那仏とそれをめぐる仏教的世界観について、今の私には本章で述べてきた以上の説明をすることはできないが、[26]佐藤氏の〈日本の仏〉論には以下のような弱点がある。それは、佐藤氏がその著作のなかで古代の神の分析を丹念に行っているのに比べて、古代の仏の分析がきわめて乏しい点である。『アマテラスの変貌――中世神仏交渉史の視座――』において示された古代の仏の事例は、敏達天皇十四年（五八五）の「仏も祟りをなす主体だった」話と、[27] 百済の聖明王から送られた仏像を当時の人々が「蕃神」「仏神」と呼んだ事例の二つのみであり、従来の通説で神と仏の相違が明らかとなっていくとする七～八世紀の仏については、具体的な指摘がされていない。もちろん、この著作の副題が示すように、佐藤氏のねらいの中心は中世における神仏認識の解明（此土―彼岸の二重構造的世界観の提唱）にあり、また実証が少々足りないからといってその仮説の価値が目減りするわけでもないが、古代における盧舎那仏とその背景にある世界観の位置づけに関しては、佐藤説にも再考の余地が残されているように思う。[29]

以上、やや詳しく本章と佐藤説との相違点を確認してきた。しかし、どちらの考え方に分があるかにかかわらず、本節の冒頭に紹介したように、中世東大寺の盧舎那仏が華厳経の説く教主の性格から大きく変化していることは明らかである。その変化の内実にもう少し踏み込んでみよう。

中世における神仏秩序の再編の画期を、長寛二年（一一六四）に書写された『天照大神儀軌』に求めた森由紀恵氏の研究によれば、「『照』らすという神仏の共通の役割を通じて毘盧舎那仏と天照大神・大日如来を同体とみなし」ていること、「同体化した神仏が……弥勒下生にいたるまで日本の千王を守護し、衆生を導く旨が説明されている」ことが、この儀軌の特色であるという。[30] 森氏の指摘するこの『天照大神儀軌』の特色は、盧舎那仏の性格変化を空間認識との関わりで理解するうえで、大変興味深い。ここではさらに、『天照大神儀軌』に記された、「上位を尋ねれば、華蔵世界の毘盧舎那は、色界の初禅梵衆天なり」（尋上位者、華蔵世界毘盧舎那、色界初禅梵衆天也）という言説にも注目しておきたい。森氏が着目した弥勒下生の話も、この言説も、いずれも盧舎那仏・

大日如来と天照大神との同体化が、須弥山世界においてなされていることを示している。では、三千大千世界はどうなったのだろうか。

平雅行氏は講座論文「神仏と中世文化」のなかで、中世日本における辺土小国観の克服過程をたどり、その行き着いた姿を次のように紹介している[31]。

『渓嵐拾葉集』巻六（鎌倉末・南北朝）は、伊勢神宮の心御柱が南閻浮提の中央にある須弥山に当たるとして、「我が国は三千大千世界の中央」であり、伊勢神宮は「南閻浮提の国軸」であると記している。こうして日本は辺土小国から三千世界の中心に移行した。

空間的に意味のとりづらい話にみえるが、史料には確かにそう書かれている。念のため史料も引用しておこう。

問、於大神宮ニ南閻浮提ノ国軸ト云事如何

答、於神宮ニ社頭荘厳深秘ノ習有之、故ニ神殿ノ中央心御柱云事有之、是則南閻浮提中央ノ須弥山王ト習也、仍難陀跋難陀ノ守護之ヲ、故我国ハ三千大千世界ノ中央ト習也、如此心王神明擁護玉フカ之故ニ異国ノ為メニ不襲也[32]、

『渓嵐拾葉集』に記されたこの言説の特徴は、「伊勢神宮の心御柱が南閻浮提の中央にある須弥山に当たる」ことが、「我が国は三千大千世界の中央」であるという説明に直結している点にある。「南閻浮提の中央」を「三千大千世界の中央」にするためには、少なくとも世界観の変更を二回行わねばならない。史料にみえるように、まず①須弥山が南閻浮提の中央にあるという認識をつくり出す必要がある。これは須弥山説（須弥山世界）にゆがみが生じていることを示している。さらに②aわれわれの南閻浮提が三千大千世界の中央にあるという認識を新たに生み出すか、または②b三千大千世界を南閻浮提の空間に矮小化して認識するか、いずれかの変更が必要と

なる。②aと②bで、どちらが該当しているのかはただちに断定できないが、②aは三千大千世界の根本的な書き換えであり、②bは三千大千世界認識の事実上の崩壊を意味している。いずれにせよ、三千大千世界の認識が中世において大きく揺らぎ、その本来の意味を失いかけていることを、この言説から読み取ることができる。

東大寺盧舎那仏を「南閻浮提のうちには唯一無双の御仏」と評価する覚一本平家物語の語りに、本地垂迹説（神仏同体論）や「日本を三国一の仏国とする自尊的自国意識[33]」など、仏教をめぐるさまざまな中世的要素が絡んでいることは確かであろう。しかし盧舎那仏に対する認識が変質した最も基本的な要因は、盧舎那仏を価値づけていた仏教的世界観が変化したこと、特に三千大千世界に対する認識が大きく変質した点にあると考えられる。では、三千大千世界に対する認識はなぜ変質したのだろうか。最後にその見通しを述べて、本章を締めくくることにしよう。

おわりに

日本にもたらされた経典には、贍部洲から三千大千世界にいたるまで、さまざまな空間が描かれている。その教理に直接接することのできた古代の知識人たちは、そのスケールの大きさに圧倒されながら、一度は純粋にそれを受け止めようとしたと考えられる。華厳経の教理に接した聖武天皇が、その教主盧舎那仏の造立を決意し、国際色豊かな開眼供養を行った背景には、経典の教えによる世界観の広がりがあったと思われる。しかし、贍部洲という空間認識がその後中世を通じて継続的に活用されていくのに対して、三千大千世界は大きく変質していった。仏教の教理を支える点で、いずれも重要な空間認識であるにもかかわらず、人々の意識のなかで、あるものは存続し、あるものは変質し、あるいはその本来の意味を失っていったのである。その要因は、活きた時間の存否にあると考えられる。

次章で考察するように、歴史意識の側面では、文明圏や国家を、時間と空間がセットで存在する四次元時空ととらえることができるが、このような時間と空間の関係は、歴史意識にのみ当てはまるわけではない。空間認識にはたいてい固有の時間が付随している。古代以来の和漢認識（和漢世界観）は「干支という中国的時間」と中国における歴代皇帝の年号によって支えられているし、三国世界観には仏滅年次という時間軸が存在している。[34]空間が活きた時間と組み合わされて四次元時空となったとき、その空間は人々の意識のなかで活きた空間として認識され永続的なものとなると考えられる。

贍部洲という空間認識が、仏滅年次という活きた時間によって支えられていたのに対して、三千大千世界はそのような活きた時間軸をもたなかった。永遠という形而上学的時間を体感する難しさが、三千大千世界の認識に揺らぎをもたらし、変質へと導いたというのが、今の私の見通しである。

（1）森本公誠「東大寺と華厳経―聖武天皇による華厳経止揚への過程を追って―」（『南都仏教』八三号、二〇〇三年）。なおこの論文は森由紀恵氏のご教示による。

（2）森本氏前掲論文。

（3）浄土教の思想のなかで浄土が十万億土の彼方に存在するという考え方は日本人には受け入れられなかった、とする山折哲雄説を乗り越えるために、佐藤弘夫氏は、阿弥陀教に説かれる「十万億土」という言葉の普及度合いと、「そうした教理が中世の人々に額面通り受け取られていたかどうかは別の問題である」として、みずからの研究に厳しい規制をかけている（『アマテラスの変貌―中世神仏交渉史の視座―』法藏館、二〇〇〇年、一〇五～一一〇頁）。
（4）本郷真紹「奈良・平安時代の宗教と文化」（『日本史講座』第2巻、東京大学出版会、二〇〇四年）。
（5）『玉葉』治承四年十二月二九日条。なお、「会昌天子の跡」とは、会昌五年（八四五）における唐の武宗による仏教弾圧（会昌の廃仏）を指す。
（6）北原保雄・小川栄一編『延慶本平家物語　本文編　上下』（勉誠社、一九九〇年）から引用。
（7）日本古典文学大系『平家物語』（岩波書店）から引用。
（8）『続日本紀』天平十三年三月二四日条。なお、正しくは二月である。
（9）『続日本紀』神亀五年十二月二八日条。新日本古典文学大系『続日本紀』（岩波書店）から引用。
（10）家永三郎・赤松俊秀・圭室諦成監修『日本仏教史Ⅰ』（法藏館、一九六七年）。
（11）『国史大辞典』（吉川弘文館、一九八五年）「金光明最勝王経」の項（大野達之助氏執筆）。
（12）田村圓澄「古代天皇の『統治』と『政治』」（『古代日本の国家と仏教―東大寺創建の研究―』「序論」、吉川弘文館、一九九九年）。
（13）史料はいずれも国民文庫刊行会編『国訳大蔵経』より引用。
（14）前掲注13に同じ。
（15）玉城康四郎『華厳入門』（春秋社、一九九二年、二九～三〇頁）。
（16）田村氏前掲論文。
（17）この問題に限らず、時代をさかのぼるほど人間の思弁的な理解能力が減少するかのような言説に接することがしばしばあるが、それは社会進化論に毒された現代人の驕りにすぎない。あらためて指摘するまでもないが、生物学的な人類の進化ははるか以前に完了している。古代と現代との最も大きな違いは知の蓄積の度合いにあり、現代人よりも思考能力の劣った人々が古代に生きていたわけではない。思想と芸術が進歩史観のアキレス腱であった点を忘れてはならない。

（18）玉城氏前掲書、一六三頁。
（19）佐藤氏の〈日本の仏〉論は、佐藤氏の論文集『神・仏・王権の中世』（法藏館、一九九八年）に収録された「怒る神と救う神」（一九九五年）・「地獄と極楽のコスモロジー」（書き下ろし）の二つの論文がベースとなっているが、ここではすべて『アマテラスの変貌―中世神仏交渉史の視座―』（法藏館、二〇〇〇年）を検討の対象とする。この本は、佐藤氏自身が述べているように「専門の研究書」であり、論旨明快な力作である。
（20）佐藤氏前掲書、六二～六三頁。
（21）同前、六九頁。
（22）同前、五六～五七頁。
（23）同前、八四頁。
（24）佐藤氏は「西方浄土の阿弥陀仏は〈日本の仏〉とは明らかに性格を異にしている」とする（同前、七二頁）。
（25）同前、一二四頁。
（26）本章の研究手法は、佐藤氏の批判する「もっぱら教理や思想の次元において、神仏習合理論の進展を跡づけるという方法」（同前、一四頁）と同様であるが、史料の少ない古代史において、伝来直後の経典を同時代史料として活用することは、決して無意味な作業ではないと思う。
（27）同前、二四頁。
（28）同前、五六頁。
（29）中世における神仏認識の考察に起請文を徹底的に活用された佐藤氏の研究手法の斬新さやそこで導き出された結論が、これによって損なわれるわけではない点も申し添えておきたい。後に刊行された佐藤弘夫氏の著書『偽書の精神史―神仏・異界と交感する中世―』（講談社選書メチエ、二〇〇二年）では、〈日本の仏〉という用語を使わずに、「垂迹としての仏像」という概念で論述がなされており（一二四～一三〇頁）、仏像をとらえる視点を「神との等質化」から「垂迹」

へ移行させているようにもみえる。なお、一九九〇年に佐藤氏が突然直面させられた問題の深刻さを胸に刻み（佐藤弘夫「顕密体制論の現在」『神・仏・王権の中世』補論）、佐藤説の検討には細心の注意を払ったが、素人ゆえの誤読や誤解があるかもしれない。ご容赦願いたい。

(30) 森由紀恵「中世の神仏と国土観」（『ヒストリア』一八三号、二〇〇三年）。
(31) 平雅行「神仏と中世文化」（『日本史講座』第4巻、東京大学出版会、二〇〇四年）。
(32) 『神道大系』論説編四、天台神道（下）（神道大系編纂会、一九九三年）より引用。
(33) 平氏前掲論文。
(34) 平氏前掲論文。

第三章　規範的歴史意識の時空

はじめに

日本史学において、本質的な時空論は最も遅れた研究分野の一つである。特に時間論については、拠るべき研究がほとんど存在しない。それには、後述するような確固とした理由がある。そこで本章では、時空論の要となる時間と空間との関係について論理的な仮説を提示し、古代から中世へと時代が転換する時期の権力中枢の歴史意識を考察することで、その仮説の有効性を検証することにしたい。

第一節　時間と空間

よく知られた事実だが、二十世紀初頭に二つの著名な時間論が登場している。一つはマクタガートの哲学的時間論（一九〇七年）であり、もう一つはアインシュタインの相対性理論（特殊相対性理論は一九〇五年、一般相対性理論は一九一五年）である。[1] 前者は時間の存否を問題として時間の非実在性を論証しようとし、[2] 後者は三次元空間（一般的にはこれを空間と呼んでいる）に固有の時間軸を追加した四次元時空を設定して、それまで定説とされてきたニュートン力学における時間の絶対性（すべての空間において時間は同一であるという考え方）を否定した。このアインシュタインの相対性理論が、ビッグバン以降の宇宙の歴史を解く現代物理学の出発点となった学説である点は、すでに周知の事実であろう。

しかし、アインシュタインの相対性理論は、高速で移動する人工衛星を利用したGPS（全地球測位システム、カーナビゲーションなどに使用）の補正など、特殊な事柄に実際に活用されている点を除けば、地球上のわれわれの通常の生活にはほとんど影響をもたない理論であり、ニュートン力学における絶対的時間が物理的には支配的である。

これは歴史学においても例外ではない。近代歴史学は絶対的時間の観念（時間の同一性）を前提に成立した学問であり、現代物理学の常識となっている四次元時空論は、実は歴史学と相容れない関係になっている。そのため従来の研究のなかで時空という文言を使用していたとしても、歴史学において議論されてきたのは、特定の時代を背景とした空間論か、あるいは時空という言葉を歴史の代名詞のごとく使用した研究がほとんどであった。

では現時点において、歴史学にとって意味のある時空論を立ち上げようとする場合に、われわれが依拠できる時間論はどれだろうか。それは、非実在としての時間ではもとよりありえないが、時空という概念に単なる歴史という言葉とは異なる内容を付与するためには、近代歴史学が前提とした絶対的時間に依拠しても意味がないことは論理的に明らかであり、当然四次元時空を構成する相対的な時間でなければならない。

しかし、歴史学における時間に関するこれまでの研究動向は、時間を現象的にとらえた時刻論的な議論が大半であり、意味のある時空論の前提となりうる時間に関する研究は、年表の成立に関する佐藤正幸氏の重要な基礎的研究(3)があるのみである。管見の範囲では、時間と空間との関係を問う本質的な時空論は、少なくとも日本史学には未だ登場したことがない。

では、絶対的時間の観念を前提に成立した近代歴史学に、それとは相容れない本質的な時空論を導入することは、やはり不可能なのだろうか。

前述したように、地球上の物理的現象を説明する場合には、四次元時空論はほとんど必要ない。たとえば歴史学が扱う種々の事件は、ニュートン力学の範囲で起こっているので、絶対的時間（地球上の共通の時間）を前提に、その事件の起きた空間（場）を対象として歴史を考察することができる。歴史上の通常の物理的関係は、空間論（三次元空間論）で事足りるのである。

しかしわれわれは、自分を取り巻く通常の物理的関係を時空論的に読み替えて認識することがしばしばある。たとえばそれは、会社の創業五十周年や大学の創立百周年などの意識として、普通にみられる認識である。会社や大学を三次元空間と今仮に想定してみると、この三次元空間には、その空間に属している人々にとって意味のある独自の時間軸（時間の起点）が存在している。あるいは、特定の家を三次元空間ととらえれば、現在の当主は誰々から数えて第七代目であるというような場合にも、そこに意味のある独自の時間軸（時間の起点）が存在していることが確認できる。会社や大学や家は、物理的にはいずれも地球上の一つの絶対的時間を共有しているのであるが、それに属する人々がその空間（この場合は組織でもある）を歴史的に認識する場面では、個々の空間に固有の時間が存在しているかのごとくに認識する、いわば四次元時空的な歴史認識が容易にあらわれるのである。またこの場合の空間が、必ずしも地理的に固定されたものではない点にも注意しておきたいと思う。

このような時間と空間との関係をめぐる、人々の日常的でありふれた意識は、たとえば年号をめぐる問題で同様の指摘が可能であるように、歴史学の重要な研究テーマになりうる、と私は判断する。本質的な時空論を現実の歴史的事件の説明に適用してもあまり意味はないが、過去に生きた人々の歴史意識を議論する場合には、むしろ時空論が不可欠の前提条件になるはずである。では、歴史意識を時空論的に考察したとき、いったい何が見えてくるのだろうか。

第二節　『禁秘抄』における時間

『禁秘抄』は建保元年（一二一三）に順徳天皇が著した書物であるが、そのなかに「諸芸能の事」と題する以下のような著名な記事がある。(4)

一　諸芸能の事

第一は御学問なり。学ばざれば則ち古道を明らめず、而して政を能くし大平を致す者、未だこれ有らざるなり。貞観政要の明文なり。寛平の遺誡に、経史を窮めずと雖も、群書治要を誦習すべしと云々。是れ彼の時の究めざるは末代の大才なり。後三條・高倉は大才と雖も、天運久しからず。白河・鳥羽・後白河は然らずと雖も、吉例なり。近代万人これを稱す。尤も僻事なり。白河・鳥羽は浅才に非ず。凡そ此の如き例は、嬾き時の事なり。ただ才を宗となすべし。誠に鴻才までは然らずとも、浅才は尤も見苦しき事なり。識者又勿論なり。天下諸礼の時の御失礼は、尤も左道の事なり。後三條・白川は殊なる有識なり。必ず必ずこれを学ぶべきなり。第二は管絃。延喜天暦以後、大略絶えざる事なり。必ず一曲に通ずべし。円融・一條の吉例にて、今に笛は代々の御能なり。和琴も又延喜天暦の吉例。箏これに同じ。琵琶は殊なる例無しと雖も、然るべき事なり。笙・篳篥は未だ聞かず。笙は、後三條院学び給う。篳篥は不相応の事なり。音曲は上古も例有り。堀川院内侍所の御神楽の時、別に此の音曲有り。鳥羽・後白河の御催馬楽、其の曲を窮めずと雖も、已に晴の御所作と云々。又後白川の今様は比類なき御事なり。何れもただ御心にあるべし。笛は、堀川・鳥羽・高倉法皇代々絶えざる事なり。但し箏琵琶何ぞ劣らん哉。和歌は光孝天皇より未だ絶えず。綺語たりと雖も、我が国の習俗なり。好色の道、幽玄の儀、棄て置くべからざる事か。此の外の雑芸は御好み有るも難なく、御好み無くも難なき事歟。詩情能書等同く殊なる能なり。（一　諸芸能事　第一御学問也。不学則不明古道、而能政致大平者、未有之也。貞観政要明文也。寛平遺誡、雖不窮経史、可誦習群書治要云々。是彼時不究ハ末代之大才也。後三條・高倉雖大才、天運不久。白河・鳥羽・後白河雖不然、吉例也。近代万人称之。尤僻事也。白河・鳥羽非浅才。凡如此例、嬾時事也。只可為宗才。誠鴻才マデハ不然トモ、浅才ハ尤見苦事也。識者又勿論。天下諸礼時御失礼、尤左道事也。後三條・白川殊有識也。必々可学之也。第二管絃。延喜天暦以後、大略不絶事也。必可通一曲。円融・一條吉例ニテ、今笛代々御能也。和琴又延喜天暦吉例。箏同之。琵琶雖無殊例、可然事也。笙・篳篥未聞。笙、後三條院学給。篳篥不相応事也。音曲上古有例。堀川院内侍所御神楽之時、別有此音曲。鳥羽・後白河御催馬楽雖不窮其曲、已晴御所作云々。又後白川今様無比類御事也。何モ只可在御心。笛、堀川・鳥羽・高倉法皇代々不絶事也。但箏琵琶何劣哉。和歌自光孝天皇未絶。雖為綺語、我国習俗也。好色之道、幽玄之儀、不可棄置事歟。此外雑芸有御好無難、無御好無難事歟。詩情能書等同殊能也。）

この記事の要点（傍線箇所）をあらためて抜き出せば、次のイ～ハのようになろう。

イ、第一は御学問なり。学ばざれば則ち古道を明らめず、而して政を能くし大平を致す者、未だこれ有らざるなり。貞観政要の明文なり。寛平の遺誡に、経史を窮めずと雖も、群書治要を誦習すべしと云々。

ロ、第二は管絃。延喜天暦以後、大略絶えざる事なり。

ハ、和歌は光孝天皇より未だ絶えず。綺語たりと雖も、我が国の習俗なり。好色の道、幽玄の儀、棄て置くべからざる事か。

ここで注目したいのは、ロの管弦とハの和歌は、光孝天皇（在位八八四〜八八七）や延喜天暦（一〇世紀前期）以後の時間的連続性のなかで把握されている点である。このような時間観念は、『神皇正統記』に「光孝より上つかたは一向上古なり、よろづの例を勘も仁和（光孝・宇多天皇期の年号―西谷地）より下つかたをぞ申めるように、[5] 北畠親房の認識でも同様である。

では、イの学問はどうか。周知のように『貞観政要』は、唐の太宗と臣下の事跡を分類編纂し、七〇七年に上進された書物で、善政の典型、帝王の理想像と仰がれた、と評価されている。また『群書治要』は、唐の太宗の貞観五年（六三一）に、勅命により魏徴らが経・史・子部の多数の典籍から有用な箇所を抜粋編集した書物である。いずれも日本では帝王学の書として尊重された、とされている。

しかし、宇多の「寛平の遺誡」（寛平九年〈八九七〉）と順徳の『禁秘抄』で示された、中国の経史や『群書治要』の学習や暗唱を、帝王学の習得と評価するだけでよいのだろうか。[6] そもそもなぜ日本中世の統治者は『貞観政要』や『群書治要』を学んだのだろうか。それに加えて、『禁秘抄』の前記イ〜ハを前提にすると、中世において日本の古代はいかなる位置にあるのかが気になるが、中世だけにこだわらず、もう少し古代意識について考察を進めてみよう。

第三節　古代における「古」の時間

中世における古代意識を問う前に、ここでは歴史学の時代区分上の古代において、史料上「古」と表記される場合が多い何種類かの過去認識のなかで、日本史学にとって最もなじみ深い規範的な過去認識がどうなっているのかについて、国史等にあらわれる詔勅を素材に検討してみることにしたい。以下に掲げる①～⑦の記事は、「古」表記がみられる史料を中心として、それに類するものも加えたものである。

①「仁徳紀」四年二月甲子条[7]

朕《われ》聞けり、古は、聖王の世には、人人、詠徳之音《ほむるこゑ》を誦げて、家毎に康哉之歌《やすらかなりといふうた》有り。今朕、億兆《おほみたから》に臨みて、茲《ここ》に三年になりぬ。詠音聆《きこ》えず。炊烟転《いよいよ》疎なり。（朕聞、古聖王之世、人々誦詠徳之音、毎家有康哉之歌。今朕臨億兆、於茲三年。詠音不聆。炊烟転疎。）

②『日本書紀』大化二年（六四六）二月戊申条[8]

朕前に詔を下して曰ひしく、古の天下を治めたまひしこと、朝に善を進むる旌《はた》、誹謗の木有り。治道を通して、諫むる者を来す所以なり。皆広く下に詢《とぶら》ふ所以なり。管子に曰へらく、黄帝明堂の議を立てしかば、上賢に観たり。尭衢室《くしつ》の問有りしかば、下民に聴けり。舜善を告ぐる旌有りて、主蔽れず。禹建鼓を朝に立てて、訊《とぶら》ひ望むに備ふ。湯総術の庭有りて、民の非を観る。武王霊台の囿《いう》有りて、賢者進む。此の故に、聖帝明王の、有ちて失すること勿く、得て亡ずること勿き所以なりといへり。所以に、鐘を懸け匱を設けて、表収る人を拝す。（朕前下詔曰、古之治天下、朝有進善之旌、誹謗之木。所以通治道、而来諫者也。皆所以広詢于下也。管子曰、黄帝立明堂之議者、上観於賢也。尭有衢室之問者、下聴於民也。舜有告善之旌、而主不蔽也。禹立建鼓於朝、而備訊望也。湯有総術之庭、以観民非也。武王有霊台之囿、而賢者進也。此故、聖帝明王、所以有而勿失、得而勿亡也。所以、懸鐘設匱、拝収表人。）

③『日本書紀』大化二年（六四六）三月甲申条[9]

朕聞く、西土の君、其の民を戒めて曰へらく、古の葬は、高きに因りて墓とす。……といへり。廼者《このごろ》、我が民の貧しく絶しきこと、専墓を営るに由れり。（朕聞、西土之君、戒其民曰、古之葬者、因高為墓。……廼者、我民貧絶、専由営墓。）

④『日本書紀』白雉元年（六五〇）二月甲申条[10]

聖王世に出でて、天下を治むる時に、天応へて、其の祥瑞を示す。曩者《むかし》、西土の君、周の成王の世と、漢の明帝の時とに、白雉爰に見ゆ。我が日本国の誉田天皇の世に、白鳥宮に樔ふ。大鷦鷯帝の時に、竜馬西に見ゆ。是を以て、古より今に迄《いた》るまでに、祥瑞時に見えて、有徳に応ふること、其の類多し。（聖王出世、治天下時、天則応之、示其祥瑞。曩者、西土之君、周成王世、與漢明帝時、白雉爰見。我日本国誉田天皇之世、白鳥樔宮。大鷦鷯帝之時、龍馬西見。是以、自古迄今、祥瑞時見、以応有徳、其類多矣。）

⑤『続日本紀』和銅元年（七〇八）二月戊寅条[11]

昔、殷王五たび遷して、中興の号を受けき。周后三たび定めて、太平の称を致しき。安みしてその久安の宅を遷せり。方《まさ》に今、平城の地、四禽図に叶ひ、三山鎮《しずめ》を作《な》し、亀筮並に従ふ。都邑を建つべし。（昔殷王五遷、受中興之号。周后三定、致太平之称。安以遷其久安宅。方今平城之地、四禽叶図、三山作鎮、亀筮並従。宜建都邑。）

⑥『続日本紀』天平宝字三年（七五九）六月丙辰条(12)
如聞らく、国を治むる要は、人を簡ふに如かず。人を簡ひ能に任せば、民安く国富むときく。……その維城典訓は、政を為す規模を叙し、身を脩むる検括を著す。律令格式は、当今の要務を録し、庶官の紀綱を具ふ。並に是れ、上を安し民を治むる道を窮め、世を済《すく》ひ化を翊《たす》くる宜《すべ》を尽す。……若し、仁義礼智信の善を修め習ひ、貪嗔痴淫盗の悪を戒しめ慎み、兼ねて前の二色の書を読む者有らば、挙してこれを察て、品に随ひて昇げ進めむ。今より已後、この色を除く外、史生已上に任用すること得ざれ。（如聞、治国之要、不如簡人。簡人任能、民安国富。……其維城典訓者、叙為政之規模、著脩身之検括。律令格式者、録当今之要務、具庶官之紀綱。並是窮安上治民之道、尽済世翊化之宜。……若有修習仁義礼智信之善、戒慎貪嗔痴淫盗之悪、兼読前二色書者、挙而察之、随品昇進。自今已後、除此色外、不得任用史生已上。）

⑦『類聚国史』（巻一七三、疾疫）弘仁四年（八一三）五月丙子条(13)
国を治むるの要は、民を富ますに在り。民に其の蓄え有らば、凶年是防ぐ。故に禹水九年、人に飢色無く、湯旱七歳、民は業を失わず。今諸国の吏、深く委寄に乖き……（治国之要在於富民。民有其蓄、凶年是防。故禹水九年、人無飢色、湯旱七歳、民不失業。今諸国之吏深乖委寄……）

①〜⑦にみられるような天皇の詔勅に引用された中国古代聖王の故事は、一般的には、儒教的徳治主義に基づく政治規範を示すものと理解されている。たとえば⑥では、唐の則天武后が儒家に命じて編纂させた維城典訓が、「政を為す規模を叙し、身を脩むる検括を著す」書物として評価され、律令格式とならんで、史生以上の官人の必読文献に指定されている。この維城典訓は、まとまった書としては現存していないが、礼記などの古典が引用

されていたようなので(14)、そこに中国古代聖王の故事が含まれていたことは疑いない。また中国古代の故事は、⑤の平城遷都の詔のように、政策遂行を正当化する役割も担っていた。いずれも中国古代の故事が政治規範とされた事例とみなすことが可能だろう。だが、これらの事例に内包されている歴史的意義は、政策上の規範性だけなのだろうか。なぜ日本古代の統治層は、中国聖王の故事にこれほどまでにこだわるのだろうか。

ところでここで注目したいのは、④のような、中国古代の事例と日本古代の事例を併記する形式が、古代や中世の史料にしばしばみられる事実である。後述する勘文もこの形式が多い。この形式は、そのほとんどが中国の事例を前記して日本の事例を後記し、しかもその順序が時間上の前後関係になっている点に特徴がある。この④では、周の成王・漢の明帝・応神天皇・仁徳天皇の祥瑞の事例が、「古より今に迄るまで」の祥瑞の例として挙げられている。日本古代の事例だけではなく、それよりさらにさかのぼる中国古代の事例も、日本の「今」を解釈するための「古」の事例とされているのである。当時の日本の統治層が、自国の古代のみならず、中国の「古」にまでさかのぼる時間意識を共有していたことを、読み取ることができる。この場合、中国の「古」は、中国的な統治制度を導入した日本にとっての単なる参照系なのではなく、「今」につながる一つの時間意識の始点にある「古」であった可能性が高い。そうだとすれば日本古代において、日本だけではなく中国をも含めた広大な空間を背景にして、日本にとって有用性のある一つの時間軸が通っていたことになる。

前掲した①・②・③・⑤・⑦の事例では、聖王を中核とした中国の「古」が、日本の「今」と直接対比されているので、中国の「古」の故事は、日本にとっての単なる参照系のようにみえる。しかし、このような事例のすべてではないとしても、少なくとも①の「古」と「今」との関係表現や、⑤の「昔」と「今」との関係表現は、明らかに一対の時間表現であり、そこに日本の「今」から中国の「古」にさかのぼる時間意識が存在していたことは否定できないだろう。

ただし一方で、日本古代には、日本書紀などの国史編纂事業に象徴されるような、対象空間を日本とその周辺に限定しつつ、時間的には神代にまでさかのぼる日本固有の時間意識が存在していたことも、また明白な事実である。したがって少なく見積もっても、古代日本には、神代にまでさかのぼる日本固有の時間意識と、中国の「古」にさかのぼる時間意識との、異なる二つの時間意識が存在していたことになるだろう。では、国史編纂事業が途絶した十世紀以降、この二つの時間意識はどうなったのだろうか。

第四節　延喜天暦聖代観の出現と古代の転回

弘仁三年（八一二）から康保二年（九六五）まで、平安時代の初期から中期にかけて、宮中の公的な行事として、日本紀講筵と呼ばれる日本書紀を読み解く集会が開かれた[15]。日本紀講筵はおおむね二～三年かけて行われ、読了の宴会では竟宴和歌が詠まれている[16]。この日本紀講筵は約三十年間隔で開かれたが、康保二年の講筵を最後に断絶した。

吉原浩人氏の研究によれば、日本紀講筵が断絶してから院政初期まで、諸書に日本書紀本文の直接の引用は、ほとんど見られないという。吉原氏はさらに、『江談抄』に収録された日本書紀をめぐる大江匡房と藤原実兼との著名な問答などを根拠として、「院政初期の知識階層に、日本の始原ならびに古代史に関する情報が決定的に欠けていたこと」を指摘している[17]。

この吉原氏の指摘は、当該期の古代意識を考えるうえでたいへん重要である。ここでは、日本紀講筵が断絶する以前の三善清行の勘文類と、断絶後一七〇年ほど経過した時点での藤原敦光の勘文を比較することで、それを確認してみよう。

昌泰四年（九〇一）に作成された三善清行の革命勘文には、「神倭磐余彦天皇……初めて帝宅を畝火山の東南の地橿原の宮に営む。辛酉春正月即位す。これを元年となす」（神倭磐余彦天皇……初営帝宅於畝火山東南地橿原宮、辛酉春正月即位、是為元年）という点を踏まえて、「謹みて日本紀を案ずるに、神武天皇はこれ本朝人皇の首《はじめ》なり。然らば則ちこの辛酉は、一蔀革命の首《はじめ》となすべし」（謹案日本紀、神武天皇此本朝人皇之首也、然則此辛酉、可為一蔀革命之首）と判断した著名な記事がある。(18) 辛酉革命の根拠に神武即位元年を挙げているのだから当然ではあるが、この革命勘文を作成するにあたって、三善清行が日本書紀を丁寧に参照していることは明らかである。また、延喜十四年（九一四）の有名な三善清行意見十二箇条には、「臣伏して旧記を案ずるに、我が朝家、神明統を伝へ、天険彊《さかひ》を開き」（臣伏案旧記、我朝家神明伝統、天険開彊）や、「臣、漢国の史籍を窺ひ、本朝の文記を閲るに」（臣窺漢国之史籍、閲本朝之文記）等の文言が見え、中国古代の史籍とともに日本古代の記録が参照されている。(19) そこで展開されている著名な邇磨郷の由来説明などを勘案すれば、三善清行意見十二箇条における日本の古代史重視の姿勢は明らかである。

これに対して、保延元年（一一三五）の藤原敦光の勘申では、「一、天地の変異、人民の疾疫のこと」（一　天地変異人民疾疫事）を調査・報告するにあたり、天文志、五行伝、礼記、周礼、六韜、漢書、後漢書、貞観政要など、中国古代の典籍からは多数の事例を引きながら、日本の事例は天平十三年（七四一）の勅と弘仁四年（八一三）の格を挙げているにすぎない。(20)「伏して惟《おもひ》みれば、倭漢の間、災異あるごとに」（伏惟、倭漢之間、毎有災異）と記す藤原敦光の和漢認識は、三善清行のそれとは明らかに異なっている。

ただし、日本紀講筵断絶後のこのような勘文類が、すべて日本の古代史軽視の姿勢をとっているわけではない点にも注意を払っておきたい。たとえば、長治三年（一一〇六）正月四日に出現した彗星に対して、中原師建は正月十七日に「変異事」についての勘文（内容はすべて中国の典籍）を提出し、二月四日になって「勘申彗星年々事」という、舒明天皇以降の日本での彗星出現とそれに由来するとみられた凶事の調査報告書を別に作成・上申している(21)。中世において、日本の古代についての情報が必要とされる場合ももちろんあったことは確認しておかねばならない。

しかし、以上の点を念頭に置いたとしても、やはり三善清行の意見十二箇条と藤原敦光の勘申とで、日本古代の扱いに明らかな差異があることは認めざるをえないと思う(22)。宮中における日本紀講筵の断絶がそれに絡んでいることは容易に想定できるが、私はさらに延喜・天暦聖代観の成立も大きな要因であったと考えている。

田島公氏の整理によれば、延喜・天暦を「聖代」視する記事の初例は、天元三年（九八〇）の源順中文で、次いで正暦四年（九九三）の大江匡衡中文がある(23)。延喜・天暦聖代認識の成立を、従来の研究では文人学者の不遇の視点から説明しているが、そもそも日本における聖代の出現は、歴史意識にどのような作用をもたらしたのだろうか。

まさに今当今民に莅むの後、聖宰政を輔くる以来、近くは延喜・天暦の故事を訪ひ、遠くは周室・漢家の遺風を問ふ。去秋重用の宴に遇い、文道の已に興れるを誇り、今春朝拝の儀を見るに、聖代の旧に復するを感ず。（方今当今莅民之後、聖宰輔政以来、近訪延喜天暦之故事、遠問周室漢家之遺風。去秋遇重用之宴、誇文道之已興、今春見朝拝之儀、感聖代之復旧。）

これは正暦四年正月十一日の大江匡衡中文(24)の一節であるが、前節で掲示した史料④の表現方法を、時間の遠近で表記したものである。ここには日本の聖代（延喜・天暦）から中国の聖代（周室・漢家）へとさかのぼる過去認識が明瞭に示されている。

同様の史料は他にもある。たとえば、『台記』康治元年（一一四二）正月二十三日条には、「またおよそ今度は非理一つもなし、建武・永平、延喜・天暦の聖代と雖も、是かくの如きこと有る哉」（又凡今度非理無一、雖建武・永平、延喜・天暦之聖代、是有如之哉）という表現がみえる。(25)「建武」は後漢の光武帝の年号であり、「永平」は光武帝の次の明帝の年号なので、この事例も、日本の聖代から中国の聖代へとさかのぼる過去認識が表現されたものと考えられる。

また、長寛二年（一一六四）の最勝講結願表白(26)には、「延喜・天暦は、我が朝の聖代」であり「高祖太宗は、唐家の賢主なり」とする、次のような記事がある。

昔、有虞舜はこれ、琁璣玉衡ありて、天下至て治る。漢の武帝は礼楽儒雅を興して、海内甚だ安し。然るに猶、十軸の金文光を放ちて、普天率土の障難を払い、数輩の碩徳心を同じくして、万歳千秋の宝祚を祈るには如かず。延喜・天暦は、我が朝の聖代なり。恨むらくは、猶未だこの法会起こらざることを。高祖太宗は、唐家の賢主なり。嫌うらくは、殊にこの経王を崇めざることを。四天君を撫で、八部民を護り、一国の塵収りて、九州の風静かならんこと、ただこの法力に依り、ただこの法験に任せん。（昔有虞舜之在琁璣玉衡、天下至治、漢武帝興礼楽儒雅、海内甚安、然猶、不如十軸金文放光、払普天率土之障難、数輩碩徳同心、祈万歳千秋之宝祚、延喜天暦者、我朝之聖代也、恨猶未起此法会、高祖太宗者、唐家之賢主也、嫌殊不崇此経王、四天撫君、八部護民、一国塵収、九州風静、唯依此法力、唯任此法験、）

この史料には傍線部のような「昔」意識、すなわち有虞舜と漢の武帝が天下を平穏に統治した記事が載せてあり、日本の聖代（延喜・天暦）から唐の賢主（太宗）の治世にさかのぼり、漢の武帝の時代を経て中国の聖代（舜）へとつながる時間意識を読み取ることができる。

遠く延暦・弘仁の聖代を訪に、未だこの梵莚を聞かず。近く昌泰・天徳の明時を尋しに、未だこの法会を修めず。（遠訪延暦弘仁之聖代、未聞此梵莚、近尋昌泰天徳之明時、未修此法会、）

これは仁安二年（一一六七）最勝講表白の一節である。[27] 通常ならば延喜・天暦の聖代とすべきところを「昌泰・天徳の明時」と表現している点が注目される。ちなみに、昌泰は延喜の前にある醍醐天皇の年号であり、天徳は天暦の次にくる村上天皇の年号である。このような特殊な表現がなされた理由は、この仁安二年の最勝講表白が「延暦・弘仁の聖代」認識を採用している点にあると考えられる。つまり、国内に存在しうる聖代は、基本的には一つだけだった可能性が高いのである。だからこの史料では、「延喜・天暦の聖代」から「延暦・弘仁の聖代」へとさかのぼる表現が回避されて、「昌泰・天徳の明時」から「延暦・弘仁の聖代」へとさかのぼる時間表現がとられたと考えられる。ではなぜ、国内に存在しうる聖代は、基本的に一つだけだったのか。中国古代の聖代を念頭に置けば、その理由は、聖代が歴史意識（時間意識）の起点と認識されていたことによると考えられる。政治的な復古の対象として目指された時代が、いつも聖代であったのはこのためであり、さらに言えば、聖代以前は歴史意識の対象から外れることになるだろう。

延喜・天暦聖代観が十世紀後半に早くも成立し、その後定着していく理由をただちに明らかにすることはできないが、ここでは唐宋変革の影響を指摘しておきたいと思う。十世紀後半は九六〇年に成立した宋が中国を統一していく時期にあたっている（統一は二代太宗の九七九年）。想像を逞しくすれば、『栄華物語』と『大鏡』で延喜・天暦の聖代が古代中国の堯・舜の治世に喩えられているように、[28] 日本における聖代出現の背景には、日本の統治層が意識的に共有する中国古代（聖代）とそこからの本流をなした唐宋変革以前の中国国制（貴族制）、およびその統治思想の継承、という問題があるように思えるが、その解明は今後の課題である。

おわりに

現代のわれわれは、古代において日本の枠組みが成立すれば、古代以来の歴史意識も当然その枠に収まるかたちで推移したように思いがちである。日本書紀以降の六国史の編纂が、そのような理解を強力に後押ししたりもする。しかし、われわれの感覚になじみやすい、国内でどうにか収まるような歴史意識は、個々の家の歴史を除いては、なかなか登場しなかった。一一三〇年から一一五〇年頃に成立したと推定されている『今昔物語集』は、「仏教東漸史のパノラマを見る思いがする構成」をとり[29]、本朝部は仏教伝来にまつわる聖徳太子の話（「聖徳太子、この朝に於いて始めて仏法を弘めたる語」）から始まる。『今昔物語集』では、聖徳太子以前の歴史意識は震旦へ飛び、さらに天竺へとさかのぼる。古代・中世の歴史意識は、容易に国家の枠を飛び出してしまう。これは、日本の統治層が古代の時空を東アジア社会と共有していたからである。

この点については、日本中世における中国故事の氾濫にも注目しなければならない。「故事はいうなれば、生活思考その他を律する規範として機能しており、歴史意識にも深くかかわっていた。……年代記や編年史に整序される歴史も一方であるが、直線的な時間を継起的にとらえ、因果律のもとにかたちづくっていく近代の実証主義史観と異なる歴史観がここにはある。故事は、想起されるべき豊饒なる歴史が有する多層にわたる引き出しにほかならない[30]」。これは国文学者小峯和明氏の指摘である。中国故事を歴史意識との関係でとらえた理解であり、きわめて重要である。

日本の統治層が意識的に共有した古代の時空は、東アジア文明圏に該当する。歴史意識の側面では、文明圏を時間と空間がセットで存在する四次元時空ととらえてよいのではないか。個々の論証は別の機会に譲らざるをえないが、このような意識上の時空は、少なくとも文明圏・国家・地域社会・イエの四ヶ所で確認することができそうである。他との関係のなかではじめて成立しうる地域社会が、意識の面では自給自足的な一つの小宇宙のように認識される場合があるのはこのためであろう。

ところで、日本の統治層が文明圏の「古」を古代意識として共有できたのは、内典や外典のおかげであった。日本国内に伝えられた、文明圏の知の結晶でもある内典や外典は、歴史意識を生み出し定着させる装置の役割を負っていた可能性がある。日本中世の統治層が、日本古代の歴史ではなく、中国古代の経史や『群書治要』を繰り返し学習したことも、この文脈で考えるべきことのように思える。

（1）中山康雄『時間論の構築』（勁草書房、二〇〇三年）。

（2）マクタガートの時間論については、入不二基義『時間は実在するか』（講談社現代新書、二〇〇二年）が参考になる。この新書の最後に付された「文献案内」も、私のような門外漢にはありがたい。

（3）佐藤正幸『歴史認識の時空』（知泉書館、二〇〇四年）。

（4）『群書類従』巻四六七（第二十六輯、雑部、続群書類従完成会、三八五～三八六頁）。

（5）岩佐正校注『神皇正統記』（岩波文庫、一一三頁）。

（6）「寛平の遺誡」については、日本思想大系『古代政治社会思想』（岩波書店）に整理されている。そこで「寛平御遺誡」の校注を担当した大曾根章介氏は、この書が「早くから帝王学の鑑として尊重され、大槐秘抄・禁秘抄・花園天皇誡太子書など後世の訓誡書の先蹤となった」ことを述べている。

(7) 坂本太郎他校注『日本書紀 (二)』(岩波文庫、一三六頁)。
(8) 坂本太郎他校注『日本書紀 (四)』(岩波文庫、一六二頁)。
(9) 同前、二七六頁。
(10) 同前、三一二頁。
(11) 新日本古典文学大系『続日本紀 一』(岩波書店、一三一頁)。
(12) 新日本古典文学大系『続日本紀 三』(岩波書店、三二一〜三二三頁)。
(13) 国史大系 (普及版)『類聚国史 第三』(吉川弘文館、一九五頁)。
(14) 新日本古典文学大系『続日本紀 三』(岩波書店、補注22-二九、五四六頁)。
(15) 木越隆「日本紀講筵と『日本紀竟宴和歌』」(『国文学 解釈と鑑賞』六四巻三号、一九九九年)。
(16) 吉原浩人「院政期の日本紀享受」(『国文学 解釈と鑑賞』六四巻三号、一九九九年)。
(17) 吉原氏前掲論文。
(18) 日本思想大系『古代政治社会思想』(岩波書店、五一〜五二頁)。
(19) 同前、七六・八一頁。
(20) 同前、一七〇〜一七三頁。
(21) 「諸道勘文」『群書類従』巻四六二 (第二十六輯、雑部、続群書類従完成会)。
(22) 坂本賞三氏は論考「先例と時代区分—『台記』にいたるまで—」(『史人』三号、二〇一一年) において、天仁元年 (一一〇八) 十月十一日の白河院の指示以降「先例を審議する際には原則的に延喜より前の先例は議論の対象として持ち出さない」という事態が始まったことを明らかにされている。白河院のこの指示が、延喜十四年 (九一四) の三善清行意見十二箇条と保延元年（一一三五）の藤原敦光勘申とで日本古代の扱いに明らかな差異がある理由の一つである点は明らかであろう。ただし、中古の初頭に延喜・天暦聖代観が存在することの意味づけなどに関しては、本章の考え方と異なるところもある。この点については今後の検討課題としたい。なお、坂本論文の存在は「二〇一一年の歴史学会―回顧と展望―」（『史学雑誌』一二一編五号、二〇一二年）で知ったが、西村さとみ氏（日本文化史担当）のご協力により、本書入稿前に論文を読むことができた。記して謝意を表す。

（23）田島公「延喜・天暦の『聖代』観」（『岩波講座　日本通史』第五巻、岩波書店、一九九五年）。

（24）『本朝文粋』巻第六（新日本古典文学大系『本朝文粋』岩波書店、一九九二〇頁）。

（25）史料纂集『台記』第一（続群書類従完成会、一三八頁）。

（26）山崎誠・阿部泰郎編「安居院唱導資料纂輯（六）、『公請表白』」（国文学研究資料館文献資料部『調査研究報告』第一七号、一九九六年）。

（27）同前。

（28）田島氏前掲論文。

（29）池上洵一『今昔物語集の世界』（筑摩書房、一九八三年、二五三頁）。

（30）小峯和明「故事の変転」（『説話の言説』森話社、二〇〇二年、初出は二〇〇一年）。

報告記録

記紀の読み方――神野志隆光氏の所論によせて――

はじめに

今回の座談会「古事記・日本書紀はいかに読むべきか」の方向性を小路田泰直さんと相談していたときに、Wさんの近年の研究について、『史学雑誌』「回顧と展望」での評価があまりにひどすぎないか、というのが話題になりました。私の専門は古代史ではなくて中世史ですので、教科書でも教えている『古事記』や『日本書紀』を歴史家がそのまま使うと、どうしてこんな酷評を浴びなければいけないのか、というのが気になったので少し調査をしました。

今回はそのなかで、特に神野志隆光さんという国文学の先生が近年精力的にご研究されているものをいくつか取り上げて、ご紹介がてら自分の考えも少し加えながら話をしていきたいと思います。

第一節　陰陽論と依存論

神野志さんがお書きになった『古事記と日本書紀』という、講談社現代新書から一九九九年に出された本があります。この本の結論は、『古事記』と『日本書紀』は全く別の世界の物語が書かれた本であり、記紀というふうに一括して扱うのを許さない、そういう内容上の違いがあるのだ、というものです。神野志さんの文章に即してもう少し見ておきます。

天の世界の問題（『日本書紀』本書では、天の世界が高天原と呼ばれることがないこと―西谷地）は、そのまま天つ神の関与ということに連動する。『古事記』では、……イザナキ・イザナミの国作りが、高天原の天つ神の命を受け、その関与のもとに行われる。高天原が掌握しているといってもよい。（七七頁）

高天原という世界のもとで、天つ神の関与のもとに成り立つ地上世界として、現実につながるところを語るのが、『古事記』の世界の物語なのである。『日本書紀』は、そうした天の世界をもたないところで、世界を語る。それゆえ『日本書紀』では、天つ神の関与などなくイザナキ・イザナミ二神で（国作りを―西谷地）「共に」進めるのであり、また、二神を「陽神」「隠神」として語る。『古事記』と『日本書紀』とは、異なる世界像を持っていることを見届けなければなるまい。（七九頁）

引用したのは神野志さんが着目する天の世界の問題の箇所です。神野志さんはまず、『日本書紀』本書では天の世界が高天原と呼ばれることがない、という点に注目されます。そのうえで、『古事記』ではイザナキ・イザナミの国作りが高天原の天つ神の命を受けて、その関与のもとに行われるのだけれど、『日本書紀』のほうではそうなっていない、ということに注意を向けます。そして、「高天原という世界のもとで、天つ神の関与のもとに成り立つ地上世界として、現実につながるところを語るのが、『古事記』の世界の物語」なのであり、「『日本書紀』は、そうした天の世界をもたないところで、世界を語る」のだとされます。『古事記』と『日本書紀』とは全然違うのだといっているわけです。国生みをする場面でも、「それゆえ『日本書紀』では、天つ神の関与などなくイザナキ・イザナミ二神で『共に』進める」ことになるというわけです。
「『古事記』の物語全体と、『日本書紀』の物語全体とを、別個な、世界の物語として読み通すことが、問題をはっきりさせるのである」（七九頁）というのが、この本の主張点だろうと思います。
『古事記』の物語全体と『日本書紀』の物語全体とを、別個な物語として読むべきであるという神野志さんの主張は、私も賛成です。当たっていると思います。これまで記紀神話というかたちで一括して読んできたものを、全く違う話として読み直すべきだという神野志さんの提言は、歴史学のほうでも正当に受け止めるべきだろうと思います。

さらに、『古事記』と『日本書紀』の違いがどこに由来するのかという点を、神野志さんは次のように述べています。

もともとイザナキ・イザナミの話があって、『日本書紀』では陰陽論で潤色されている、というようなものではない。陰陽論の世界像とともに、超越的な天の世界もなく、司令する神もなく、イザナキ・イザナミ二神で協同して天地にわたる世界秩序を生成し、イザナミは死ぬことがないという、物語の具体的なかたちが成り立つ。陰陽のコスモロジーによる世界の物語というべきである。（一二三頁）

『日本書紀』は中国における陰陽論に依拠して書かれている。それに対して、「序文」以外の『古事記』本文全体は陰陽論の影響がみられない。この違いがいちばん大きいのだというのが、神野志さんの主張したい点なのだろうと思います。

確かに『古事記』と『日本書紀』とを比べるとイザナキ・イザナミの国作りの過程が相違していますし、神野志さんが言われるように『日本書紀』と陰陽思想との関係が濃厚にあるのは明らかです。しかし『古事記』と

『日本書紀』の内容が違っている理由を、単に陰陽論の影響だけに求めてしまうと、本質が見えなくなる可能性があると私は考えています。

『古事記』と『日本書紀』の相違点として、神野志さんは全く配慮をされていらっしゃらないのですが、重要な側面があるのです。それが『古事記』の次の箇所です。

ここに二柱の神、議りて云ひけらく、「今吾が生める子良からず。なほ天つ神の御所に白すべし。」といひて、すなはち共に参上りて、天つ神の命を請ひき。ここに天つ神の命もちて、太占に卜相ひて、詔りたまひしく、「女先に言へるによりて良からず。また還り降りて改め言へ。」とのりたまひき。（倉野憲司校注『古事記』上巻、岩波文庫、二一頁）（於是二柱神議云、今吾所生之子不良。猶宜白天神之御所。即共参上、請天神之命。爾天神之命以、布斗麻邇爾〈上此五字以音〉卜相而詔之、因女先言而不良。亦還降改言。）

これはイザナキとイザナミが国生みをするわけですが、女性のほうから声をかけるというかたちになって結局うまくいかなかった。どうしようかということでイザナキとイザナミは天つ神にお伺いをたてるために、高天原にいったん戻るのです。そして、どうしたらいいのかと天つ神に聞いたところ、天つ神はどうしたか。依頼を受けた天つ神はみずからの判断で「こうすべきなんだよ」と言ったというのが『古事記』の書き方ではないのですね。実は、依頼を受けた、世界の頂点に立っているはずの天つ神が、さらに占いをするのです。引用箇所に「太占」とあるように、天つ神が占いをしてその結論を示すというのが『古事記』の書き方になっています。ここがたぶんいちばん大きく異なる点です。『日本書紀』では、イザナキとイザナミが自分たちの共同意志で国生みをしていくわけですが、『古事記』のほうは、最終的には世界の頂点にいる天つ神にまで依頼があがって、さらに頂点の天つ神が何にお願いしたのかよくわかりませんが占いをするということになっているわけです。

イザナキ・イザナミから指示を求められた天つ神は、太占による占いを行っています。イザナキ・イザナミの天つ神への依存が、依存系の頂点に位置する天つ神の主体的判断によって解決されているわけではなく、占いによって最終判断されている点に注意が必要だと思います。『古事記』におけるイザナキ・イザナミの国作りの話からは、確かに「天つ神の関与」が指摘できますが、歴史学で重要なのはそういう点ではなくて、社会が依存の系によって構成されているという認識が『古事記』に明瞭に書かれているというのが、重要だと思います。

社会全体が依存の系によって出来上がっているというのは、『古代日本の構造と原理』（二〇〇八年、青木書店）という本のなかで、「古代とは何か――プラトンからの手紙――」という論題で小路田さんが展開されていますので、興味がある方は読んでみて下さい。話を戻しますが、日本のようなちっぽけな社会においても、社会全体が依存の系によって構成されているのだという認識が、少なくとも奈良時代が始まる前ぐらいにはおそらく了解されている。それが『古事記』から読めるというのが、やはり重要だと思います。

陰陽論の影響を語りだすと、陰陽論というのは実は依存系のなかの道具立てですし、占いは陰陽思想の道具立てですので、『日本書紀』は陰陽論で語られて、『古事記』はそうではないということに必ずしもならない。その違いをはっきりと説明できなくなる可能性があります。『古事記』が社会を依存系としてはっきり示している点に注目すべきだというのが、ここでの私の主張です。

第二節　『古事記』『日本書紀』の上古認識

二点目は『古事記』と『日本書紀』の上古認識についてです。数年前に、奈良女子大学のＣＯＥ研究会だったでしょうか、「上古の時空」という論題で報告したことがあります。自分の論文集に新稿として入れる予定なので、活字化していませんが（本書第五章はその増補・修正版）、その作業をしたときに、『古事記』というのはなぜ『古事記』というふうに言われるのかというところから始まって、いろいろと調査をしました。

結論だけ申しておきますと、『古事記』というのは上古全体の物語が書かれている書物です。これは『古事記』の序文に言語表記との関わりで明記されている通りであって、『古事記』というのは八世紀の人から見たときに上古の時代全体が書かれている書物になります。では上古とはどういう時代なのか。一般化して言えば、これは中古という概念と対比させるとよくわかります。中古という用語の使い方ですが、過去の人々にとって必要な情報、あるいは使える時代の仕組みみたいなものがすべて中古に入ります。歴史学的に言えば、中古は先例の時代ということになります。今の私たちでも、中古品というのは使いますが、上古品という言葉はありません。中古ならば、古いのだけれどまだ使える。上古になると、使うという観念からはずれてしまうわけです。今と切り離された時代が上古であるという認識は、言葉の使い方として現在まで残っているわけです。

『古事記』においては、序文のなかで『古事記』の記載範囲が上古の時代であるということを明記していますので、それに基づいて古代の時間認識の研究をしてみました。『古事記』はそれで明確ですが、では『日本書紀』はどうなのかとなったときに、当時、私は神野志さんの研究にほとんど注目していませんでしたので、『古事記』と『日本書紀』を別個のものとして読むべきだということを念頭に置いていませんでした。そのため、『古事記』と『日本書紀』との違いに注意を払わないまま、『日本書紀』のなかに上古の時間を探ったのです。ところが『日本書紀』における「古」の使い方は、きっちりしていないのです。『古事記』の場合には、上古の時代の終わりを明確に推古天皇で切っているのですが、『日本書紀』の「古」の表現を追いかけていきますと、どこで切れるのかわからない構図になっているのです。もうすでに過ぎ去って現在と関わりのない時間としての「古」も出てきますし、今と関わりのある時間としての「古」も出てくるのです。そこが『古事記』と明確に違っていました。ただし、この報告のときには、何とかそのなかでも『日本書紀』のなかに上古の時間と中古以降の時間があって、それを区分けしようとして悪戦苦闘したのですが、『古事記』と『日本書紀』は違うのだという前提に立てば、その必要がないということになります。

神野志さんも、『複数の「古代」』（講談社現代新書、二〇〇七年）という本のなかで、その点を次のように書いています。

八世紀初の律令国家成立時において、推古天皇以前が、直接自分たちにつながらないものとして「古」であった。『古事記』が、そこで区切りとしたという結果に従ってそう見よう。その「古代」にとって、仁賢天皇以後、系譜記事しかないということは、その他は語るべきものではなかったということである。（二四頁）

推古朝は、八世紀の認識において、「古代」のおわりにして、「古代」ならざるもののはじまりとしてあり、それゆえ『古事記』は系譜をとどめることしかしないのである。（八五頁）

持統天皇にいたって、文字の文化国家として、世界が運行される水準が作り上げられたと、『日本書紀』は語る。……八世紀初の人々にとって、いまの自分たちの世界はそこにつながってあるのだという確認を果すものとして、それはある。（七七頁）

「八世紀初の人々にとって、いまの自分たちの世界はそこにつながってあるのだという確認を果すものとして、それはある」という神野志さんの『日本書紀』理解は、『日本書紀』における「古」表記が上古と中古に明確に区分できないという先ほどの私の話と、必ずしも同義ではありません。しかし、『日本書紀』が出来上がった時代の人々にとって、自分たちが『日本書紀』に書かれている内容につながってあるのだという確認を果たすものとして『日本書紀』が書かれているという、神野志さんのこの判断は、当たっていると思いました。「上古の時空」を活字化するときに、手直ししなくてはいけないと思っています。

「直接自分たちにつながらないものとして」の『古事記』と、「いまの自分たちの世界はそこにつながってあるのだという確認を果すものとして」の『日本書紀』の違いに、歴史学は今後注目すべきであるというのが、ここでの主張になります。

第三節　テキスト論と潤色論

さてこれからが、私が今日いちばん主張したいところです。神野志さんは『古事記』や『日本書紀』から歴史史料としての価値を剝奪しようとしているのですが、これには賛成できません。

ここで取り上げるのは、先ほど少し紹介した神野志さんの『複数の「古代」』という講談社現代新書です。そこに次のような主張が述べられています。

『古事記』『日本書紀』において、見るべきなのは、テキストのつくる「古代」だ。あるいは、見ることができるのはそれしかない。（五頁）

ことは、わたしたちの「古代」を見直し、わたしたちが学校教育等を通じて得てきた古代像（古代の歴史そのものだと思っているもの）は、テキストにおいて成り立った「古代」を、歴史の現実に還元しようとしてきた歴史研究の結果だったのではないかとふりかえることにもつながるであろう。（六頁）

古代の現実があったことはいうまでもない。しかし、それを『古事記』『日本書紀』から見ることはできないというべきだ。ふたつのテキストから現実の古代に向かおうとする歴史研究は、たとえば、発掘された遺跡・遺物を『日本書紀』の記載に結び付けて見るというやりかたで、現在もなされている。ただ、遺跡と一致するように見えることがあったとして、それが『日本書紀』の本質なのではない。テキストの理解は、現実に帰されるべきものではなく、あくまでテキストの語る「古代」として見るべきものである。（二六〜二七頁）

日本史に対する批判が書かれているところを拾いますと、「わたしたちが学校教育等を通じて得てきた古代像（古代の歴史そのものだと思っているもの）」、この場合には具体的には『日本書紀』などに基づいて叙述された、教科書に載っている古代史を指しますが、あれは「テキストにおいて成り立った『古代』を、歴史の現実に還元しようとしてきた歴史研究の結果だったのではないか」とお書きになっています。あるいは、「テキストから現実の古代に向かおうとする歴史研究は、たとえば、発掘された遺跡・遺物を『日本書紀』の記載に結び付けて見るというやりかたで、現在もなされている。ただ、遺跡と一致するように見えることがあったとして、それが『日本書紀』の本質なのではない」とも述べています。

『日本書紀』の記述が発掘調査と合致するようなことが仮にあったとしても、それは単に合致しているように見えているにすぎないというのが、テキスト論を掲げる神野志さんの言い方になります。『日本書紀』というのはそういう書物ではもともとないのだとおっしゃっているわけです。だから『日本書紀』から古代の歴史を復元することはできないというのが、神野志さんの主張になります。

『日本書紀』に書かれている内容が丹念な発掘調査によってその通りだというふうになったとしても、その合致は単なる偶然の一致にすぎないのであって、それを歴史の真実を見つけたように大騒ぎしているのは馬鹿げているのですよというのが、テキスト論を主張する人たちの共通した言い方になると思います。

どうしてそうなのか。なぜ偶然の一致にすぎないというふうに神野志さんは考えるのでしょうか。

仏法伝来が、五五二年か、五三八年かという、その違いは、「古代」構築の問題のなかにあったということである。異説・異伝などではなく、多元的な「古代」と、その紀年構成というのが正当であろう。（一五一頁）……何が正しいか、仏法伝来は、五三八年か五五二年かと、史実（古代の事実）をもとめるべきものではない。そうすることによって、むしろ、多様な「古代」（古代の人々が、自分たちの「古代」をもとめてつくったもの）をおしつぶしてしまったことをふりかえらねばなるまい。（一六三頁）

「記紀批判」といって、『古事記』『日本書紀』を批判的に操作して、古代史の真実を追求しようとしたり、あるいは、仏法伝来を五五二年とする『日本書紀』と、五三八年という『元興寺縁起』『法王帝説』と、どちらが正しいかといって、史実にせまろうとしたりするならば、古代の人々がみずからの「古代」をもとめ、つくろうとした、多様ないとなみをおしつぶして、ひとつのものにおしこめてしまうことになりかねない。（二一〇頁）

その（推古朝についての―西谷地）『日本書紀』のつくる「歴史」は、フィクションといってもよい。そのことをはっきりさせておかねばならない。念のためにいうが、たとえば遣隋使が事実としてあったことを否定しようというのではない。しかし、……全体はフィクションだといわねばならない。その推古朝の「改革」として語られたところを現実のものとして、「そこに中国王朝の世界帝国的秩序の内部に、みずからの『大国』としての秩序を形成しようとした意図がみられるのであって、『天皇』号の成立はそのことを象徴するものであろう。（石母田正『日本の古代国家』岩波書店、一九七一年）」というのは、『日本書紀』の「歴史」から、そのまま現実の歴史を見てしまうことになる。（八五～八六頁）

持統天皇にいたって、文字の文化国家として、世界が運行される水準が作り上げられたと、『日本書紀』は語る。それは歴史の現実の問題ではない。『日本書紀』からいかに現実をとらえるかということに向かってきた歴史研究に対して、『日本書紀』に見るべきなのは（正確にいえば、見ることができるのは）、現実でなく、『日本書紀』の作る「歴史」のなかの持統朝だとあらためていおう。八世紀初の人々にとって、いまの自分たちの世界はそこにつながってあるのだという確認を果すものとして、それはある。（七七頁）

長々と引用しましたが、いずれも重要な箇所です。かいつまんで結論だけまとめて申しますと、神野志さんが主張したいことは次のようになると思います。内容が知られる古代に書かれたいちばん古い書物が『古事記』ですし、今日本に残っている書かれた史料は八世紀以降のものが主体になっているわけですが、『古事記』や『日本書紀』だけではなく、奈良時代に過去を記述したもののすべてがテキストなのだというのが、神野志さんの言い方です。金石文も含めて、文字として書かれた過去に関する記述は、『古事記』や『日本書紀』に限らず、すべてがテキストにすぎない。テキストというのは、それを書いた人の古代認識が書かれているにすぎないというわけです。これがテキスト論の面白いところでもあるし、アキレス腱になるところでもあると、私は思います。

いくつかの過去認識というのが八世紀にはあって、『古事記』に集結するような過去認識もあれば、『日本書紀』に集結していくような過去認識もあるし、さらに従来の歴史学のほうでさまざまに使われてきた史料類、『元興寺縁起』とか、『上宮聖徳法皇帝説』とか、そのような歴史学が依拠してきた史料の描く過去叙述のすべてが、実はテキストであって、内容はフィクションにすぎない。そこには、さまざまな種類の過去認識があるにすぎないのだから、そのなかのどれかに過去の史実を求めることはできないのですよ、というのが、ここの全体の中身だと思います。神野志さんは、それを象徴的に示すために、石母田正という古代史学の大家を引いてきています。

時間が来ましたので、結論に入りましょう。まず第一にこれは、『日本書紀』の推古紀の記事は潤色が目立ち信用できない部分もあるが、天武紀や持統紀の記事は信用してもよいのではないか、などと考えてきた従来の古代史研究に対する批判でもあります。『日本書紀』は全体が一つのテキストであるとみる神野志さんにとって、『日本書紀』の記事を潤色と史実に分別して研究を進めてきたこれまでの歴史学の手法は、およそ認めることができないものだと思います。歴史叙述を潤色と史実に分別する歴史学の手法を私は潤色論と呼ぶことにしますが、このような潤色論は恣意的でしかも不合理であるというのが、神野志さんの主張だと思います。

二点目ですが、『古事記』や『日本書紀』はテキストでありフィクションであって、古代の史実をそこから求めるべきではないという神野志さんの主張には、『古事記』や『日本書紀』の潤色された記事からは史実を復元できない、あるいは史実を復元してはいけない、としてきた従来の歴史学の考え方と、同質の合理性があります。

神野志さんの言い分には、きちんとした合理性があるのです。一方で、潤色部分から過去を復元することはできませんよというふうに言ってきた歴史学の考え方にも、合理性が当然あるわけです。私からみると、その合理性は全く同質です。神野志さんの主張への批判や、あるいは神野志さんの主張を排除をしようという言説がもし出るとすれば、それは歴史学における潤色論にも直接響いてしまう、そういう構図になっているのです。記紀分析における歴史学的手法の正しさを歴史学研究者が強調すればするほど、逆に、テキスト論の論理的な罠にはまってしまうことになります。だからおそらく歴史学は、あるいは古代史を専攻する方々は、神野志さんのこの考え方との対決をやらないだろうと思うのです。敬して遠ざけるという態度をとるのではないか。そしてこのようなテキスト論の主張をひたすら無視しながら、これまで通り潤色論に依拠し続けるのではないか。残念ながら私にはそう思えるのです。

私は、これまで歴史学が積み上げてきた潤色論の考え方にも、あるいは神野志さんが今回強調しているようなテキスト論にも、与するつもりは全くありません。なぜかというと、はっきりいって、この議論は単純すぎるからです。歴史学というのはあらゆるもの、これは発掘された具体的な物品から現在理系の研究者が取り組んでいる最先端の科学的理論まですべてを含めて、それらを素材として過去の真実に迫る学問だからです。これはテキストですよという神野志さんの指摘や、あるいはここは潤色ですよという古代史の専門家の指摘があれば、それは当然、いったんは素直に耳を傾けなければいけないと思いますが、重要なのは、そこから何を読み解いていくかということです。

歴史学の仕事は、テキストの存在を指摘することではありませんし、潤色部分を一生懸命に漢籍や後世の史料と照らし合わせて、何を参照したかという調査をするのが歴史学の目的でもないわけです。テキストや潤色という知識の積が、歴史学になるわけでは決してないのです。そのような知識は、あくまでも歴史を考察するための素材の一つにすぎないわけで、そこから実は学問がスタートしていくというのが、歴史学の本来のあり方です。そういう意味では、これはテキストなんだ、ここは潤色なんだ、などということを指摘することで何かがわかったかのような気になったり、あるいはここが潤色で、ここには潤色がかかっていない、というようなことを丹念に調査することが歴史の研究であるかのような錯覚をもつ、そういうようなことをこれまで私たちはやりすぎたのではないでしょうか。私も歴史学に参加していますので、歴史学にも反省すべき点があるだろうというのが、今日の私の最後の主張です。私の報告は以上です。

〔付記――水林彪氏による西谷地批判をめぐって――〕

二〇〇八年に発表していたこの市民向けの報告記録は、当初の出版計画では本書への収録を全く予定していなかった。この報告記録で指摘した内容は、その後、「水穂国の変換と統治理念」（二〇〇九年発表、本書第四章）と、「上古の時空」（本書第五章、未公表だった理由は右記第二節の冒頭で述べた通り）で詳細に論じたからである。

ところが、『日本史の方法』九号（二〇一二年三月）に、小路田泰直氏が企画し、二〇一一年十二月に奈良女子大学で開催された「シンポジウム『古事記』」の内容が掲載され、報告者の一人であった水林彪氏の「多面体としての『古事記』」と題する報告内容と、シンポジウムの討論が公表された。この討論箇所に、水林氏が三頁半にわたる「史書としての『古事記』」と題した報告補足を追記し、そのなかで私の『古事記』に関わる上古理解に対する批判を展開されたのである（五一～五三頁）。

第五章「上古の時空」の学内研究会での最終報告と論集のための原稿化を、随分前に済ませていた私は、水林氏が行ったこの批判に対して、シンポジウムの討論の場で「上古の時空」の内容に基づきながら、かなりの時間を割いて批判が成り立たないことを説明した。しかし後日の編集過程で、シンポジウム関係の分量が多すぎることがわかり、私の反論は「『古事記』にある注記には、訓注だけでなく、音注もあるということは、忘れないで下さい」という一文に集約して、他はすべて削除された。やむをえない措置として私もこの削除に同意したが、第五章「上古の時空」は水林氏の批判をうけて行った研究ではないにもかかわらず、水林氏の批判が先に活字化されるかたちになったので、論考「水穂国の変換と統治理念」（本書第四章）以外に水林氏が批判作成時に読まれた可能性のある、二〇〇八年に発表していたこの報告記録も本書に収録したうえで、水林氏の批判を取り上げることにした。なお報告記録の収録にあたり、内容に関わらない不要な情報を整理し、第二節で若干触れていた『日本書紀』の古観念についての仮説は、第五章「上古の時空」の考察によって成り立たないことがわかったので削除したが、文体は変更しなかった。

水林氏による西谷地批判は、次のようなものである。

①『古事記』の記述対象は、「古」全般ではなく、そのうちの「上古」である、と解する学説があり、これを唱えているのが西谷地であるが、自分はこの説に与しない。

②西谷地は、『古事記』序文に「上古」と「今」の対表現が出てくることを根拠に、『古事記』は、「今」の時点で「上古」について記した書である、と理解しているが、自分はこの考え方に賛成できない。理由は以下の通りである。

③字義を素直に解すれば、「上古」は「古」全般ではなく、「古」の中の一部としての「上古」、「古」の中でも特に古い時代としての「上古」だということになる。

④したがって、『古事記』序文にある「上古の時、言《ことば》・意《こころ》並びに朴《すなほ》にして、文を敷き句を構ふること、字に於きて即ち難し。已に訓に因りて述べたるは、詞心に逮《およ》ばず、全く音を以ちて連ねたるは、事の趣更に長し。是を以ちて今、或は一句の中に、音訓を交へ用ゐ、或は一事の内に、全く訓を以ちて録す。即ち辞理の見え叵《がた》きは、注を以ちて明にし、意況の解り易きは、更に注せず。」という記事は、「古」の時代全般に通ずる言語の特徴ではなく、「古」の中の「上古」という限られた時代の言語の特徴を述べたものである。

⑤ならば『古事記』における「上古」とは具体的にどの時代を指すのか。
⑥第一の手がかりは「上古」の語義である。『漢辞海』という辞典には、「上古」の代表的語義の一つとして、「大昔。文字が存在する以前の時代」という意味があり、『古事記』の「上古」もこの意味である可能性がある。応神天皇の物語に、千字文という書物が伝えられたという話が出てくる。応神記は『古事記』中巻の最後なので、『古事記』序文の言う「上古」は、上巻と中巻の時代ということになる。
⑦第二の手がかりは、『古事記』本文における注記のあり方である。『古事記』序文はこう言っている。
a、上古の時代についても、すべて音（表音漢字）で表現する方法は断念し、ある場合は一句のなかに音と訓を交えて用い、ある場合は一つの事を記すにすべて訓によることとし、この書法で理解がしにくい場合には、注をつけて意味を明らかにする。意味がわかりやすい場合には、わざわざ注をつけることはしない。

b、つまり『古事記』序文は、「上古」の素朴な言葉を再現するためには「音」（表音漢字）で書いた方がよいのだが、それでは文章が長くなりすぎるので、表記は「訓」（表意漢字）によることとし、これでは「上古」の時代の意味を伝えにくい場合には注記をした、と言っているのだから、その注記の分布を調べてみて、注記の多い箇所があれば、その時代こそは、「訓」では本意の意味が伝わりにくい「上古」だということになる。

c、『古事記』には訓注のほかに音注（音読注）があるが、bで記した理由から、注目すべきは訓注である。

d、訓注の数は、真福寺本では、上巻が四二、中巻が一、下巻が一なので、ここから判断する限りでは、「上古」は上巻の時代ということになる。
⑧したがって、『古事記』序文のいう「上古」は、上巻ないし上巻・中巻が描いた時代である。

⑨『古事記』の「上古」は「古」全般ではなく、「古」を二分した場合のより古い時代を指す語であろうというのが、ここでの結論である。

私の反論を先に言っておくと、以上の水林氏の主張が成り立つ余地はほとんどないだろう、ということに尽きる。なぜならば、『古事記』標題の「古」と、ここで問題となっている序文の「上古」は同義の可能性がきわめて高く、しかもこの場合の「上古」は、中古の時間を前提としていないからである。要するに、『古事記』標題の「古」の時間は、二分されていないのである。問題とすべきは「上古」という表現に込められた過去認識にある。したがって、現在の私の理解を②のように整理するのはかまわないが、私は決して①のようには理解していないことも、ここに明記しておきたい。以上の諸点については、本書第五章「上古の時空」を読めば、誰でも無理なく了解していただけることと思う。もちろんそれでも、これは古代における過去認識という認識論に関わる問題であるから、私の第五章での結論が絶対的で普遍的な「正しさ」を独占できるはずはないので、水林氏には、再反論の可能性が残されているだろう。

私がここで特に問題視したいのは、このような認識論に関わる点ではなく、⑦の論法の誤謬についてである。これは後述するように、水林氏が史料解釈をひどく間違えているか、自説を維持するために史料解釈を意図的にすり替えているか、いずれかしかありえないからである。

⑦―aは、④に引用した『古事記』序文の水林氏による説明である。傍線箇所から明らかなように、『古事記』が、「ある場合は一句のなかに音と訓を交えて用い、ある場合は一つの事を記すにすべて訓による」という方針で書かれていることを、水林氏自身が指摘している。ところがその舌の根も乾かぬうちに、水林氏は⑦―bにあるように、『古事記』の表記は「訓」（表意漢字）によっているのだから、訓注を調べれば「上古」の時代が判明

すると言い出すのである。しかしそんなことはありえない。⑦―aと⑦―bの傍線箇所を比較すれば一目瞭然であるが、「ある場合は一句のなかに音と訓を交えて用い」という⑦―aにあった指摘が、⑦―bではどこかに吹き飛んでいる。だから⑦―cのように、「注目すべきは訓注である」などという主張ができるわけである。しかしこれではなぜ『古事記』に多数の音注が付けられているのか、たちまち説明に窮してしまうだろう。もしもこの史料解釈が意図的なすり替えでないのだとすれば、これは水林氏にとって、御自身の研究の信用性をも傷つける、あまりにずさんな史料解釈だと言わざるをえない。いずれにせよ、シンポジウム当日の私の音注に関する指摘にもかかわらず、水林氏がこのような内容をあえて公表した理由が、私には全く不可解であり、この結末はまことに残念と言うほかはない。

　ちなみに訓注とは、「天地初発之時、於高天原成神名、天之御中主神〈訓高下天云阿麻。下效此。〉」のなかの「高の下の天を訓みて阿麻《あま》と云ふ。下も此に效《なら》へ。」のような漢字の訓読みを指示する注記のことであり、音注とは、報告記録第一節に掲示した史料で言えば、「布斗麻邇爾〈上此五字以音〉」のなかの「上の此の五字は音を以いよ」のごとく漢字の音読みを指示する注記のことである。もし訓注と音注がなければ、『古事記』を読み上げるのはずいぶんと骨の折れる作業になる。なお『古事記』下巻には、一二箇所でこのような音注が付けられていることを付記しておく。

第四章　豊葦原水穂国の変換と統治理念

はじめに

八世紀初頭にあいついで完成した『古事記』と『日本書紀』は、天地開闢以来の神話や神武以降の国政記事に共通した内容を多く含み、しかも正式な国史である『日本書紀』にすら明らかに潤色がみられる点から、研究上は「記紀」や「記紀神話」などと一括りにして扱われるのが通例である。ところで、『古事記』は歴史書ではなく上古の神話または物語であるというのが『古事記』の定説的理解であると判断されるが、最初の歴史書である『日本書紀』の史料的価値については、私のみるところでは古代史研究者間に定説が存在していない。『日本書紀』は、個々の研究者の必要に応じて、臨機応変に、「史料批判」なる作業を経ることによって、使える史料にも使えない史料にもなりうる、扱いの難しい歴史書である(1)。

このような『古事記』と『日本書紀』に対する通説的認識と史料操作に対して、懐疑の目を向け、そのテキスト性を強調しているのが、国文学者の神野志隆光氏である。この神野志説に対する私見は、すでに「記紀の読み方——神野志隆光氏の所論によせて——」(2)という報告記録で述べているが、本章ではその内容についてあらためて必要最小限の整理を行い（第一節）、神野志説を前提にした場合に初めて検討が可能となる古代日本の自己認識を、「水穂国」と「瑞穂国」の初歩的考察を通じて仮説的に示したうえで（第二節）、それがいかなる日本的な統治理念と関わっているのかについて考えてみることにしたい（第三節）。

第一節　『古事記』と『日本書紀』の相違

『古事記』と『日本書紀』をめぐる神野志隆光氏の近年の研究の特徴は、神話的世界認識、歴史的過去認識、テキスト論、の三点から整理することができるが、ここでは本章の前提となる、『古事記』と『日本書紀』の神話的世界認識および歴史的過去認識について見ておくことにしたい（テキスト論に対する私見は前掲報告記録を参照されたい）。

まず『古事記』と『日本書紀』との神話的世界認識の相違については、神野志隆光『古事記と日本書紀』（講談社現代新書、一九九九年）の以下の記述を挙げておこう(3)。

> 天の世界の問題（『日本書紀』本書では、天の世界が高天原と呼ばれることがないこと―西谷地）は、そのまま天つ神の関与ということに連動する。『古事記』では、……イザナキ・イザナミの国作りが、高天原の天つ神の命を受け、その関与のもとに行われる。高天原が掌握しているといってもよい。（七六～七七頁）

高天原という世界のもとで、天つ神の関与のもとに成り立つ地上世界として、現実につながるところを語るのが、『古事記』の世界の物語なのである。『日本書紀』は、そうした天の世界をもたないところで、世界を語る。それゆえ『日本書紀』では、天つ神の関与などなくイザナキ・イザナミ二神で（国作りを―西谷地）「共に」進めるのであり、また、二神を「陽神」「陰神」として語る。『古事記』と『日本書紀』とは、異な

る世界像を持っていることを見届けなければなるまい。（七九頁）

イザナキ・イザナミの国作りを、天つ神の命令の結果として描く『古事記』と、イザナキ・イザナミの自主的な共同作業として描く『日本書紀』との違いに注目した神野志氏は、それが二書の「世界像」の相違によると判断し、「『古事記』の物語全体と、『日本書紀』の物語全体とを、別個な、世界の物語として読み通すことが、問題をはっきりさせるのである」（七九頁）と敷衍される。

『古事記』の物語全体と、『日本書紀』の物語全体とを、別個な物語として読むべきであるという神野志氏の主張は合理的であり、私も氏の考えに基本的に賛成である。

ところで神野志氏は、二書の世界像が違う理由を次のように説明される。

もともとイザナキ・イザナミの話があって、『日本書紀』では陰陽論で潤色されている、というようなものではない。陰陽論の世界像とともに、超越的な天の世界もなく、司令する神もなく、イザナキ・イザナミ二神で協同して天地にわたる世界秩序を生成し、イザナミは死ぬことがないという、物語の具体的なかたちが成り立つ。陰陽のコスモロジーによる世界の物語というべきである。（一二三頁）

神野志氏によれば、『古事記』と『日本書紀』の世界像の違いは、『日本書紀』が「陰陽のコスモロジーによる世界の物語」である点に求められるという。では、『古事記』の世界認識にはどのような特徴があるのか。この点について神野志氏は高天原の存在を重視しており、それ以上の言及はされていないが、私のみるところでは、『古事記』におけるイザナキ・イザナミの国作りに関する次の記述が、その一つの解答を示している。

ここに二柱の神、議りて云ひけらく、「今吾が生める子良からず。なほ天つ神の御所に白すべし。」といひて、すなはち共に参上りて、天つ神の命を請ひき。ここに天つ神の命もちて、太占に卜相ひて、詔りたまひしく、

「女先に言へるによりて良からず。また還り降りて改め言へ。」とのりたまひき。[4]（於是二柱神議云、今吾所生之子不良。猶宜白天神之御所。即共参上、請天神之命。爾天神之命以、布斗麻邇爾〈上此五字以音〉卜相而詔之、因女先言而不良。亦還降改言。）

傍線部分から明らかなように、イザナキ・イザナミから指示を求められた天つ神は、太占による占いを行っている。イザナキ・イザナミの天つ神への依存が、依存系の頂点に位置する天つ神の主体的判断によって指示（政策化）されているのではなく、占いによって最終判断されている点に注意が必要である。『古事記』におけるイザナキ・イザナミの国作りの話からは、確かに「天つ神の関与」が指摘できるが、歴史学的により重要なのは、「天つ神」をも含めた社会全体が依存関係によって構成されているという認識がここに明瞭にあらわれている点である。人間社会における依存関係の意義については、世俗的因果関係に対する相互依存（相待《そうだい》）関係の宗教的真理性をも射程に入れて論ずる必要があり、稿をあらためざるをえないが（本書序章「所有と依存の歴史学」）、ここでは神野志氏の主張を踏まえて、二書の世界像が相違している理由を、『古事記』が依存関係を重視し、『日本書紀』は陰陽論を重視している点に求めておきたい。

次は、二点目に挙げた二書の歴史的過去認識の相違についてである。この点については神野志隆光『複数の「古代」』（講談社現代新書、二〇〇七年）から、以下の記述を引用しておこう。神野志氏は、『古事記』が記述した過去（「古代」）と『古事記』が編纂された八世紀との関係について、次のように説明する。

> 八世紀初の律令国家成立時において、推古天皇以前が、直接自分たちにつながらないものとして「古」であった。『古事記』が、そこで区切りとしたという結果に従ってそう見よう。その「古代」にとって、仁賢天皇以後、系譜記事しかないということは、その他は語るべきものではなかったということである。（二四

頁）

> 推古朝は、八世紀の認識において、「古代」のおわりにして、「古代」ならざるもののはじまりとしてあり、それゆえ『古事記』は系譜をとどめることしかしないのである。（八五頁）

この『古事記』理解を私は基本的に支持するが、神野志氏が『古事記』の過去認識（ここでは推古朝を区切りとする過去認識）を、「直接自分たちにつながらない」あるいは「八世紀の認識において」のように表現しているために、あたかもそれが当時の人々の共通した過去認識であるかのように読める点は、やはり気がかりであり、若干の補足がいるだろう。すなわち、『古事記』が記述した推古天皇以前の時代は、『古事記』の過去認識では「直接自分たちにつながらない」過去であり、推古朝は、『古事記』の過去認識では「古代」のおわりにして、「古代」ならざるもののはじまりであった、というふうに、傍点文言を補って理解すべきであると思う。『古事記』と『日本書紀』の違いは、氏の主張するように二書の「古代」認識の違いでもあるからである。

一方、『日本書紀』の特徴について、神野志氏は次のように説明される。

> 持統天皇にいたって、文字の文化国家として、世界が運行される水準が作り上げられたと、『日本書紀』は語る。……八世紀初の人々にとって、いまの自分たちの世界はそこ（持統朝―西谷地）につながってあるのだという確認を果すものとして、それはある。（七七頁）

ここでも『日本書紀』の過去認識を、「八世紀初の人々にとって、いまの自分たちの世界は」という表現で一般化しているように読める点は少々気になるが、ここでは問わないことにしよう。私なりに表現し直せば、『日本書紀』の過去認識は現在とのつながりを重視した過去認識であり、『古事記』のそれは現在につながらないものに視点を据えた過去認識であるというのが、神野志説の眼目であり、『古事記』と『日本書紀』の違いをその過去認識の相違から説明した点が特に斬新である。今後、二書に立脚しながら古代を論じる場合には、この神野志説をいかに踏まえるかが重要となるであろう[5]。そしてそれは取りも直さず、『古事記』と『日本書紀』の過去認識の相違を想定していなかった従来の研究には、再考すべき余地が多分に存在するということでもある。もしかすると過去の神野志氏の研究ですら、この問題から必ずしも自由ではないかもしれない。節をあらためよう。

第二節　豊葦原水穂国

1　辞書から消えた表記

ここではまず、『古事記』が記す「豊葦原水穂国」に関する問題を、神野志氏の説明に依拠しながら見ていくことにしたい。まずは史料を掲げておく。

天照大御神の命もちて、「豊葦原の千秋長五百秋の水穂国は、我が御子、正勝吾勝勝速日天忍穂耳命の知らす国ぞ。」と言よさしたまひて、天降したまひき。……「この葦原中国は、我が御子の知らす国と言依さしたまへりし国なり[6]。（天照大御神之命以、豊葦原之千秋長五百秋之水穂国者、我御子正勝吾勝勝速日天忍穂耳命之所知国、言因賜而、天降也。……此葦原中国者、我御子之所知国、言依所賜之国也。）

ここをもちて白したまひし随に、日子番能邇邇藝命に詔科せて、「この豊葦原水穂国は、汝知らさむ国ぞと言依さしたまふ。故、命の随に天降るべし。」とのりたまひき。(7)（是以随白之、科詔日子番能邇邇藝命、此豊葦原水穂国者、汝将知国、言依賜。故、随命以可天降。）

この著名な「豊葦原水穂国」という古代日本の自己認識にまつわる問題について、神野志隆光『古事記の世界観』（吉川弘文館、一九八六年）は次のように説明する。

（「葦原中国」と「豊葦原水穂国」は―西谷地）一方には「豊」を冠し、他方はそうではないにしても、いずれも「葦原」を名義の核とする。その呼称が、いわれるように（「葦原中国」は負の価値、「豊葦原水穂国」は正の価値というように―西谷地）意味を異にすることになるか。むしろ、同じ意味で捉えながら、その呼び分けのになうものを見ていくべきではなかろうか。（七三頁）

「豊葦原の千秋の長五百秋の水穂の国」とは、「葦原中国」を、「高天原」から特殊に呼んだものであり、「葦原中国」の「葦原」に含まれるところを最大限に拡大したものだと考えるべきではないか。……「葦原」の意義についてはあとでまとめてふれるが、結論的にいえば、イネの豊穣を約束されたところをいう。（七四頁）

「葦原」は、……「始源の田圃」の象徴―イネの豊穣の始源の象徴だといえよう。そうであるから、「豊葦原の千秋の長百秋の水穂の国」と、「葦原」を冠しつつ、「水穂」というイネの豊穣を意味することばで、降臨すべき世界を祝福して表現できるのではないか。（一五二頁）

『古事記』神話に記された「葦原中国」と「豊葦原水穂国」をめぐる研究史上の問題を、私なりに簡単に説明すれば、「葦原」が未開性を象徴する負の価値を担い、「水穂」がイネの豊穣という開明性を象徴する正の価値を担っているとすると、「葦原」と「水穂」が組み合わされた「豊葦原水穂国」はどのように位置づけうるのか、ということである。神野志氏は、「葦原中国」と「豊葦原水穂国」のいずれもが「葦原」を名義の核としているととらえ、「葦原」のもつ負のイメージをあらためることで、この難問を乗り越えようとしている。しかし、そのような神野志氏であっても、「水穂」がイネの豊穣を意味することばである点は研究上の自明の前提であるため、氏においては珍しく議論の切れ味がよくないように思われる(8)。

では、『古事記』の「豊葦原水穂国」を歴史研究者はどのように理解してきたのだろうか。

日本思想大系『古事記』頭注（担当は岡田精司氏）は、「豊葦原之千秋長五百秋之水穂国」を「トヨは美称、チイホアキは千年も五百年も長く収穫がつづくの意。ミヅホはみずみずしい稲穂が稔るの意で、日本の国を祝福した言葉。」と説明している。「千秋長五百秋」の「秋」は「歳」の意味であって、「収穫がつづく」とする語釈は深読みにすぎるが、「豊葦原水穂国」の解釈は国文学の理解と変わるところはない。また、この問題について井上辰雄氏は次のように述べている(9)。

「葦原」というと、わたくしたちは、葦しかはえぬ不毛の地を想像しがちであるが、古代のひとびとにとっては、あくまで「豊葦原　水穂国」であった。豊かに、稲が水田に稔る誇らしいイメージがつきまとっている。それでは、どうして葦原が「豊葦原の水穂の国」といわれたかという疑問が生ずるだろう。それにお答えするのは容易ではないが、おそらく、日本で水稲耕作が始められた頃、荒れ地を水田とすることは、きわめて困難であったことを想起していただきたい。……そこで、まず手がつけられたのが、葦が生えているような低湿地であった。……やや時代がくだるが、『常陸国風土記』行方郡の条には、箭括の麻多智という族長が西の谷の葦原を切り開き、新たに水田を開いた話が伝えられている。

井上氏の視点が、神野志氏の視点と共通していることは明らかであり、「豊葦原水穂国」をめぐる歴史研究者の理解が、これを超えることはないと判断してよいだろう。

一方、周知のごとく、『古事記』が表記する「豊葦原水穂国」は、『日本書紀』では「豊葦原瑞穂国」として姿をみせる。ところで神野志氏は、『日本書紀』は「『一書』が、『本書』に対する注の扱いで載せられている」こと、「あいだの『一書』を抜きにして『本書』相互を接続してはじめて文脈として理解される」こと、したがって『日本書紀』は「『本書』によって読むべき」であることを主張している(10)。この神野志氏の説明はきわめて合理的であり、それに従って『日本書紀』を読み直すと、『日本書紀』の基準見解を示す本書において「豊葦原瑞穂国」が初めて登場するのは神武即位前紀であることがわかる。史料を掲げておこう。

神日本磐余彦天皇、諱は彦火火出見。彦波瀲武鸕鶿草葺不合尊の第四子なり。母をば玉依り姫と曰す。海童の少女なり。天皇、生れましながらにして明達し。意礭如くます。年十五にして、立ちて太子と為りたまふ。長りたまひて日向国の吾田邑の吾平津媛を娶きて、妃としたまふ。手研耳命を生みたまふ。年四十五歳に及りて、諸の兄及び子等に謂りて曰はく、「昔我が天神、高皇産霊尊・大日孁尊、此の豊葦原瑞穂国を挙げて、我が天祖彦火瓊瓊杵尊に授けたまへり(11)。（神日本磐余彦天皇、諱彦火々出見。彦波瀲武鸕鶿草葺不合尊第四子也。母曰玉依姫。海童之少女也。天皇生而明達。意礭如也。年十五立為太子。長而娶日向国吾田邑吾平津媛、為妃。生手研耳命。及年四十五歳、謂諸兄及子等曰、昔我天神、高皇産霊尊・大日孁尊、挙此豊葦原瑞穂国、而授我天祖彦火瓊々杵尊。）

一見して明らかなように『日本書紀』本書では、「豊葦原瑞穂国」は神武即位前紀の冒頭という象徴的箇所にあらわれる。この事実は重要である。また、「高天原」ではなく地上において、神武自身が「此の豊葦原瑞穂国」と語っている点も、『古事記』と異なっているところである。さらに、この「豊葦原瑞穂国」は「昔我が天神、高皇産霊尊・大日孁尊」が「我が天祖彦火瓊瓊杵尊に授け」たものとの説明が神武によってなされていることにも注意がいる。『日本書紀』において「豊葦原瑞穂国」は、天皇の「天祖」が天つ神から授与された国土であった。この授与の意味も含め、神武紀と「豊葦原瑞穂国」の関係については、次節であらためて述べることにしたい。

一書に曰はく、天神、伊奘諾尊・伊奘冉尊に謂りて曰はく、「豊葦原の千五百秋の瑞穂の地有り。汝往きて脩すべし」とのたまひて、廼ち天瓊戈を賜ふ。[12]（一書曰、天神謂伊奘諾尊・伊奘冉尊曰、有豊葦原千五百秋瑞穂地。宜汝往脩之、廼賜天瓊戈。）

一書に曰はく、……因りて、皇孫に勅して曰はく、「葦原の千五百秋の瑞穂の国は、是、吾が子孫の王たるべき地なり。爾皇孫、就でまして治せ。行矣。宝祚の隆えまさむこと、当に天壌と窮り無けん」とのたまふ。[13]（一書曰、……因勅皇孫曰、葦原千五百秋之瑞穂国、是吾子孫可王之地也。宜爾皇孫、就而治焉。行矣。宝祚之隆、当与天壌無窮者矣。）

これは『日本書紀』一書の記事である。一書では神代の記事に「瑞穂地」や「瑞穂国」がみられるが、後者はいわゆる天壌無窮の神勅である。「瑞穂国」については『日本書紀』一書の記事が注目される構図になっていた点に注意しておくべきだろう。ちなみに、前者にみえる「豊葦原千五百秋瑞穂地」の岩波文庫の注解は、「トヨは、豊穣の意。アシハラは、当時湿地に多く葦が生えていたのでいう。ミツホは、神威によって栄える稲穂。万葉集ではミヅホと訓んでいる。」という内容になっている。

天地の　初の時　ひさかたの　天の河原に　八百萬　千萬神の　神集ひ　集ひ座して　神分り　分りし時に
天照らす　日女の尊　天をば　知らしめすと　葦原の　瑞穂の國を（原文は「葦原乃　水穂之國乎」―西谷地）
天地の　寄り合いの極　知らしめす　神の命と　天雲の　八重かき別きて　神下し　座せまつりし（後略）[14]

○葦原の……葦の繁く生えた原の意。瑞穂の国の形容。《日本古典文学大系の頭注》
○瑞穂の国……よい稲の多くとれる国。日本を指す。ミヅは生き生きとして豊かな意。《同前》

これは日本古典文学大系『万葉集』からの引用である。草壁皇子が持統天皇三年（六八九）に没した時に柿本人麻呂が詠んだ挽歌である。『万葉集』原文で「水穂之國」とある箇所が、読み下しでは「瑞穂の國」と表記し直され、頭注の見出し語も当然のごとく「瑞穂の国」で立項されている。わかりやすさを重視した結果なのであろうが、読み下し文における史料用語の尊重という点から言えば、やはり疑問の余地がある（この本は、「水枝」も「瑞枝」に置き換えている、巻六・九〇七、巻十三・三二二三）。ところで神野志氏は、従来の研究がこの歌の背景に一つの「記紀神話」を想定していたことを批判し、この歌は『古事記』神話や『日本書紀』神話とは異なり、人麻呂の歌としてあらわれた「天武天皇を始祖」とする新たな神話であるとの解釈を提出している[15]。そうだとすれば、原文と読み下し間の「水穂」と「瑞穂」の置き換えは、むしろ神野志説が登場する以前の、研究の集大成とみるべきなのかもしれない。

以上、『古事記』『日本書紀』『万葉集』に記された「豊葦原水穂国」と「豊葦原瑞穂国」に対する研究・解釈の現状を概観してきた。神野志氏は「水穂」を「イネの豊穣を意味することば」とし、日本思想大系『古事記』は「みずみずしい稲穂が稔るの意」と解している。一方、岩波文庫『日本書紀』では、「瑞穂」を「神威によって栄える稲穂」とし、「水穂」を「瑞穂」と表記し直した日本古典文学大系『万葉集』では「生き生きとして豊かなよい稲」としている。注釈者の工夫によってそれぞれの解釈は多少異なっているものの、「水穂」と「瑞穂」は全くの同義語であり、それは「イネの豊穣を意味することば」と理解されている。

私がまずここで問題としたいのは、研究上重視されてしかるべき『古事記』の「水穂」や『万葉集』の「水穂」という「みずほ」の初見表記が、著名な辞書に載っていない点である。[16] 用例の多さからみて最も信頼性の高い『日本国語大辞典 第二版』（以下、『日本国語大辞典』と表記する）、電子辞書も含めて普及率抜群の『広辞苑』とも、「みずほ」で立項されている言葉は、『日本書紀』などで使われている「瑞穂」という表記だけである。[17] たとえば、「みずがき」という言葉が『日本国語大辞典』・『広辞苑』ともに「瑞垣・瑞籬・水垣」と併記されているのと比べると、「水穂」の扱いは異様である。この状況は「水穂」という表現の抹消のようにもみえる。

そして私にとって何より不可思議なのは、このような著名な辞書に載っていない「水穂」という語を、なぜどの研究者も判で押したごとく、全く同様に、「イネの豊穣を意味することば」と理解できてしまうのか、という点である。「水穂」は「瑞穂」と全く同義であり、辞書に載せるまでもない語であるという認識は、どのようにしてできあがったのだろうか。

水穂。水は借り字にて、みづみづしきを云。【書紀に瑞ノ字をかかれたれど、其意には非ず。迷ふことなかれ。】穂は稲穂なり。【上に葦原云々と云に就て、葦の穂と勿おもひまがへそ。】書紀に、天照大神云々、又勅曰、以吾高天原所御斎庭之穂亦、当御於吾児、とある穂も然り。……【そもそも皇御国、萬ヅの物も事も、異国々より優れる中にも、稲は殊に、今に至るまで萬ノ国にすぐれて美きは、神代より深き所由あることぞ。今ノ世諸人、かかるめでたき御国に生れて、かかるめでたき稲穂を、朝暮に賜ばりながら、皇神の恩頼をば

思ひ奉らで、よしなき漢国のことをのみおもひあつかふは、いかにぞも。[18]】

これは本居宣長『古事記伝』の「水穂」の説明である。『古事記伝』で宣長は、「水は借り字」であって、意味は「みづみづしき」であるとし、「穂は稲穂なり」と説明している。「書紀に瑞ノ字をかかれたれど、其意には非ず」とも言っている点が気になる。

まず『日本国語大辞典』で「みず　瑞」を引くと、「①若々しく、生き生きとしていること。みずみずしいこと。事物の新しく清らかなこと。」と「②目新しく、めでたいしるし。瑞祥。」の二つの意がみえる。宣長の言う『日本書紀』の「瑞穂」の「瑞」が①の意味であるはずがないので、②の意味の可能性が高い。さらに念のため『大漢和辞典』で「瑞」を引くと、「①しるしの玉。」と「②めでたいしるし。吉兆。」が主要な意味であり、漢字の「瑞」には元々「みずみずしい」という意味がないことがわかる。「書紀に瑞ノ字をかかれたれど、其意には非ず」という説明から、宣長は『日本書紀』の「瑞穂」の「瑞」を、『日本国語大辞典』や『大漢和辞典』の示す②の意味で考えていたことが明らかである。宣長においては、「水穂」の「水は借り字」にすぎず、「瑞」の意味でもない、まさに漢字にあらわせない「みづみづしさ」を示す語として「ミヅ」の語を理解していたと判断してよいだろう。

ところで、「水穂」の「水は借り字にて、みづみづしきを云」という宣長の主張には、実は何の根拠も示されてはいない。「穂は稲穂なり」という解釈も、『日本書紀』にみえる「斎庭之穂」を例として示してはいるが、結局は「稲は殊に、今に至るまで萬ノ国にすぐれて美《めでた》きは、神代より深き所由《ゆえ》あること」という宣長自身の過去認識に合わせた主張にすぎないように思える。宣長の説明に従うわけにはいかないが、いずれにせよ、宣長は『古事記』の「水穂」を『日本書紀』の「瑞穂」と同義とはとらえなかった。「水穂」と「瑞穂」に対する宣長の理解と現在の定説とは、根本的なところで全く異なっているのである。

しかし、「水穂」の「水は借り字にて、みづみづしきを云」「穂は稲穂なり」という宣長の解釈は、明らかに現在の「水穂」理解にまで影響を及ぼしている。「水穂」の表記が辞書の見出し語に載っていないのは、「水は借り字」とする宣長説の単純な反映のようにもみえるが、何か別の学問上の要請によっているのかもしれず、その理由は私には知りえない。私が推測できるのは、「書紀に瑞ノ字をかかれたれど、其意には非ず」と理解する宣長の指摘を、「書紀の潤色おほきこと」を「漢意のひがごと」として排斥した宣長に固有の極端な見解と判断し[19]、それを排除することで、おそらくは「水穂」と「瑞穂」を同義とみることが可能になったのであろうということである。

『古事記』の「水穂」が『日本書紀』の「瑞穂」と全く同義であるという、現在行われている解釈は、『古事記』と『日本書紀』の神話を「記紀神話」として同様のものと理解していた研究段階、すなわち『古事記』と『日本書紀』の過去認識を同一のものと想定していた研究段階には、問題にする必要のない合理的な解釈だったかもしれない。しかし現在の研究状況が、前節で検討したように、『古事記』と『日本書紀』の根本的な違いを認め、二書の歴史的過去認識の相違を指摘する段階にあるのならば、『古事記』に記された「水穂国」が、『日本書紀』の記述する「瑞穂国」と本当に同義かどうかについて、あらためて調査の手を入れるべきではないか。

『古事記』序文が示す音声情報の文字化への経緯を信用すれば、初めにあったのはあくまでも「トヨアシハラノミヅホノクニ」という音声情報であり、それを『古事記』は「豊葦原水穂国」と表記し、『日本書紀』は「豊葦原瑞穂国」と表現した。私はそう判断する。なぜならば、二書の成立以前に、「水穂国」と「瑞穂国」の二表現が「ミヅホノクニ」の置き換え可能な漢字表記としてすでに併存していて、そのなかからたまたま『古事記』

は「水穂国」表記だけを採用し、偶然にも『日本書紀』は「瑞穂国」表記のみを使用したということを、論理的に想定しがたいからである。しかも、「ミヅホノクニ」という言葉が古代日本の自己表現の一つであるだけに、その言葉を漢字に置き直すときには、それぞれの過去認識が大きく影響した可能性が高いと考えられる。そうだとすれば、たとえ二語の読みが「ミヅホノクニ」で共通していても、漢字表記の異なる「水穂国」と「瑞穂国」が同義でなければならない論理的必然性は、自ずと崩れてしまうだろう。

「水穂」と「瑞穂」の語意の考察は、国語学や国文学と全く無縁の私がなすべき仕事ではないが、あえて不十分でしかも拙い作業を行うことにしよう。

2　「水穂」と「瑞穂」

本項は、「水穂」と「瑞穂」の語意について、一つの仮説を得ることを目的とする。本来ならば、国語学・国文学の先行研究を精査して、さまざまな古辞書にあたり、史料上の用例を網羅的に調査したうえで結論を下すべきなのであろうが、本項の目的は「水穂」と「瑞穂」の使用の歴史や解釈の変遷を追究することではなく、あくまでも『古事記』と『日本書紀』が成立した時点における「水穂」と「瑞穂」の語意を考えることであり、以下のような初歩的作業によっても、一つの仮説を得ることは可能であると判断する。

まず、「穂」の意味を確認しておこう。『日本国語大辞典』の「ほ　穂」の説明は次のようである。なお、《》は一点目の用例出典である（以下同じ）。

（「ほ（秀）」と同語源）①長い花軸茎がぬき出て、その先端周辺部に花・果実などが密集して付いたもの。イネ科などの植物にみられる。《古事記序》②槍・筆などとがっているものの先の部分。尖端。《武具要説（一五七七）》③つぎ木、さし木に使う芽のついた小枝。さしほ。つぎほ。

「穂」がそのまま「稲穂」の意味にはならないことを確認したい。「穂」が「ほ（秀）」と同語源である点にも注意がいる。ちなみに『日本国語大辞典』は「ほ　秀」を次のように説明している。

（「ほ（穂）」と同語源）高くひいでているもの。外形的に、他のものに比べて高くとび出していて目につくようなものをいうとともに、内容的にすぐれたものをいうこともある。単独で使われる場合も、「…の」という連体修飾語をうけることが多く、また、助詞「つ」を伴って、「ほつ鷹」「ほつ手」「ほつ真国」「ほつ藻（め）」などのように連体修飾語になることも多い。さらに、「岩ほ」「垣ほ」「ほ倉」などのように熟して用いる。《古事記中》

ここでは「垣ほ」が「ほ　秀」の熟語として挙がっていることを指摘しておこう。この点については後述する。

次に、「水」の意味を確認しておく。『日本国語大辞典』は「水」の意味として、「自然界に広く分布する液体」「川に流れているもの」「池、やり水など」「閼伽として供えるもの」「洪水」「液状のもの」「水泳」「みずいり（相撲の力水）」「建築で、水平、または水平をあらわす線」などを挙げている。また、『大漢和辞典』によると、漢字の「水」には液体としての水の意味以外に「うるほふ。[20]しみこむ。ひろがる」や「平らか。水平。平準」「平らかにする」「陰の気」「五行の一」などの意味がある。したがって、漢字の「水」には動詞としての働きもあるが、『日本国語大辞典』などの「水」はすべて名詞であり、日本古代において「水」という字は、基本的には名詞として使用されたと判断しておきたい。ここで確認しておきたいのは、「水」には「みずみずしい」という意味が全くないということである。

ところで、『時代別国語大辞典　上代編』（三省堂、一九六七年）では、当該期の「水」を冠した複合語のうち、

『万葉集』にみえる「水枝」と「水茎」、『日本書紀』神功皇后摂政前紀にみえる「水葉」、および本章で考察の対象としている「水穂」の四語の「水」に、「みずみずしい」という意味があると判断しているので、この点について少々触れておこう。

「水枝」については、『時代別国語大辞典　上代編』が「みずみずしく生き生きとした枝」とし、『日本国語大辞典』も「みずみずしい木の枝」と説明する。

『万葉集』の用例「水茎」については、『時代別国語大辞典　上代編』は「みずみずしい草木の茎の意か」と推定表現で記しており、この「水茎」を特定の植物名とする説がある点も紹介しているので、確定された意味ではなさそうである。『日本国語大辞典』の「水茎」および枕詞「水茎の」の項目に記された「補助注記」や「語誌欄」でも、語源解釈をめぐって「諸説ある」ことが示されている。

神功皇后摂政前紀にある「水葉」については、『時代別国語大辞典　上代編』は「若々しい葉。瑞＝葉。」をその意とし、「用例の『水葉稚之出居神』はみずみずしい若葉のように美しく芽ぐみ出た神というほめ詞である」との考察を添えているが、坂本太郎・家永三郎・井上光貞・大野晋校注『日本書紀』（岩波文庫）の注解では海草の意としており(21)、「水葉」に「みずみずしい」意味を想定していない。『日本国語大辞典』の見出し語には、「水葉」「瑞葉」ともに語がみえない。

以上より、これまでの研究では、「水」には単独で「みずみずしい」とする意味はないが、当該期に使用された「水」を冠する熟語のうち、少なくとも「水枝」と「水穂」の二語の「水」については、「みずみずしい」という意味を認めていると判断しておきたい。

ところで、『日本国語大辞典』「みず　瑞」の「造語要素」の説明では、「他の語の上に付けて、みずみずしい、清らか、美しいなどの意を添える」働きが「瑞」にあるとし、「瑞枝」「瑞垣」「瑞茎」「瑞穂」をその代表的な例として挙げている。これらの語にはいずれも「水枝」「水垣」「水茎」「水穂」のように「瑞」と「水」を置き換えた語が存在しており、「水―」の各語は八世紀にさかのぼるので、ここで「水―」の語と「瑞―」の語との、これまで置き換え可能のように扱われてきた関係について触れておきたい。

まず「瑞枝」表記だが、『日本国語大辞典』の引く用例は、一九三〇年に出版された水原秋桜子の俳句である。用例から判断すると、「瑞枝」表記はさほど古くまではさかのぼらないと推測する。

次に「瑞垣」については、「瑞籬宮」の用例が最も古いもので、『日本書紀』崇神紀三年の記事（「都を磯城に遷す。是を瑞籬宮と謂ふ」）がそれにあたる。この語は『古事記』では「水垣宮」と表記されており、「水穂」―「瑞穂」、「水歯別命」―「瑞歯別天皇」（反正）とともに、古代史ではよく知られた『古事記』『日本書紀』間の書き換え例であるが、私には「水垣」が「瑞籬」と同じものを指すとは到底思えない。文字の構成から判断すれば、「水垣」は「水城」に近似するもので、具体的には環濠を指す言葉であろう。これも「ミズガキノミヤ」という音声情報を文字化するにあたっての過去認識の問題であり、「水垣」と「瑞籬」「瑞垣」が八世紀以前に同義語として通用していたわけではないと思われる。

最後に「瑞」の「造語要素」で例として挙げられている「瑞茎」という漢字表記は、『日本国語大辞典』で見出し語・用例ともに確認できない。「瑞茎」という漢字表記が存在するのかどうかも含めて、私にはどういうことなのか判断できない。

以上、少なくとも八世紀の段階では、「水枝」「水垣」「水茎」が「瑞枝」「瑞垣」「瑞茎」と置き換え可能であったわけではない点をみてきた。ということは、先に指摘しておいた「水枝」と「水穂」の「水」に「みずみずしい」という意味を認める従来の解釈の根拠は、結局、最も著名な事例である「水穂」と「瑞穂」の同義性認識にあるということになるだろう。

なお前記した「水歯別命」と「瑞歯別天皇」の表記例こそが、「水―」の語と「瑞―」の語との、置き換え可能な動かぬ証拠とみる考え方も、もしかするとあるかもしれないので、念のため言及しておきたい。この点について、『日本国語大辞典』の「瑞歯」は、「めでたい歯。みずみずしく美しい歯。」の意をあてているが、その「補助注記」によれば、この意味での用例は「記紀の人名『水歯別命』『瑞歯別天皇』に見られるのみで、単独の形の使用例はない」という。つまり「めでたい歯」や「みずみずしく美しい歯」を意味するような「水歯」や「瑞歯」という言葉は、古代社会には存在しなかったということである。人名の由来を正確にとらえるのは通常は難しい作業だが、『古事記』と『日本書紀』はその内容を文章で説明しており、この事例は、一見すると置き換え可能のように見える「水―」の語と「瑞―」の語を、その中身から検討できる稀有な例でもある。史料にあたると、以下の点が明らかとなる。

『古事記』は「水歯別命」について「この天皇、御身の長、九尺二寸半。御歯の長さ一寸、広さ二分、上下等しく斉《ととの》ひて、既に珠を貫《ぬ》けるがごとくなりき。」（此天皇、御身之長、九尺二寸半。御歯長一寸広二分、上下等斉、既如貫珠）と記している[22]。『古事記』は、成人している天皇の大きな歯が「上下等しく斉ひて、既に珠を貫けるがごとくなりき」ことをとらえて、「水歯」と表記しているらしい。上下のすべての歯が等しく整っている様子と、前述したように「水」に「平らか。水平。平準」の意味があることとは関係があるのかもしれないが、断定は難しい[23]。

一方、『日本書紀』は「瑞歯別天皇」を「生《あ》れましながら歯、一骨の如し。容姿美麗《うるは》し。是に、井有り。瑞井と曰ふ。則ち汲みて太子を洗《あむ》しまつる。時に多遅《たぢ》の花、井の中に有り。因りて太子の名とす。多遅の花は、今の虎杖《いたどり》の花なり。故《かれ》、多遅比瑞歯別天皇と称《たた》へ謂《まう》す。」（生而歯如一骨。容姿美麗。於是有井。曰瑞井。則汲之洗太子。時多遅花、有于井中。因為太子名也。多遅花者、今虎杖花也。故称謂多遅比瑞歯別天皇。）と説明する。(24) 生まれたときにすでに「一骨の如き」歯が生えていたことが「瑞歯」にあたるのか、「瑞井」の水で太子を洗ったことも「瑞歯」の由来に含めているのか、『日本書紀』の書き方は必ずしも明瞭ではない。私は前者の理解に合理性を認めるが、仮にそうだとすると、『日本書紀』の「瑞歯」が乳児期の太子の歯に由来することは、全体の文脈からみて明らかであり、この場合の「瑞」は、前項で紹介した『日本国語大辞典』の「②目新しく、めでたいしるし。瑞祥。」や『大漢和辞典』の「②めでたいしるし。吉兆。」の意味であろう。

したがって、「水歯」と「瑞歯」は同音ではあるが、異なった内容を表現していることになる。前述した「水垣」と「瑞籬」との相違はあくまでも私の想定でしかないが、「水歯別命」と「瑞歯別天皇」の事例は、それが唯一の使用例であり、しかも『古事記』と『日本書紀』の記述内容からその相違を導くことができる点で、無視しえない。

さて、「水穂」と「瑞穂」の語意を解釈するうえで必要と思われる周辺用語にまつわる問題については、以上の検討でとりあえず十分だと判断して、考察を先に進めよう。

「水穂」や「瑞穂」の「穂」が意味のない単なる借り字でないのならば、「穂」が後ろに付く熟語を調査することで、「水穂」と「瑞穂」の意味を推定することが可能である。ここでは、作業効率を重視して電子辞書版の『逆引き広辞苑』で「―穂」の全用語を検出し、その用語をあらためて『日本国語大辞典』で引き直すかたちをとった。したがって以下の「―穂」の語は『日本国語大辞典』の見出し語を網羅したものではないが、少なくとも八世紀までに使用された用語については、これを大幅に上回るようなことはないと判断する。この手法で検出できた「―穂」の語は、↓で示した子見出し語も含めて以下の二六例である。なお、「丹の穂」については『日本国語大辞典』が「丹の秀」で立項しているので、併記した。

秋穂……秋の、実った稲穂。《班子女王歌合（八九三頃）》

厳穂（いかしほ）……実がたくさんついている稲穂。《延喜式（九二七）祝詞》

稲穂（いなほ・いねぼ）……①稲の穂。《万葉集》②紋所の名。稲の葉と茎と穂でかたちづくったもの。

垣穂（かきお・かきほ）……（「ほ」は「秀」の意で、高くつき出ているさまを表わす）垣。《古今和歌集》

↓垣穂なす……（「人」「人言」などを修飾する枕詞的な慣用句）①物をへだてる垣のように、互いの仲をへだてる。また、悪くいう。《万葉集》②まわりをとり囲む垣のように多い。《万葉集》

鎌穂……雇われて人の田の稲を刈り取り、その報酬として稲を分けてもらうこと。《袖中抄（一一八五-八七頃）》

枯穂（からほ・かれほ）……稲、麦、すすきなどの枯れた穂。《成通集（一一六〇頃）》

刈穂……刈り取った稲の穂。《江師集（一一一一頃）》

笹穂……笹の葉の形をした槍の穂先。

↓笹穂垣……穂がついたままの若竹を立て並べて作った垣。目塞垣（めせきがき）。

挿穂……挿し木のために、草木から切り取った枝、根、葉などの部分。《病牀六尺（一九〇二）》

栲の穂（たえのほ）……（「穂」は、秀（ほ）の意で、栲の白さの著しさをいう）まっ白の意。純白。《万葉集》

蓼穂……蓼の穂。特有の辛味があり塩漬にして食用にする。《浮世草子・日本永代蔵》

種初穂（たなばつお）……苗代にまいた残りの種米を炒ったもの。種炒米（たないりごめ）。

垂穂（たりほ）……稲などの、みのって重くたれ下がっている穂。《日本書紀神代上》

接穂・継穂……①接木で台になる木に接ぐ若芽や、若芽のついた枝木。《羅葡日辞書（一五九五）》②話をつなぐきっかけ。《浄瑠璃・東鑑御狩巻（一七四八）》

波穂……（「穂」は高く目立っているもの。「なみお」とも）波の高く立った所。波のいただき。なみがしら。波の穂。波のすえ。なみほほ。《日本書紀神代下》（波穂は『古事記』にもある―西谷地）

丹の穂……『日本国語大辞典』になし。『広辞苑』は、赤い色の目立つこと。赤くおもてにあらわれること。《万葉集》

丹の秀（ほ）……（「ほ」は表面に現われること）赤い色の目立つこと。赤く美しいこと。赤丹の秀（ほ）。《万葉集一〇・二〇〇三「吾が恋ふる丹穂（にのほ）の面（おもわ）…」、同一三・三二六六「春されば花咲きををり秋づけば丹之穂にもみつ」》

抜穂……稲の穂を抜き取ること。また、その穂。特に、大嘗祭の神饌の料とするため、悠紀・主基の斎田の穂を抜き取ること。《皇太神宮儀式帳（八〇四）》

走穂……他に先がけていち早く出はじめた穂。《洞院百首（一二三二）》

初穂・早穂・最花（はつお）……①その年になって初めて実った稲の穂。《江師集（一一一一頃）》②その年初めて出た草の穂など。《夫木和歌抄（一三一〇頃）》③穀物、野菜、くだものなどの、その年最初にできたもの。《日葡辞書（一六〇三―〇四）》④神仏や朝廷などにたてまつる、その年最初に収穫した野菜、穀物などの農作物。また、神仏へ奉納する金銭、米穀など。おはつお。《延喜式祝詞・広瀬大忌祭》⑤はじめて飲食するもの。まだ食べたことのない食べ物。また、他人に先んじて、最初に食べ味わうことやその食べ物。おはつお。《浄瑠璃・善光寺御堂供養》⑥赤ん坊が初めて食べる食べ物。⑦（比喩的に）他人に先んじて、ある物を利用したり、ある女性を手に入れたりすること。《雑俳・軽口頓作（一七〇九）》⑧銭貨の改鋳の際、はじめに鋳造された貨幣。《日本三代実録―貞観一二年（八七〇）》⑨少しばかりのもの。《俚言集覧（一七九七頃）》

瑞穂……（後世「みずお」とも）みずみずしい稲の穂。《台記別記―康治元年（一一四二）》

→瑞穂国……（「豊葦原之千秋長五百秋之水穂国」〈古事記〉の略称）みずみずしい稲穂のみのる国。日本国の美称。《日本書紀神代上》

諸穂……多く出そろった穂。また、両茎の穂。《神楽歌（九世紀後）》

八束穂……八握りもある稲の穂。また、長い穂。《日本書紀神代上》

早稲穂（わさぼ）……わせの穂。《万葉集》

以上の二六例のうち、用例出典に基づいて、とりあえず『日本書紀』成立から百年後の九世紀初頭までに使用が確認できる用語を選別すれば、一〇例になる。なお用例出典がその語の初見例でなくとも、あるいは選別基準を後世まで多少延長しても、以下の結論に影響は出ないので、考察対象はこの一〇例で十分である。その一〇例を①稲穂の意味が含まれる語と、②稲穂と無関係の語の二つに分類すれば次のようになる。

①稲穂の意味が含まれる語

稲穂（いなほ・いねぼ）……①稲の穂。《万葉集》

垂穂（たりほ）……稲などの、みのって重くたれ下がっている穂。《日本書紀神代上》

抜穂……稲の穂を抜き取ること。また、その穂。特に、大嘗祭の神饌の料とするため、悠紀・主基の斎田の穂を抜き取ること。《皇太神宮儀式帳（八〇四）》

↓瑞穂国……（「豊葦原之千秋長五百秋之水穂国」（古事記）の略称）みずみずしい稲穂のみのる国。日本国の美称。《日本書紀神代上》

八束穂……八握りもある稲の穂。また、長い穂。《日本書紀神代上》

早稲穂（わさぼ）……わせの穂。《万葉集》

②稲穂と無関係の語

↓垣穂なす……（「人」「人言」などを修飾する枕詞的な慣用句）①物をへだてる垣のように、互いの仲をへだてる。また、悪くいう。《万葉集》②まわりをとり囲む垣のように多い。《万葉集》

栲の穂（たえのほ）……（「穂」は、秀（ほ）の意で、栲の白さの著しさをいう）まっ白の意。純白。《万葉集》

波穂……（「穂」は高く目立っているもの。「なみお」とも）波の高く立った所。波のいただき。なみがしら。波の穂。波のすえ。なみほほ。《日本書紀神代下》（波穂は『古事記』にもある―西谷地）

丹の穂……『日本国語大辞典』になし。『広辞苑』は、赤い色の目立つこと。赤くおもてにあらわれること。《万葉集》

丹の秀（ほ）……（「ほ」は表面に現われること）赤い色の目立つこと。赤く美しいこと。赤丹の秀（ほ）。《万葉集一〇・二〇〇三「吾が恋ふる丹穂（にのほ）の面（おもわ）…」、同一三・三二六六「春されば花咲きを

をり秋づけば丹之穂にもみつ」》

まず、稲穂の意味が含まれる語は六例ある。「稲穂」「垂穂」「抜穂」「瑞穂国」「八束穂」「早稲穂」がそれである。このうち、子見出し語である「瑞穂国」は親見出し語の「瑞穂」を仮に代用して、これらの語をそれぞれ単語に分解すると、「稲＋穂」「垂（れる）＋穂」「抜（く）＋穂」「瑞＋穂」「八束＋穂」「早稲＋穂」となる。それぞれの単語の組み合わせは、いずれもその状態を合理的に説明できるもので、熟語（複合語）の意味も各単語の意味を単純に組み合わせた内容になっている。

次に、稲穂と無関係の語としては、「垣穂なす」「栲の穂」「波穂」「丹の穂」がある。これも、子見出し語である「垣穂なす」は親見出し語の「垣穂」を仮に代用して、それぞれを単語に分解すると、「垣＋穂」「栲＋の＋穂」「波＋穂」「丹＋の＋穂」となる。これらの単語の組み合わせは、いずれも「穂」をイネ科などの植物の穂と解釈すると、その状態を合理的に説明できないもので、熟語の意味は「穂」に冠された単語（この場合はすべて名詞）の意味そのものか、または冠された単語から派生した意味となっている。

これはどういうことを示しているのだろうか。先に『日本国語大辞典』の「ほ　秀」の説明で、「垣ほ」が「ほ　秀」の熟語として挙がっていることを指摘しておいたが、前掲したように、『日本国語大辞典』は「垣穂」の漢字表記のみを立項し、「『ほ』は『秀』の意で、高くつき出ているさまを表わす」と説明している。「垣穂」と「垣秀」は、従来の研究において全くの同義語として扱われていることがわかる。「丹の穂」の扱いもこれと同様で、『日本国語大辞典』は「丹の穂」ではなく「丹の秀」の語を見出し語にとっているが、引用例に明らかなように、『万葉集』の表記は「丹穂」や「丹之穂」である。「栲の穂」にも「『穂』は、秀（ほ）の意で、栲の白さの著しさをいう」との説明がある。そうすると「波穂」にある「『穂』は高く目立っているもの」という説明も、「穂」と「秀」との互換性を示したものであることが明らかである。

先学には周知のことと推測するが、整理をすれば次のようになる。①当該期にみられる「―穂」の語を単語に分解したときに、「穂」をイネ科などの植物の穂と解釈した場合、その組み合わせを合理的に説明できる用語と、合理的に説明できない用語が存在すること。②組み合わせを合理的に説明できる用語の意味は基本的に稲穂になるが、合理的に説明できない用語の意味は基本的に「穂」に冠された単語の意味になること。③この単語の組み合わせの不合理性は、「穂」と「秀」との強い互換性に起因しており、「穂」を「秀」と同義とみることで言葉の合理性が回復されること。これが、「―穂」の語意の特徴である。

以上の点を踏まえると、「水穂」はどういう意味になるのだろうか。「水穂」を単語に分解すると「水＋穂」になる。すでに確認したように、「水」には「みずみずしい」という意味が存在せず、基本的に「水」は液体の水を指す単語なので、たとえば台風の影響で倒れた稲穂が水に漬かっているような、特殊な状況を想定しない限り、「水＋穂」はその状態を合理的に説明できない組み合わせになっている。したがって、「水穂」は稲穂と無関係の語である可能性がきわめて大きい。「垣穂」や「波穂」などの語意と同様、「水穂」は水そのものを意味する表記であると考えられる。

この漢字表記された「水穂」に「みずみずしい稲穂」の意味を付与するには、本居宣長のように「水は借字」という奥の手を出すか、あるいは、この場合の「水」にのみ「みずみずしい」という特殊な意味を特別に付加するしか方法はないが、いずれにおいても「水穂」は稲穂の意味でなければならないという、結論が先にある「解釈」になっている。『日本国語大辞典』を活用して仮説を出そうとする本章に、先学を批判する資格はもとよりないが、やはりこれは気になる点である。

したがって、『古事記』の語る「豊葦原水穂国」とは、「葦原の広がる水の豊かな国」という意味であるとするのが、最も合理的な解釈であると私は判断する。[25]「豊葦原水穂国」は「『葦原中国』を、『高天原』から特殊に呼んだもの」という神野志氏の指摘に従えば、「水穂」の「穂」は「丹の秀」の「秀」と同様に、「表面に現われること」を意味していると考えられる。

『日本書紀』の編者たちが『古事記』の内容に関する情報を得ていたとすると、『日本書紀』は「豊葦原水穂国」を「豊葦原瑞穂国」に書き換えることによって、「水の豊かな国」を「稲穂の豊かに実る国」に変換したことになる。ところで以上の作業からも、『日本書紀』における「豊葦原瑞穂国」の表現が、「葦原」と「稲穂」という、性格が異なる語の組み合わせから成り立っている点は明らかである。これは、「葦原」と「水」という合理的な組み合わせであった『古事記』の「豊葦原水穂国」という表現が、ある特定の目的によって「豊葦原瑞穂国」に変換されたからである。

『日本書紀』はなぜ「水穂」を「瑞穂」に変換したのか。問われるべきは、まさにこの点にある。

第三節　統治理念

1　農への視線

『古事記』に記された「葦原の広がる水の豊かな国」であった日本を、『日本書紀』が「葦原の広がる稲穂の豊かに実る国」に変換したという前節の仮説が正しいとすれば、その理由は古代日本の国制において重要な役割を担ったとされる農本主義との関係で、まずは考えるべきであろう。

詔して曰はく、「農は天下の大きなる本なり。民の恃みて生くる所なり。今、河内の狭山の埴田水少し。是を以て、其の国の百姓、農の事に怠る。其れ多に池溝を開りて、民の業を寛めよ」とのたまふ。（崇神紀六二年）[26]（詔曰、農天下之大本也。民所恃以生也。今河内狭山埴田水少。是以、其国百姓、怠於農事。其多開池溝、以寛民業。）

これは『日本書紀』における農本主義に関する最初の記述である。崇神紀に農本主義の記述があらわれる点は重要である。また「農は天下の大きなる本なり。民の恃《たの》みて生くる所なり。」とあるように、農本を考えるうえで「天下」と「民」がキーワードになることも指摘しておこう。「埴田水少し」「多に池溝を開《ほ》りて、民の業を寛《ひろ》めよ」の文言から明らかなように、この場合の農は具体的には水田稲作を指している。なお、傍線部の出典は、『漢書』文帝紀二年九月の詔文「農天下之大本也。民所恃以生也」であり[27]、『日本書紀』の編者が、『漢書』ないしは類書の『漢書』記事を丹念に読んでいる点にも注意しておきたい。

これに対して『古事記』には、「農は天下の大きなる本なり」のような農本主義を明示的に示す記述が、本文全体を通して全く見られない。それだけではない。そもそも『古事記』には、全体を通して農の字が一度も使われていないのである。しかしこれは農という字の有無の問題にとどまらない。

『古事記』と『日本書紀』との農に対する態度の違いは、崇神が「初めて国家を作り上げた天皇」と称賛されたことを述べる二書の著名な記事からも指摘することができる。史料は以下の通りである。

ここをもちて各遣はさえし国の政を和平して覆奏しき。ここに天の下太く平らぎ、人民富み栄えき。ここに初めて男の弓端の調、女の手末の調を貢らしめたまひき。故、その御世を称へて、初国知らしし御真木天皇と謂ふ。またこの御世に、依網池を作り、また軽の酒折池を作りき。(28)（是以各和平所遣之国政而覆奏。爾天下太平、人民富栄。於是初令貢男弓端之調、女手末之調。故、称其御世、謂所知初国之御真木天皇也。又是之御世、作依網池、亦作軽之酒折池也。）

始めて人民を校へて、更調役を科す。此を男の弭調、女の手末調と謂ふ。是を以て、天神地祇共に和享みて、風雨時に順ひ、百穀用て成りぬ。家給ぎ人足りて、天下大きに平なり。故、称して御肇国天皇と謂す。（崇神紀十二年）(29)（始校人民、更科調役。此謂男之弭調、女之手末調也。是以、天神地祇共和享、而風雨順時、百穀用成。家給人足、天下大平矣。故称謂御肇国天皇也。）

比較のため、まず前者の『古事記』の記事から見ていこう。『古事記』は東国などへの遣使が成功し、「天の下太《いた》く平らぎ、人民富み栄え」たことにより、「男の弓端《ゆはず》の調《みつぎ》、女の手末《たなすゑ》の調」が徴収できることになったことを、「初国知らしし」理由として挙げる。『古事記』はその記述の後に、「又」という接続詞を入れて文脈を転換したうえで、池作りの事実のみを記している点にも注意がいる。『古事記』では、「初国知らしし」理由に、農の要素を直接読み取ることができない構成になっている。

この点について『日本書紀』はどうか。『日本書紀』でも、前掲したように農本主義と池作りの記述は崇神紀六二年にあり、「御肇国《はつくにしらす》」の記事は崇神紀十二年にあるので、一応「御肇国」と河内の池作りの記事は別なものとして書かれている。しかし、『日本書紀』では「御肇国」の理由を「始めて人民を校《かむが》へて、更調役を科」した点と「天下大平」に置き、「天下大平」の条件として「百穀用《も》て成り」「家給《つ》ぎ人足りて」いる状況を挙げている。『日本書紀』では、「御肇国」に農本の考え方が組み込まれていることは明らかであろう。

では『古事記』と『日本書紀』のいずれにおいても「聖帝」と褒め称えられた仁徳の記事はどうだろうか。

ここに天皇、高山に登りて、四方の国を見たまひて詔りたまひしく、「国の中に烟発たず。国皆貧窮し。故、今より三年に至るまで、悉に人民の課、役を除せ。」とのりたまひき。ここをもちて大殿破れ壊れて、悉に雨漏れども、都て脩め理ることなく、械をもちてその漏る雨を受けて、漏らざる処に遷り避けましき。後に国の中を見たまへば、国に烟満てり。故、人民富めりと為ほして、今はと課、役を科せたまひき。ここをもちて百姓栄えて、役使に苦しまざりき。故、その御世を称へて、聖帝の世と謂ふなり。(30)（於是天皇、登高山見四方之国詔之、於国中烟不発。国皆貧窮。故、自今至三年、悉除人民之課役。是以大殿破壊、悉雖雨漏、都勿脩理、以械受其漏雨、遷避于不漏処。後見国中、於国満烟。故、為人民富、今科課役。是以百姓之栄、不苦役使。故、称其御世、謂聖帝世也。）

まず『古事記』から確認しよう。これは、高山から四方の国を見渡した仁徳が、「国の中に烟《けぶり》発《た》たず。国皆貧《ま》窮《づ》し。」ことを悟って三年間の免税措置をとり、三年後に再び国を見渡すと「国に烟満てり。故、人民富めり」ことを知って、課税を再開したという、よく知られた話である。「国の中に烟発たず」や「国に烟満てり」の記述は、人々がまともに食事をしているのかどうかを示すものであり、仁徳が人々の貧富を知る手がかりとなっているが、人々の貧富の要因には一切触れていない。この『古事記』の記述からは、人々の貧富が農に拠っているのかどうかを直接的にはうかがえない。

では『日本書紀』にはどう書かれているのか。ここでは関係記事のうち、右の問題に関わる前半部分を掲げよう。

四年の春二月の己未の朔甲子に、群臣に詔して曰はく、「朕、高台に登りて、遠に望むに、烟気、域の中に起たず。以為ふに、百姓既に貧しくして、家に炊く者無きか。朕聞けり、聖王の世には、人人、詠徳之音を誦げて、家毎に康哉之歌有り。今朕、億兆に臨みて、茲に三年になりぬ。頌音聆えず。炊烟転疎なり。即ち知りぬ、五穀登らずして、百姓窮乏しからむと。邦畿之内すら、尚給がざる者有り。況や畿外諸国をや」とのたまふ。

三月の己丑の朔己酉に、詔して曰はく、「今より以後、三年に至るまでに、悉に課役を除めて、百姓の苦を息へよ」とのたまふ。是の日より始めて、黼衣絓履、弊れ尽きずは更に為らず。温飯煖羹、酸り餒らずは易へず。心を削くし志を約めて、従事乎無為す。是を以て、宮垣崩るれども造らず、茅茨壊るれども葺かず。風雨隙に入りて、衣被を沾す。星辰壊より漏りて、床蓐を露にす。是の後、風雨時に順ひて、五穀豊穣なり。三稔の間、百姓富寛なり。頌徳既に満ちて、炊烟亦繁し。

七年の夏四月の辛未の朔に、天皇、台の上に居しまして、遠に望みたまふに、烟気多に起つ。[31]（四年春二月己未朔甲子、詔群臣曰、朕登高台、以遠望之、烟気不起於域中。以為、百姓既貧、而家無炊者。朕聞、古聖王之世、人々誦詠徳之音、毎家有康哉之歌。今朕臨億兆、於茲三年。頌音不聆。炊烟転疎。即知、五穀不登、百姓窮乏也。邦畿之内、尚有不給者。況乎畿外諸国耶。三月己丑朔己酉、詔曰、自今以後、至于三年、悉除課役、以息百姓之苦。是日始之、黼衣絓履、不弊尽不更為也。温飯煖羹、不酸餧不易也。削心約志、以従事乎無為。是以、宮垣崩而不造、茅茨壊以不葺。風雨入隙、而沾衣被。星辰漏壊、而露床蓐。是後、風雨順時、五穀豊穣。三稔之間、百姓富寛。頌徳既満、炊烟亦繁。七年夏四月辛未朔、天皇居台上、而遠望之、烟気多起。）

「即ち知りぬ、五穀登《みの》らずして、百姓窮乏しからむと」という文言や、「是の後、風雨時に順《したが》ひて、五穀豊穣なり。三稔の間、百姓富寛《ゆたか》なり」という説明に明らかなように、仁徳紀においては人々の貧富の要因を農業の成否に求めている。さらに、『古事記』において「国の中に烟発たず。国皆貧窮し。」と語られた話が、『日本書紀』では「烟気、域の中に起たず。以為《おも》ふに、百姓既に貧しくして、家に炊く者無きか。」と、「炊」（かしく）という米や麦のめしを炊く意味をもつ語を付加して説明される。『日本書紀』では、人々の貧富が農と直結して語られていることが明らかである。

崇神を「初めて国家を作り上げた天皇」と称える記述において、『古事記』の説明には農の要素がうかがえず、『日本書紀』の説明には農業が明確に組み込まれていた。『古事記』は本文全体を通して農本を語らず、『日本書紀』は崇神紀に農本主義を明記する。「聖帝」と称賛された仁徳が免税と課税の基準とした人々のありようについて、『古事記』は人々の貧富の要因に一切触れず、『日本書紀』は人々の貧富を農と直結して語っている。

天皇の国家統治を語る場面において、『古事記』が示す農への関心の低さと、『日本書紀』がみせる農への執着とは、あざやかな対照をなしている。古代日本の自己認識の表現でもあった「トヨアシハラノミヅホノクニ」を、『古事記』が稲穂と関係のない「豊葦原水穂国」と表記し、『日本書紀』が稲穂と深く関わる「豊葦原瑞穂国」と表現したのは、国家統治における農の位置づけが、『古事記』と『日本書紀』で大きく異なっていたからであろう。少なくとも、『古事記』の描く国家統治の語り方から判断すれば、『古事記』が「トヨアシハラノミヅホノクニ」を「稲穂の豊かに実る国」と表記しなければならない理由は、そもそも存在していなかったと考えられる。

『日本書紀』が「水穂国」を「瑞穂国」に変換した理由が、農本主義を重視するその統治理念にあることは確かであろう。しかしこの解答は、まだ事の本質をつかみきってはいない。解決すべき重要な問題が残されているからである。それは、天孫降臨の場面で「豊葦原瑞穂国」を語らなかった『日本書紀』本書は、なぜ「豊葦原瑞穂国」の語りを、最初に農本主義を説く崇神紀に置かずに、神武紀の冒頭に置き、それを神武自身に語らせたのかという点である。天皇の統治する国土は、なぜ初めから「瑞穂国」でなければならなかったのだろうか。

2　統治と利民

天皇の統治する国土はなぜ初めから「瑞穂国」でなければならないのかという、統治理念に関わる問題を考える場合には、やはり農本主義を明記する崇神紀に注目しなければならない。崇神紀は農本主義以外に国家統治について何を語っているのだろうか。

四年の冬十月の庚申の朔壬午に、詔して曰はく、「惟我が皇祖、諸天皇等、宸極を光臨しし者は、豈一身の為ならむや。蓋し人神を司牧へて、天下を経綸めたまふ所以なり。故、能く世玄功を闡め、時に至徳を流く。今、朕大運に奉承りて、黎元を愛み育ふ。何当にしてか聿に皇祖の跡に遵ひて、永く窮無き祚を保たむ。[32]
（四年冬十月庚申朔壬午、詔曰、惟我皇祖、諸天皇等、光臨宸極者、豈為一身乎。蓋所以司牧人神、経綸天下。故能世闡玄功、時流至徳。今朕奉承大運、愛育黎元。何当聿遵皇祖之跡、永保無窮之祚。）

これは、崇神紀が載せる最初の詔である。ところで、「人神《ひと》を司牧《ととの》へて」の「司牧」について、岩波文庫『日本書紀』の注記は、「牧は、家畜に子を生ませて繁殖させること。司牧は、それを司る意。古訓トトノフはその意を汲んだ訓。」としているが、『大漢和辞典』の「司牧」の説明「百姓を撫養する」の方が文意に合う。さらに、われわれはすでに渡辺信一郎氏の研究に接することによって、この「司牧」という語が、中国において天と生民と君主の関係を語る場面にしばしば使われていることを知っている。渡辺氏が論考中に引用している史料で「司牧」が見られる箇所を拾ってみよう。

天の民衆創造と君主の樹立とが結合するのは、『春秋左氏伝』からである。……襄公一四年（前五五九）条の、師曠の言葉に「天は民衆を生じ、そのために君主を立てたのは、民衆を統治させて、民衆が本性を失わないようにするためである（天生民而立之君、使司牧之、勿使失性）」とある。(33)

聞くところによれば、天は民衆を生じたが、民衆は統治することができないので、そのために君主を立て、統治させたのである（天生蒸民、不能相理、為之立君、使司牧之）。君道が天下に達成されると、めでたい兆しが天上に現れ、万事その秩序を失えば、戒めの徴しがかたちに現れる、という。（『後漢書』孝桓帝紀第七建和三年五月乙亥詔。意訳）民衆の自治能力欠如論は、漢代の災異説と結合して、ここに完成をみる。(34)

天は蒸民（衆くの民）を生むと、君主を立てて統治させた。これは一人の君主によって天下を統治することではあるが、天下を君主一人に進呈したわけではない。君主は、徳の不拡大には気をもむが、領土拡大の功績など気にしないものだ。（夫天生蒸人、樹君司牧。是以一人治天下、非以天下奉一人。患在徳不廣、不患地不廣。）（『通典』州郡第八の序）(35)

崇神最初の詔の文字通り冒頭にある、「我が皇祖《みおや》、諸天皇等、宸極《あまつひつぎ》を光臨《しら》ししことは、豈一身の為ならむや。蓋《けだ》し人神を司牧へて、天下を経綸《おさめ》たまふ所以《ゆゑ》なり。」という崇神の発言は、「これは一人の君主によって天下を統治することではあるが、天下を君主一人に進呈したわけではない」という右の『通典』の記事と通底するところがある。ただし、『通典』は九世紀初頭に完成した政書なので、『日本書紀』との直接的関係はない。渡辺氏の研究によってわれわれが知っているのは、『通典』のこの言説が、「天下はすなわち天下の天下であって、一人の天下ではない」（天下乃天下之天下、非一人之天下）（『漢書』巻八五谷永伝）という著名な言説と同義であるということである。[36]「我が皇祖、諸天皇等、宸極を光臨ししことは、豈一身の為ならむや。蓋し人神を司牧へて、天下を経綸めたまふ所以なり。」という崇神の発言が、中国の天下観念を強く意識したものであることは明らかであろう。

では中国の天下観念とはどういうものか。渡辺信一郎氏の整理によれば、「天下観念は、端的に言って画定された皇帝の実効的支配の領域と『天子―生民』論とを構成要素とする」という。[37]ここでは渡辺氏の説く天下観念のうち、本章の考察と関係する生民論についての説明を聞くことにしよう。

天下は、天が生みなした「生民」が住む領域であり、この生民に自治能力がないことによって、天から有徳の人物（天子）へ委任された統治の公共領域であった。……天子（王朝）の権力が天より委任されたものである以上、王朝は徳を発揮し、徳を実証しうる限りの有限な特殊的存在として現れる。天と生民と天下の普遍性に対し、王朝・皇帝権力は特殊な家系が担うものとして現れる。ここには、委任統治論を媒介にする専制権力批判の可能性が内在する。[38]

天下型国家における天子の天下統治は、自治能力のない生民の生活を安定させるために、天からの委任を受けて実現したものであり、「天下は天下の天下」であるという絶対的公共性のもとに均一に統治されるべきであって、一人の権力独占を許さないという専制主義批判を内在させていた。[39]

民衆の自治能力欠如論は、漢代の災異説と結合して、ここに完成をみる。左伝にみえる君主成立論には、民衆の自治能力欠如論はなかった。一方戦国期には、民衆の自治能力欠如論を前提にする国家制度形成論が現れる。この自治能力欠如論を伝統的な君主成立論に結合し、より強固な国家成立論にしあげたのが、統一国家漢王朝である。以後、歴代正史をつうじてこの観念は散見する[40]。

渡辺氏の説明の要点は以下のように整理できるだろう。それは、①天が生んだ「生民」には自治能力がないので、その生活を安定させるために、天は有徳の人物（天子）にその統治を委任したこと、②天子の権力は天より委任されたものであるため、王朝は徳を発揮し続けることを求められたこと、③天子の天下統治はあくまでも天からの委任によるので、専制権力批判の可能性が、生民論には内在していること、④生民論は漢代の災異説と結合して完成し、以後、歴代正史に引き継がれること、の四点である。

先の崇神紀最初の詔の冒頭文言は、③の専制権力批判に通底するものである。これ以外に、崇神紀には④の内容も書き込まれている。

詔して曰はく、「昔我が皇祖、大きに鴻基を啓きたまひき。其の後に、聖業逾高く、王風転盛なり。意はざりき、今朕が世に当りて、数災害有らむことを。恐るらくは、朝に善政無くして、咎を神祇に取らむや。盍ぞ命神亀へて、災を致す所由を極めざらむ」とのたまふ。（崇神紀七年）[41]（詔曰、昔我皇祖、大啓鴻基。其後、聖業逾高、王風転盛。不意、今当朕世、数有災害。恐朝無善政、取咎於神祇耶。盍命神亀、以極致災之所由也。）

これは崇神紀における二つ目の詔である。「朕が世に当りて、数《しばしば》災害有らむこと」と「朝《みかど》に善政無」きことが密接に関係していることを述べている。「咎を神祇に取らむや」とあるように日本的な改変が認められるが、災異思想が明確に読み取れる箇所である[42]。

したがって崇神紀は、初めの二つの詔で天下統治理念を示し、その枠組みのなかで農本主義を「天下」と「民（百姓）」をキーワードとして語っていることになる。崇神紀で語られた天皇の国家統治理念が、中国の天下観念を下敷きにしていることは、以上から明らかである。ところが、ここに重大な問題が生ずる。それは、古代日本においては、天が民を生んだという生民神話が存在しないことである。神野志氏の言葉を借りれば、「『古事記』でも『日本書紀』でも人間のはじまりについて語ることがない」のである[43]。この事実を渡辺氏が見逃すはずもなく、日本古代の天下観念について次のような評価が下されることとなる。

> 日本の天下型国家のイデオロギー的性格は、いまひとつ生民論の不在にも示される。……生民論は体系的に導入されていない。……光仁・桓武期には、生民の語の使用や祭天儀礼の挙行によって、生民論が意識されていたことが推測される。しかし、明示的に展開されることはなかったのである。……また、天と庶民とを意識した天下統治の宣言も見うけられる。……しかし、天からの皇権委任論や専制権力批判、とりわけ天下の一姓による独占の批判をともなわない。天孫降臨神話に淵源する天皇権力は、そもそも権力委任や権力交替を包摂している生民論と矛盾し、このイデオロギーを内在化しえない。国家権力の根元論や人民支配の正統性論を欠くことを考慮するならば、日本の天下型国家は、編戸制・国郡制を基礎とする制度的統治の技術的側面と対外関係における自立性の主張に重点を置いて導入されたものと言うほかない。日本の天下型国家の特質は、中国の天下統治の制度的技術的側面に食物供献・服属儀礼を実態とする〈オスクニ〉を接合し、「食国天下」「治天下」として実現したところにある[44]。

日本に天—生民関係論が導入されていないことは、否定しようのない事実であり、中国古代の天下観念を基準にすれば、この渡辺氏の説明がきわめて合理的な解釈であることは疑う余地がない。しかし日本において、天が民を生んだという言説の不在が、「天孫降臨神話に淵源する天皇権力」に対する「専制権力批判」をともなわず、そのため「人民支配の正統性論を欠く」構図になっているのかどうかについては、あらためて検討しなければならないだろう。なぜならば、すでに指摘したように、崇神の最初の詔で、天皇の専制を戒める言説が崇神自身によって語られているからである。確かにそれは「天下の一姓による独占の批判」ではありえないが、天―生民関係論を欠く『日本書紀』において、なぜこのような発言が可能だったのか。そもそも『日本書紀』は、天皇による人民支配の正統性を何に置いたのだろうか。

ここでは、仁徳を「聖帝」と称賛する記事の後半部から、この課題に迫ってみることにしよう。

七年の夏四月の辛未の朔に、天皇、台の上に居しまして、遠に望みたまふに、烟気多に起つ。是の日に、皇后に語りて曰はく、「朕、既に富めり。更に愁無し」とのたまふ。皇后、対へ諮したまはく、「何をか富めりと謂ふ」とまうしたまふ。天皇の曰はく、「烟気、国に満てり。百姓、自づからに富めるか」とのたまふ。皇后、且言したまはく、「宮垣壊れて、脩むること得ず。殿屋破れて、衣被露る。何をか富めりと謂ふや」とまうしたまふ。天皇の曰はく、「其れ天の君を立つるは、是百姓の為になり。然れば君は百姓を以て本とす。是を以て、古の聖王は、一人も飢ゑ寒ゆるときには、顧みて身を責む。今百姓貧しきは、朕が貧しきなり。百姓富めるは、朕が富めるなり。未だ有らじ、百姓富みて君貧しといふことは」とのたまふ。

九月に、諸国、悉に請して曰さく、「課役並に免されて、既に三年に経りぬ。此に因りて、宮殿朽ち壊れて、府庫已に空し。今黔首富み饒にして、遺拾はず。是を以て、里に鰥寡無く、家に余儲有り。若し此の時に当りて、税調貢りて、宮室を脩理ふに非ずは、懼るらくは、其れ罪を天に獲むか」とまうす。然れども猶忍びて聴したまはず。

十年の冬十月に、甫めて課役を科せて、宮室を構造る。是に、百姓、領されずして、老を扶け幼を携へて、材を運び簣を負ふ。日夜と問はずして、力を竭して競ひ作る。是を以て、未だ幾時を経ずして、宮室悉に成りぬ。故、今までに聖帝と称めまうす。[45]（七年夏四月辛未朔、天皇居台上、而遠望之、烟気多起。是日、語皇后曰、

朕既富矣。更無愁焉。皇后対諮、何謂富矣。天皇曰、烟気満国。百姓自富歟。皇后且言、宮垣壊而不得脩。殿屋破之衣被露。何謂富乎。天皇曰、其天之立君、是為百姓。然則君以百姓為本。是以、古聖王者、一人飢寒、顧之責身。今百姓貧之、則朕貧也。百姓富之、則朕富也。未之有、百姓富之君貧矣。九月、諸国悉請之曰、課役並免、既経三年。因此、以宮殿朽壊、府庫已空。今黔首富饒、而不拾遺。是以、里無鰥寡、家有余儲。若当此時、非貢税調、以脩理宮室者、懼之、其獲罪于天乎。然猶忍之不聴矣。十年冬十月、甫科課役、以構造宮室。於是、百姓之不領、而扶老携幼、運材負簣。不問日夜、竭力競作。是以、未経幾時、而宮室悉成。故於今称聖帝也。）

以上の記事を『古事記』の記述と比較すれば、『日本書紀』においては七年四月と九月の記述に独自性が認められる。このうち四月の天皇と皇后との対話記事が内容的には突出していることが明らかであり、この箇所に『日本書紀』の意図（通常これを潤色と呼んでいる）がはっきり示されていると判断できる。

傍線部「其れ天の君を立つるは、是百姓の為になり」の出典を、岩波文庫『日本書紀』の注記では、『荀子』大略篇の「天之生民、非為君也、天之立君、以為民也」などに想定している。[46] この注記に掲げられた史料は、一見してわかるように生民論に関する記述である。『日本書紀』が生民論のうち天が民を生んだという言説をはずしていることは明らかだが、天が君を立てたのは民のためである、という箇所は引き継いでいる。この事実は重要である。『日本書紀』は、中国の天下観念における天が民を生んだという言説が日本には該当しないことを明確に認識したうえで、仁徳に「天の君を立つるは、是百姓の為になり」と語らせたことになるからである。

天―生民関係がそもそも存在しない『日本書紀』において、なぜこの後半部の主張が可能なのだろうか。それとも『日本書紀』の描く統治理念は、この問いが成り立つほどには成熟しておらず、儒教的言説を適当にちりばめた程度のものにすぎないのだろうか。八世紀初頭の歴史書の思考水準を見定めなければならない。[47]

仁徳はこの言説をさらに「君は百姓を以て本とす」と語り直し、「百姓貧しきは、朕が貧しきなり。百姓富めるは、朕が富めるなり。」と説明する。天皇の国家統治が民富の実現にある点を、仁徳は説いているのである。[48]そしてこのような民富に重点を置く統治理念は、神武紀にさかのぼる。

三月の辛酉の朔丁卯に、令を下して曰はく、「我東を征ちしより、茲に六年になりにたり。頼るに皇天の威を以てして、凶徒就戮されぬ。辺の土未だ清らず、余の妖尚梗れたりと雖も、中洲之地、復風塵無し。誠に皇都を恢き廓めて、大壮を規り摹るべし。而るを今運屯蒙に属ひて、民の心朴素なり。巣に棲み穴に住みて、習俗惟常となりたり。夫れ大人、制を立てて、義必ず時に随ふ。苟くも民に利有らば、何ぞ聖の造に妨はむ。且当に山林を披き払ひ、宮室を経営りて、恭みて宝位に臨みて、元元を鎮むべし。上は乾霊の国を授けたまひし徳に答へ、下は皇孫の正を養ひたまひし心を弘めむ。然して後に、六合を兼ねて都を開き、八紘を掩ひて宇にせむこと、亦可からずや。観れば、夫の畝傍山の東南の橿原の地は、蓋し国の墺区か。治るべし」とのたまふ。[49]（三月辛酉朔丁卯、下令曰、自我東征、於茲六年矣。頼以皇天之威、凶徒就戮。雖辺土未清、余妖尚梗、而中洲之地、無復風塵。誠宜恢廓皇都、規摹大壮。而今運属屯蒙、民心朴素。巣棲穴住、習俗惟常。夫大人立制、義必随時。苟有利民、何妨聖造。且当披払山林、経営宮室、而恭臨宝位、以鎮元元。上則答乾霊授国之徳、下則弘皇孫養正之心。然後、兼六合以開都、掩八紘而為宇、不亦可乎。観夫畝傍山東南橿原地者、蓋国之墺区乎。可治之。）

これは、「東征」を果たした神武が橿原宮の造作を命じた著名な箇所である。最初の傍線部「苟くも民に利有らば、何ぞ聖《ひじり》の造《わざ》に妨《たが》はむ」は意味の取りにくい文だが、岩波文庫『日本書紀』の注記では「人民の利益となることならば、どんなことでも聖の行うわざとして妨げはないの意」としており、とりあえずこの解釈に従っておこう。ここで注目すべきは、政策を遂行するうえで「民利」の有無がその基準とされている点である。[50]この史料は、天皇の宮の造作（中心性の創設）が「民利」にかなう政策であることを示している。

統治や政策の基準を「民利」に置くこの神武紀の言説が、天皇の国家統治は民富の実現にあると説く仁徳紀の言説と、同じ理念を示していることは明らかである。ところで、天皇が統治の基準に置き、政策の目的ともしたこの利民観念は、天からの権力委任により人民支配の正統性を獲得した中国古代の天子が、常に発揮し続けることを求められた「徳」に該当する。天皇による人民支配の正統性は、この近くで語られているはずである。それが二つ目の傍線部である。

傍線部「上は乾霊《あまつかみ》の国を授けたまひし徳に答へ、下は皇孫《すめみま》の正《さだしきみち》を養ひたまひし心を弘めむ」にみえる「皇孫」は、瓊瓊杵尊のことである。この傍線部は、その前にある「且当《まさ》に山林を披き払ひ、宮室を経営《をさめつく》りて、恭《つつし》みて宝位《たかみくら》に臨みて、元元《おおみたから》を鎮むべし」をうけて語られており、天皇として人民を統治することが、天つ神による国土授与と瓊瓊杵尊の正しい道にかなうことを述べている[51]。しかし、傍線部にみえる、天つ神による国土授与と瓊瓊杵尊の正しい道が、天皇による人民支配の正統性の根拠だとすると、この正統性の根拠からは、「民利」の実現を統治の基準とする観念は生まれない。『日本書紀』本書の瓊瓊杵尊の段（神代下第九段）からは、瓊瓊杵尊の正しい道が具体的に何を意味しているのか判別できないし、国土授与の場面も含めて、少なくとも「民利」に関係しそうな語りはないのである。ならば、天皇の人民統治の基準に「民利」や「民富」の実現を置く観念は、『日本書紀』においては権力の正統性の根拠とは別に、いわゆる儒教的徳治思想として外部から横滑りしてきたものなのだろうか。実はそうではないのである。

周知のように、神武即位前紀の最終箇所にあるこの神武の「令《のりごと》」は、神武即位前紀の冒頭にある神武の著名な語りと対をなしている。すでにその一部を第二節1項に掲げておいたが、あらためて神武の語りの必要箇所のみを示しておこう。

年四十五歳に及りて、諸の兄及び子等に謂りて曰はく、「昔我が天神、高皇産霊尊・大日孁尊、此の豊葦原瑞穂国を挙げて、我が天祖彦火瓊瓊杵尊に授けたまへり。是に、火瓊瓊杵尊、天関を闢き雲路を披け、仙蹕駈ひて戻止ります。是の時に、運、鴻荒に属ひ、時、草昧に鍾れり。故、蒙くして正を養ひて、此の西の偏を治す。皇祖皇考、乃神乃聖にして、慶を積み暉を重ねて、多に年所を歴たり。[52]（及年四十五歳、謂諸兄及子等曰、昔我天神、高皇産霊尊・大日孁尊、挙此豊葦原瑞穂国、而授我天祖彦火瓊々杵尊。於是、火瓊々杵尊、闢天関披雲路、駈仙蹕以戻止。是時、運属鴻荒、時鍾草昧。故蒙以養正、治此西偏。皇祖皇考、乃神乃聖、積慶重暉、多歴年所。）

右の史料の前者の傍線部が、「東征」後に神武が「令」で語った「乾霊の国を授けたまひし徳」に該当し、後者の傍線部が「皇孫の正を養ひたまひし心」に当たる。すでに述べたように、前者の傍線部に記された「豊葦原瑞穂国」は、『日本書紀』本書において特徴的な語られ方をしている。『日本書紀』本書の天孫降臨神話において、天降るべき国土は常に「葦原中国」と記されていた。この神武即位前紀は、その「葦原中国」を「此の豊葦原瑞穂国」と表現し直すことで、天つ神が瓊瓊杵尊に授与した国土は「葦原の広がる稲穂の豊かに実る国」であり、現在もそうであることを、神武自身の語りを通じて説明する。「瑞穂国」を統治すること、それを神武は初めから義務づけられている。しかもこの稲穂の豊かに実る「瑞穂国」は、統治者の富が約束された国土を指すのではない。仁徳紀において五穀豊穣が第一義的には民富を意味していたように、それは「民利」や「民富」の実現されるべき国土を意味していた。「豊葦原瑞穂国」の統治には、天皇による専制的な人民支配を制限する論理が内包されているのである。

『日本書紀』において、天皇による人民支配の正統性の重要な根拠が、天つ神から瓊瓊杵尊への国土授与にあったことは疑いない。しかし、天つ神による授与の対象が「葦原中国」であっては、生民論を欠く『日本書紀』において、統治者と「民利」との関係はいっこうに見えてこない。事実、天孫降臨以後を記す『日本書紀』「巻第二（神代下）」のなかで、「民利」は一切語られない。授与の対象が「豊葦原瑞穂国」であることを、後に即位することになる神武自身が語ることで、統治者と「民利」との関係が初めてはっきりと姿をあらわすのである。

神武の語るべき天孫降臨の場は、「葦原中国」でも、『古事記』の語る「豊葦原水穂国」でも、いずれも全く役不足であった。生民論を欠く『日本書紀』において、天皇の統治する国土は、初めから稲穂の豊かに実る「瑞穂国」でなければならなかったのである。

おわりに

『日本書紀』の過去認識が現在（八世紀）とのつながりを重視した過去認識であり、『古事記』のそれが現在につながらないものに視点を据えた過去認識であるという考え方が、本章の出発点であった。「豊葦原瑞穂国」と「豊葦原水穂国」の相違は、『日本書紀』と『古事記』が異なる過去認識に基づいていることを象徴的に示している。ところで私の関心は実はその先にある。それは、過去認識の異なる『日本書紀』と『古事記』の二書があいついで編纂されたという事実そのものが、現在を直接説明できる過去（時間）と、直接説明しない過去（時間）の二つを、社会や国家が常に必要としていることを示唆している点である。人や社会や国家は、過去をどのように認識し、そこに何を求めたのか。歴史学の基礎でもあるこの問題については、次章であらためて論ずることにしよう。

（1）『古事記』と『日本書紀』の文献学的研究については、『日本史研究』四九八号（二〇〇四年）の「特集　史料としての『日本書紀』」で掲載された三論考（榎本福寿「日本書紀の災異関連記述を読む─日本書紀の文献学をめざす試み─」、加藤謙吉「『日本書紀』とその原資料─七世紀の編纂事業を中心として─」、鎌田元一「『古事記』崩年干支に関する二・三の問題─原秀三郎「記・紀伝承読解の方法的基準」をめぐって─」）が、現状を知る一つの目安となる。この他に、「聖徳太子の実像」をめぐる近年流行の議論などにも目を通すと、『日本書紀』は部外者の利用を容易には許さない「歴史書」となっているようである。

（2）『日本史の方法』七号、二〇〇八年、本書報告記録。

（3）神野志氏には『古事記─天皇の世界の物語─』（NHKブックス、一九九五年）もある。内容的にはこちらのほうが詳しい箇所もあるが、ここでは研究の積み重ねを考えて、講談社現代新書を参照した。

（4）倉野憲司校注『古事記』（岩波文庫、二一頁）。

（5）神野志氏の研究が「『古事記』の全体を論ずる視野の広さと、各部分の分析の鋭さの両面において傑出」していることを認めつつ（一〇頁）、氏の研究と全面的に対立する見解を提出しているのが、水林彪『記紀神話と王権の祭り』（岩波書店、一九九一年）である。水林氏の重厚な研究は片手間の批判を許さず、本章が考察の対象とする「豊葦原水穂国」への論及もなぜかほとんどないので、ここでは触れないことにするが、『古事記』の過去認識に対する評価は私見と異なるところがある。

（6）岩波文庫『古事記』、五五～五六頁。

（7）同前、六五頁。

（8）ただし西郷信綱氏も、葦がいつも負の方向に働くわけではなく正の方向へも働くことを示したうえで、「高天の原から新たな王が穀霊として降臨するとともに、『葦原中国』はたんに葦の葉のざわざわとさやぐ国であることから、水々しく稲穂のみのる『水穂国』へと変貌する。」と述べているので（「『豊葦原水穂国』とは何か」『日本の古代語を探る』集英社新書、二〇〇五年、一六一～一六三頁）、神野志氏の当該研究に対する私のこの印象は、当たっていないかもしれない。
（9）井上辰雄『古事記のことば』（遊子館、二〇〇七年、一八一～一八二頁）。
（10）神野志隆光『古事記と日本書紀』、一一一～一一二頁。
（11）坂本太郎・家永三郎・井上光貞・大野晋校注『日本書紀』（一）（岩波文庫、一九九八頁）。以後、岩波文庫『日本書紀』一―一九八頁のごとく略記する。
（12）岩波文庫『日本書紀』神代上、一―二六頁。
（13）岩波文庫『日本書紀』神代下、一―一三二頁。
（14）日本古典文学大系『万葉集』巻二・一六七。
（15）神野志隆光『古事記と日本書紀』、一三九～一四九頁。
（16）ただし『時代別国語大辞典　上代編』（三省堂、一九六七年）は、「瑞穂・水穂」と併記している。
（17）後掲するように、『日本国語大辞典』は「瑞穂」の子見出し語として「瑞穂国」をとり、「〔豊葦原之千秋長五百秋之水穂国〕（古事記）の略称」という説明を入れている。
（18）本居宣長『古事記伝』（岩波文庫、三―二四四～二四五頁）。【　】は二行書きの註記を示す。
（19）「書紀の論ひ」（岩波文庫『古事記伝』一―二八～三二頁）。
（20）『大漢和辞典』の挙げる事例は『白虎通義』の「水之為言、濡也」であり、この場合の「うるほふ」とは「ぬれる」という意味である。
（21）岩波文庫『日本書紀』二―一四一頁。
（22）岩波文庫『古事記』、一七二頁。
（23）「如貫珠」の「貫珠」は、それが漢語ならば、宝石をひもでつないだものを意味する「カンシュ」になるが、『古事記』の性格からみて、これは真珠をつないだ意味であり、「上下等斉」のありようをわかりやすく例示した表現であろう。

(24) 岩波文庫『日本書紀』二—三〇〇頁。
(25) 「豊葦原水穂国」とは「葦原の広がる水の豊かな国」という意味である、とした点について、「豊」に関する従来の考え方の基本を説明しておこう。『古事記』『日本書紀』『万葉集』において、数多ある「葦原中国」表記のうち、「豊葦原中国」表記は『日本書紀』に一箇所あるだけである。ちなみに、西郷信綱氏はこれを「誤用」と見ている(西郷氏前掲書、一九三頁)。一方、「水穂(瑞穂)」とセットで表記される「葦原水穂(瑞穂)国」表記において、「豊」が冠されない例は『万葉集』に一箇所あるだけで、他はすべて「豊葦原水穂(瑞穂)国」と表記されている。したがって、「豊」は基本的に「葦原」にかからず、「水穂(瑞穂)」とセットで表現される「葦原水穂(瑞穂)国」全体にかかる用語(美称)、ないしは「水穂(瑞穂)」に力点を置いた用語(美称)である。このような従来の理解を踏まえつつ、「水穂」は「水」の意味であるという本章の仮説に基づいて、あらためて「豊葦原水穂国」を解釈すれば、「葦原の広がる水の豊かな国」と理解するのが最も合理的な解釈ということになる。
(26) 岩波文庫『日本書紀』一—三〇二頁。
(27) 岩波文庫『日本書紀』注記、一—三〇三頁。
(28) 岩波文庫『古事記』崇神段、一〇四頁。
(29) 岩波文庫『日本書紀』一—二九六頁。
(30) 岩波文庫『古事記』仁徳段、一五六~一五七頁。
(31) 岩波文庫『日本書紀』二—二三四~二三六頁。
(32) 岩波文庫『日本書紀』一—二七六頁。
(33) 渡辺信一郎『天空の玉座』(柏書房、一九九六年、一五四頁)。
(34) 同前、一五七頁。
(35) 渡辺信一郎『中国古代の王権と天下秩序』(校倉書房、二〇〇三年、三五~三六頁)。

(36) 同前、四九頁。
(37) 同前、一一九頁。渡辺氏の天下研究に対して、日本古代史側からの言及は必ずしも多くはないが、仁藤敦史「古代日本の世界観―天下・国・都城―」(『国立歴史民俗博物館研究報告』第一一九集、二〇〇四年)と、河内春人「『天下』論」(『歴史学研究』七九四号、二〇〇四年)が、渡辺説に正面から取り組んでいる。
(38) 渡辺信一郎『中国古代の王権と天下秩序』、一一〇〜一一一頁。
(39) 同前、六二頁。
(40) 渡辺信一郎『天空の玉座』、一五七頁。
(41) 岩波文庫『日本書紀』一―二七八頁。
(42) 榎本福寿氏の研究では、崇神紀は氏のいうII群に分類されるので(榎本前掲論文)、ここにみられる記事は中国的な天の思想を前提としておらず、中国的な災異思想とも疎遠とみる解釈がありうるかもしれない。しかし氏も認めるように、災異思想における譴責や予兆は、天の関与のみを前提とするわけではなく、またここでは、「朝に善政無くして、咎を神祇に取らむや」という譴責文言を崇神自身が語っている点も明らかなので、本章のように判断した。
(43) 神野志隆光『古事記と日本書紀』、五七頁。
(44) 渡辺信一郎『中国古代の王権と天下秩序』、五九〜六〇頁。
(45) 岩波文庫『日本書紀』二―二三六〜二四〇頁。
(46) 岩波文庫『日本書紀』二―二三九頁。
(47) 日本古代統治層の思考水準に関して、時代と文脈は異なるが、河内春人氏は「中国における天下観念を導入しえたことは、倭の思想レベルが中国思想の理解という点についてきわめて高度な段階に到達していたことを示している」と述べている(河内前掲論文)。合理的な解釈である。
(48) この観念は、霊亀元年十月乙卯条の元正天皇の詔で「国家の隆泰は、要ず、民を富ましむるに在り。民を富ましむる本は、務、貨食に従ふ。」と語り出された農本主義の言説と同じである。

（49）岩波文庫『日本書紀』一―二三八頁。

（50）小路田泰直「古代とは何か―プラトンからの手紙―」（『古代日本の構造と原理』青木書店、二〇〇八年）は、当該箇所から、「政治の技術化」（「その技術がはたらきかける対象にとっての利益」によってその価値がはかられる）という普遍的な政治理念を読み取っており、興味深い。ただし、神武紀から「支配の官僚化」をも想定するのは、史料的に難しいところがある。

（51）川副武胤氏はこの箇所を「そこでこれから山林をひらきはらい、宮室を経営し、つつしんで皇位について人民を治めよう。そして上は天神の国を授けたもうた恩徳にこたえ、下は皇孫（瓊瓊杵尊）の徳治の精神をひろめよう。」と現代語訳している（『日本の名著　日本書紀』中公バックス）。『日本書紀』の文の組み立てが必ずしも明確ではないため、傍線部とその前文との関係をどう判断するかは断定しにくいところがあるが、ここでは『続日本紀』などの即位宣命の構文も参照して本稿のように判断した。

（52）岩波文庫『日本書紀』一―一九八～二〇〇頁。

第五章　上古の時空

はじめに

上古という言葉は、『古事記』序文や『日本書紀』の編纂以来、文献上で使われ続けた時間表現である。周知のごとく、上古と中古が組み合わされた過去認識もしばしば見られる。この上古や中古という時間表現が、日本史学で使われている古代や中世という概念と違うということぐらいは、歴史学に関わる者ならば誰でも知っているだろう。しかし、それではどう違うのかと問われると、実は大半の人が、上古や中古についての歴史的意味をうまく答えられないのではないかと推測する。上古や中古がいかなる時空を表現していたのかについて、これまでほとんど研究がなされていないからである。

そこで本章では、日本の中世や近世において、上古と表現された時代が、どのような時間として観念されていたのかを明らかにしたうえで、日本古代における上古観念の特徴を考えることにしたい。上古の時空を考察して日本の歴史意識を明らかにすること、それが本章の目的であるが、まずは、上古や中古の時代観念に関して研究が最も進んでいる『神皇正統記』の分析から始めることにしよう。

第一節　『神皇正統記』の上古・中古認識

北畠親房の著した『神皇正統記』の上古・中古認識については、すでに玉懸博之氏(1)、我妻建治氏(2)、石田一良氏(3)の研究があり、河内祥輔氏(4)や白山芳太郎氏(5)、下川玲子氏(6)など上古や中古に論及した研究も数多い。ここでは以上の六氏の見解を検討しながら、『神皇正統記』の上古・中古認識を考えることにしたい。

玉懸博之氏は、『神皇正統記』の記述が「神代」と「人の代」に二分され、「人の代」はさらに上古（神武天皇から光孝天皇まで）・中古（光孝天皇から白河上皇による院政の開始まで）・末世（院政以後）に時代区分されることを指摘したうえで、北畠親房は「歴史を、神々の意志に基づき神代において成立した永久不変の原則の発現する、本質的には『一なる展開』」とみている、と判断する。この「一なる展開」とは、「神意により貫かれる、本質的には一つである展開という意味」を指す玉懸氏の造語である。『神皇正統記』では、「歴史は過去・未来を通して本質的には一なるものの展開であり、そこにつねに不変の神意が貫流している」のであり、「神意の超人為的神秘的側面は、上古・中古・末世の時代の別をこえて、神孫為君・宝祚無窮・神器永遠などの絶対の原則を実現させ、歴史を『一なるものの展開』たらしめる機能を強力に果たしている」という。

玉懸氏は『神皇正統記』の原理をこのように読み解いたうえで、上古と中古の歴史的位置づけを次のように述べている。

次に上古・中古・末世と分けられたそれぞれの時代を、著者がどのように歴史的に位置づけているかを探って、彼の「一なる歴史」の主張との関連をみてゆく。まず上古については、著者は神武天皇条で「其制度天上の儀のごとし」「神代の例にことならず」と記して、上古を神代と連続的にとらえ、この時期にとくに新たな原理の出現をみていない。次に中古が問題となる。中古を特徴づけるのは、摂関政治であると解することができる。……摂関政治は神代の原理（天照大神が天児屋根命らに命じた皇孫守護の神勅のこと―西谷地）の完成された現象である点において、今までになかった形はとったにしても、新しい原理に基づいた、それ故に歴史に転換点をつくるような現象では決してなかったということができる。以上の摂関政治の位置づけは、そのまま中古の位置づけを示す。中古は、新しい原理に基づく時期ではなく、神代から歴史を貫いてきた原理の完成した時期に外ならず、それ故上古とその本質を一にするものとされているのである。

神代と対比したとき、上古や中古には新たな原理がみられず、むしろ上古や中古は神代との連続性でとらえられるので、上古と中古とは「その本質を一にする」というのが、玉懸氏の理解である。

しかし論理的に考えれば、この論法は実はおかしい。「神意の超人為的神秘的側面」が「上古・中古・末世の時代の別をこえて」「歴史を『一なるものの展開』たらしめる機能を強力に果たしている」という主張を裏付けるためには、上古や中古を玉懸氏のいう「一なる展開」との関わりだけで考察しても意味がない。なぜならばこれでは、上古と中古との相違点やその独自の意義の究明がおざなりになり、結局は歴史における「一なる展開」（あるいは神意の超人為的神秘的側面）を、上古や中古のなかに見いだすことに終始することになってしまうからである。

そうではなくて玉懸氏は、「上古・中古・末世の時代の別」が『神皇正統記』においていかなる重要な意味をもつのかを論じ、そのような時代の区別が明確に存在するにもかかわらず、神意による「一なる展開」が「上古・中古・末世の時代の別をこえて」読み取れる点に、『神皇正統記』の思想史的特徴をみる、という立論にすべきだったはずである。上古と中古とは「その本質を一にする」という玉懸氏の指摘が、結局は「一なる展開」の影絵になってしまっているのは、このためである。上古と中古の本質は別にあるはずである。(7)

『神皇正統記』の上古・中古認識については、玉懸氏の研究より後に公表された、我妻建治氏や石田一良氏の説明のほうが、やはり説得的である。まず我妻氏の理解を確認しておこう。

親房は日本の歴史を、陽成天皇までを上古、その後、後三条院までを中古、そして白河院以後を近代、と時代区分するが、しかし、その政治のあり方の具体的にみならうべき時代、そしてもっとも模範とさるべきいわゆる聖代を、光孝から始まる宇多・醍醐の時代と考え、さらに摂関政治を公家政治の至上の政体と考えているから、この光孝の時期を、「上古」とその後とのはっきり区別すべきエポックとみていたわけである。

我妻氏は『神皇正統記』における上古と中古以降との違いを、中古冒頭の光孝・宇多・醍醐期の聖代認識と、公家にとっての摂関政治の至上性の二点から把握し、北畠親房にとっての中古の画期性を強調している。石田氏の理解も我妻氏とほぼ同様であり、「『神皇正統記』も明らかに慈円と同様、日本史を、上古・中古・近代に分けながら、『上古』と『中古・近代』の二時代に大区分しているように思われる」と述べている。ここでは、過去が上古と中古以降に明瞭に二分される点と、中古の初めに聖代認識が存在する点に注目しておこう。

なお、石田氏も指摘しているように、過去が上古と中古以降に二分され、中古の初めに聖代が置かれるという時代構成は、慈円の『愚管抄』でも同様である。後の考察とも関係するので、史料を確認しておきたい。(8)

寛平マデハ上古正法ノスエトオボユ。延喜・天暦ハソノスエ、中古ノハジメニテ、メデタクテシカモ又ケチカクモナリケリ。冷泉・円融ヨリ、白川・鳥羽ノ院マデノ人ノ心ハ、タゞオナジヤウニコソミユレ。後白川御スエヨリムゲニナリヌトリテ、コノ十廿年ハツヤツヤトアラヌコトニナリケルニコソ。

これは、花山天皇の出家に関する記事の次にある説明である。慈円においては、宇多天皇までが上古で、醍醐天皇から中古になるが、「延喜・天暦」という定型化した表現や「メデタクテシカモ又ケチカクモナリケリ」という説明から明らかなように、中古の初めに聖代があらわれている。慈円は上古を正法の時代とも記しているので、仏教的時間観念が過去認識に組み合わされている点は確実であるが、上古と中古に関する言葉の使い方に関しては、慈円も親房も同様であったと判断してよいだろう。

以上が、『神皇正統記』の上古と中古に関する、一九六〇年代から七〇年代にかけての研究状況である。上古と中古の研究では、『神皇正統記』が『愚管抄』とともに史料の代表格であったから、玉懸氏・我妻氏・石田氏の研究成果は、日本史学における上古・中古認識を代表するといっても過言ではない。しかしその研究水準は、上古と中古との違いがようやく研究の俎上に載った段階にあり、なぜ古という時間が上古と中古に二分されているのか、中古の初めになぜ聖代があらわれるのか、過去を表現するときに上古と中古はどのような役割を担う言葉（概念）だったのか等については、全く検討されていないことがわかる。それではこの点について、一九八〇年代以降の研究はどうだったのかも、少々見ておくことにしよう。

まずは、河内祥輔氏の研究を取り上げよう。(9) 河内氏は、『神皇正統記』における天皇制観について、次のように述べている。

『読史余論』が権力の所在とその変化に主たる関心を示すのに対し、『神皇正統記』の関心は、皇位継承の論理性に向けられる。しかも、注意されねばならないのは、『神皇正統記』において、「上古」は必ずしも理想的な時代とみなされてはいない。それは、ときに、皇位継承のあり方に乱れのあった時代であり、止むをえず、「カタハラヨリ出」て皇統をつくることも行われたのである。それに対して、光孝以後こそ、「正統」がゆるぎなく実現する時代、すなわち、「マサシキ御ユヅリ」の行われるべき時代であった。『神皇正統記』は単純な下降史観ではないのである。

この河内氏の解釈の基となった『神皇正統記』の記述は左のごとくである。[10]『神皇正統記』の上古観を、ここであらためて確認しよう。

カクシルシ侍モサラニメヅラシカラヌコトナレド、神代ヨリ継体正統ノタガハセ給ハヌ一ハシヲ申サンガタメナリ。我国ハ神国ナレバ、天照太神ノ御計ニマカセラレタルニヤ。サレド其中ニ御アヤマリアレバ、暦数モ久カラズ。又ツヰニハ正路ニカヘレド、一旦モシヅマセ給タメシモアリ。コレハミナミヅカラナサセ給御トガナリ。冥助ノムナシキニハアラズ。……カヽレバ本ヲ本トシテ正ニカヘリ、元ヲハジメトシテ邪ヲステラレンコトゾ祖神ノ御意ニハカナハセ給ベキ。……（継体皇位継承を説明）……称徳女帝ニテ御嗣モナシ。又政モミダリガハシクキコエシカバ、タシカナル御譲ナクテ絶ニキ。光仁又カタハラヨリエラバレテ立給。……此天皇ノ立給ヘルコト、正理ニカヘルトゾ申侍ベキ。……（光孝皇位継承を説明）……カヤウニカタハラヨリ出給コト是マデ三代ナリ。人ノナセルコトトハ心エタテマツルマジキナリ。サキニシルシ侍ルコトハリヲヨクワキマヘラルベキ者哉。光孝ヨリ上ツカタハ一向上古也。ヨロヅノ例ヲ勘モ仁和ヨリ下ツカタヲゾ申メル。古スラ猶カヽル理ニテ天位ヲ嗣給。マシテスヱノ世ニハマサシキ御ユヅリナラデハ、タモタセ給マジキコトヽ心エタテマツルベキ也。

上古においては、天皇自身の「御アヤマリ」や「御トガ」のために、皇位継承がうまくゆかず「タシカナル御譲」がない状況でも、正しい天皇が三度「カタハラヨリ出」て「正理ニカヘル」ことができた。これは「人ノナセルコト」ではなく「天照太神ノ御計」であろう。『神皇正統記』は、「上古」をこのような理想的な時代としてとらえている。それに対して「スエノ世」は、「マサシキ御ユヅリ」でなければ皇位が保持できない時代になった。これが『神皇正統記』の皇位継承観であり、上古が「スエノ世」に対して優位に立っていることは明らかである。河内氏の理解は、上古と中古以降との評価が全く逆になっているが、その要因は史料解釈の不正確さだけではなく、上古と中古の違いに対する河内氏の無関心にあるように思われる。

一九八〇年代以降で最も手堅い仕事は、白山芳太郎氏の研究であろう。白山氏は『神皇正統記』と『職原鈔』の両方から、親房の上古・中古・近代認識を追究し、親房は「上古令制への復帰論を唱えるような上古主義者ではない」し、「現実の政務への参考としては仁和以降の諸例にもとづくべきだと判断していた」が、「純粋な中古主義者でもない」とする。なぜならば、「中古以来の例であっても、内容によっては中古となり本質をゆがめているケースがあるので、その場合は中古以降の事例ではなく、本来の上古に戻るべきだと説く」からであるという。親房は、基本的には中古以降の時代を模範とするが、上古の事例にも範とすべきものを認めているというのが、白山氏の理解である。白山氏のいう親房の上古観は、第三節1項で述べる上古における中国故事の役割に一部通じるところがあるだろう。

最後に、北畠親房の歴史思想と『神皇正統記』の時代区分に言及する下川玲子氏の主張を見ておこう。下川氏はまず、上古の特色を「臣下の官職任命が『徳』や『賢』を基準としておこなわれていたこと」に置く。中古は、名分的秩序が確立した「天皇統治の最高の安定期」であり、「とくに宇多・醍醐・村上天皇の時代」が重視される。末世は、院政とともに、武士が台頭した時代であり、「中古の秩序は、壊されていった」。だから「中古に確立した名分的秩序を乱そうとしたものは、天皇であっても非難される」のである。

下川氏は『神皇正統記』の時代区分の特徴をこのように指摘したうえで、後醍醐天皇と北畠親房の政治目標の違いを次のように説明する。

後醍醐天皇は、建武新政で、大胆な人事を断行し、足利高氏など勲功のあった武士に高い地位を与えた。親房から見れば、このような後醍醐天皇の政治は、名分的秩序の破壊である。それゆえに親房は、後醍醐天皇を批判する。後醍醐天皇が理想としたのは、「徳」と「賢」という政治的道徳的能力のみに基づいて官職に登用するという、上古の政治である。後醍醐天皇も親房も、末世の乱れを正し、本来あるべき姿に回復しなければならないと考えていた。しかし、親房は、後醍醐天皇のめざした上古ではなく、自らが天皇統治の安定期と見なす中古をめざした。

後醍醐天皇は上古の政治を目指し、北畠親房は中古の政治を目指した、というのが下川氏の判断だが、後醍醐天皇が上古の政治を目指したとするこの理解には、さまざまな難点があり、従えない。まずこれでは、後醍醐天皇の謚号問題の説明がつかないだろう。また下川氏は自説の補強に富田正弘氏の論文を援用し、「後醍醐天皇の意図は、王権の二重構造を解消し、権力の所在を形式的にも実質的にも自らの上に統合し、その上で、古い律令体制を復活することだった」と要約しているが、下川氏のいう「古い律令体制」とは、富田論文では院政期以前の律令的天皇制のことであって、決して『神皇正統記』で区分された上古（光孝天皇以前）の政治体制の意味ではない。(11) さらに下川氏は、後醍醐天皇が建武新政で実施した「足利高氏など勲功のあった武士に高い地位を与えた」大胆な人事を、「『徳』と『賢』という政治的道徳的能力のみに基づいて官職に登用するという、上古の政治」とするが、北畠親房は高氏の叙位任官について「上古ニハ勲功アレバトテ官位ヲス、ムコトハナカリキ」と批判しており、(12) 下川氏の解釈は『神皇正統記』との整合性に欠けるところがある。

以上から、後醍醐天皇が上古の政治を目指したとする下川氏の主張は成り立たない、と私は判断するが、私が下川氏の主張をここで取り上げたのは、古が上古と中古のように二分されている場合に、上古の政治を目指すなどということがありえるのか、という点が気になったからである。『神皇正統記』が上古と中古の画期をどのように説明しているのか、もう一度確認してみよう。

光孝ヨリ上ツカタハ一向上古也。ヨロヅノ例ヲ勘モ仁和ヨリ下ツカタヲゾ申メル。古スラ猶カヽル理ニテ天位ヲ嗣給。マシテスエノ世ニハマサシキ御ユヅリナラデハ、タモタセ給マジキコトヽ心エタテマツルベキ也。此御代ヨリ藤氏ノ摂録ノ家モ他流ニウツラズ、昭宣公ノ苗裔ノミゾタヾシクツタエラレニケル。上ハ光孝ノ御子孫、天照太神ノ正統トサダマリ、下ハ昭宣公ノ子孫、天兒屋ノ命ノ嫡流トナリ給ヘリ。二神ノ御チカヒタガハズシテ、上ハ帝王三十九代、下ハ摂関四十餘人、四百七十餘年ニモナリヌルニヤ。

これは、先に掲げた史料の最後尾に一部重なる箇所であり、最初の傍線部がよく知られた文言である。ところで後者の傍線部からわかるように、上古と中古の画期は、第一義的には、後世から見た天皇家と摂関家の血統の視点から判定されている。ここで注目したいのは、その判定が「ヨロヅノ例ヲ勘モ仁和ヨリ下ツカタヲゾ申メル」という公家社会における後世の慣行と抱き合わせでなされている点である(13)。つまり、上古とは日常的な政務や儀式の遂行において先例の対象とならない時代である、と親房が判断した点が、ここでは重要である。上古や中古という表現が、後世を基準にした過去認識である点に注意しなければならない。

親房は、血統や例の継続性が有する時間観念を媒介にして、上古を後世の社会（中古）から明確に区別している。このような上古が、後世において実現可能な政治目標になることがあるのかどうかが、問われねばならないだろう。言い換えれば、古が上古と中古のように二分されている場合に、復古の対象は上古でも中古でもどちらでもありえたのかどうか、という問題になる。この問題は、中古の初めになぜ聖代があらわれるのか、という先に指摘した問いとも深く関わっていると考えられる。

では、以上の点を考察できるような、『神皇正統記』よりも上古観の本質がうかがえる良質の史料などあるのだろうか。節をあらためよう。

第二節　『読史余論』の上古認識

1　従来の見解

新井白石の史論書『読史余論』は、「神皇正統記に、光孝より上つかたは一向上古也、万の例を勘ふるも、仁和より下つかたをぞ申める」という著名な一文から始まる[14]。あらためて確認しておくが、この「光孝」とは元慶八年（八八四）から仁和三年（八八七）まで在位した光孝天皇のことであり、「仁和」はそのときの年号である。一見すると白石の上古観は、『神皇正統記』のそれを継承しているようにみえる。従来の研究はいずれも、『読史余論』における上古を、『神皇正統記』に記された上古と同一の時代として位置づけているようである。

たとえば、宮崎道生「『読史余論』考[15]」は、上古を「光孝天皇以前」としたうえで、次のように述べている。


白石の胸中を推しはかると、公家と武家とは元来一体であるが、中古以後は二つに分かれて平行線を描いている如くである。……中古以後に於いては公家は文をにない、武家は武をになっていずれも偏跛に陥っているという判断が白石にある……白石の理想は文武兼備にあるので、それが上古には認められたが、中古以来文武それぞれわかれて世官世職となったことが不幸のもとであるとするのである。

傍線部の上古と中古の境界が[16]、後述するように光孝天皇やその時代とは何の関係もないことに、宮崎氏は全く気付いていないようである。これは、北畠親房（南北朝期の公家）にとっての上古と、新井白石（江戸中期の武家）の判断する上古が果たして一致するのかどうか、という問いが、宮崎氏には一切存在しなかったからであろう。

今から半世紀以上前の論考になるが、岩波文庫版『読史余論』に一九五七年に付された大久保利謙氏の「解説」も、宮崎氏と同様である。大久保氏は『読史余論』の上古について次のように説明する[17]。

ここで注目されることは「本朝天下の大勢」を独自の時代区分として把えていることで、そこに白石のすぐれた史眼がみられるのである。まず摂関政治の開始、藤原政権の成立をメルクマールとして、「上古」とそれ以降の二つの時代に大きく区分して、本書の対照とする武家勃興期が、上古以降の日本の歴史上にいかなる位置なり意義なりをもつかを規定している。この総論の冒頭に『神皇正統記』を援用しているが、この白石の時代区分は、けっして正統記に追従したのではなく、もっぱら本書がめざす「武家の代」の成立を解明するためにたてた独創的な方法であるといってはばかりない。……第一巻においては公家が次第に後退する過程を中心として述べ、第二巻においては上古に遡及して武官の起原から筆をおこし、文武官職の世襲化、平安後期の地方の騒乱を契機として武家が勃興する大勢を論じ、公家勢力と対立しつつ鎌倉殿から北條氏へと天下の実権が微妙に移る過程を述べ、後醍醐天皇の中興政治の失敗から足利政権の成立へと大勢の推移を論じた。

まず、前者の傍線部だが、『読史余論』の総論部分において、白石が摂関政治の開始以前が上古であると述べた箇所はどこにもない。総論部分だけではなく、「本朝天下の大勢」の九変までを記した上巻（第一巻）において、上古の語は『神皇正統記』の引用文等に登場するのみであり、白石の上古観をここから読み取ろうとするのは、元々無理な話である。白石の上古認識は、後者の傍線部で大久保氏が指摘する中巻（第二巻）から読み取らねばならない。

細かな分析に入る前に、大久保氏の指摘する中巻（第二巻）の冒頭部分が、『読史余論』においてどのような位置にあるのかを、あらかじめ簡単に説明しておこう。周知のように、「本朝天下の大勢、九変して武家の代となり、武家の代また五変して当代におよぶ」というのが、『読史余論』の過去認識である。この総論部分の表記で示せば、「本朝天下の大勢」の九変とは、「五十六代清和、幼主にて、外祖良房、摂政す。是、外戚専権の始。〈一変〉」から始まり、「そののち天子蒙塵。尊氏、光明をたて、共主となしてより、天下ながく武家の代となる。〈九変〉」までであり、これが上巻（第一巻）全体の内容になる。上巻の本文は、清和天皇の父文徳天皇の記事から始まり、それより前の歴史は描かれていない。見過ごしやすい点だが、『読史余論』の上巻（第一巻）には上古を描く意図が元々なかったことになる。

一方、「武家の代」の五変とは、「武家は、源頼朝、幕府を開て、父子三代天下兵馬の権を司どれり。凡三十三年。〈一変〉」から始まり、「そののち終に当代の世となる。〈五変〉」までである。ところで『読史余論』中巻には、「武家の代」の一変が始まる前に、二節分の記述が入っている。それが「上古には征伐、自₂天子₁出し事」と、「中世以来、将帥の任、世官世族となりし事」である。中巻の過去への視線は神武東征にまでさかのぼる点が、上巻との大きな違いである。

この二つの節については、従来の研究も論及しているのだが、前述したように『神皇正統記』に記された上古と『読史余論』における上古とを、同じ時代と信じて疑わなかったために、白石の上古認識についてのこれまでの説明は、後学にとってほとんど得るところがない状況にある。また、『読史余論』の中世という言葉を『神皇正統記』の中古という言葉と同義とみなす宮崎道生氏のような解釈が、果たして成り立つのかどうかも気になるところである。したがってこの二つの節で、新井白石がどのような上古・中世認識を示しているのかについて、内容に即してあらためて考察する必要がある。

2　「上古には征伐、自二天子一出し事」

「上古には征伐、自二天子一出し事」という節題が付された『読史余論』中巻第一節は、神武東征記事から始まり、嵯峨天皇による弘仁五年（八一四）の文屋綿麿「征夷将軍」任命と、軍事行動成功後の「従三位中納言の大将」任官までを記している。

ここではまず、七世紀中頃の斉明天皇の軍事行動に関わって記された次の説明に注目したい(18)。

> はじめ神武東征し給ひしより此かた、代は三十八代、年は千二百廿五年がほどは、国中に皇化にしたがひまいらせぬものある時は、天子みづからこれを征し、あるひは皇子してこれを討しめらる。その中、神功・斉明のごときは、女主にておはしませしかど、皆みづからこれを征せられき。……戎旅は国の大事なれば、古にはこれを重くし、慎み給ひし御事とみえし。後代のごとくに、坐ながら将帥に命じてこれを討しめられし事のごとくにはあらず。

節題を念頭に置きつつ最初の傍線部の説明を読むと、白石は少なくとも神武から斉明天皇までの一二二五年間は上古であったと判断していることがわかる。二番目の傍線部にある「古」は、最後の傍線部と対比させて論理的に考えれば、節題に記された上古と同義であることが明らかである。したがって、「国中に皇化にしたがひまいらせぬものある時は、天子みづからこれを征」する時代が上古であり、最後の傍線部にあるように、天皇が「坐ながら将帥に命じてこれを討」つようになるのは、上古より後の時代であるというのが、白石の認識であることがわかる。では天皇が「坐ながら将帥に命じてこれを討」つようになるのは、いつからだろうか。

聖武天皇の時、天平一二年（七四〇）に起きた藤原広嗣の乱に関して、次の説明がある。[19]

此時、大野東人を大将とし紀飯麿を副将となして討平らる。此勲功によりてぞ、二階を越て従三位をば東人に授らる〈是、将帥に命ぜられ、又、勲功を賞せられし事の始歟〉。

藤原広嗣の乱は、大将軍に任じられた大野東人によって平定されたが、「是、将帥に命ぜられ、又、勲功を賞せられし事の始歟」というのが白石の認識であった。聖武天皇がみずから出征せずに大野東人を派遣したこの事例は、白石の歴史認識では当然上古には属さない。この点については、中巻第二節でもう一度確認されることになるので、ここでは考察を先に進めよう。白石は、この大野東人以後の時代をどう見ているのだろうか。

かくその比ほひ迄は、世の乱ありしにのぞみては、その任にあたれる人々を撰れ出ては将帥の任にあたり、乱平ぎ功成ぬれば又入ては卿相の位につらなれり〈古佐美大納言正三位に至り、田村丸大納言大将正三位、綿丸従三位中納言大将にいたれり〉。後世のごとく、文武その職を異にせられしがごとくにはあらず。これよりのち王綱紐をとき柄臣権を専にせられしより、将帥の任事にかろく、卿相の官に至れる人なく、かつは文武の職、世官世族となりしかば、朝廷の威日々におとろへ、功臣つねに兵馬の権をつかさどり、天下の大勢一たび変じて古にかへる事を得べからざる代とはなりしなり。

これは、嵯峨天皇による文屋綿麿「征夷将軍」任命と「従三位中納言の大将」への任官記事の直後、すなわち中巻第一節の最後にある説明である。[20]

最初の傍線部「世の乱ありしにのぞみては、その任にあたれる人々を撰れ出ては将帥の任にあたり、乱平ぎ功成ぬれば又入ては卿相の位につらなれり」とは、先述の大野東人の記事に注記された「将帥に命ぜられ、又、勲功を賞せられし事」を詳しく説明したものであり、白石はそれが文屋綿麿までは続くと述べている。

このような将帥を任命して出征させる時代の後にくるのが、次の傍線部にある「文武その職を異に」する時代であるが、白石はその経緯を次のように説明している。将帥を任命して出征させる時代以後、やがて天皇の政治がゆるみ、柄臣が権力を握ると、将帥が軽んじられて卿相の官につける例もなくなり、「文武の職」が「世官世族」となってしまう、というのである。ちなみにこの「世官世族」とは、益田宗氏の注記によれば、「代々同じ官職を嗣ぎ、また同じ秩禄を受けたりする家柄」のことである[21]。「文武その職を異に」する時代とは、正確にいえば「文武の職」が「世官世族」となる時代のことであり、白石が問題視したのは、この「職」の「世官世族」化である。さらにその後、功臣が常に「兵馬の権」を司る「武家の代」の一変の時代がやってくる[22]。

ところで、前掲史料の最後の傍線部にある「古」は、節題に示された上古と同義であると考えられる。この傍線部の記述は、上古という時代の性格を知るうえで非常に重要である。というのは、功臣が常に「兵馬の権」を司る時代になると、もはや「古」（上古）に返ることができない、という白石の認識が記されているからである。この場合、上古の時間を天皇がみずから出征する時代に設定したのは新井白石であって、この上古観は、『神皇正統記』で示された北畠親房の上古認識とは、対象となる時代も内容も全く異なっている。しかも論理的に考えれば、「古にかへる事を得べからざる」時代がやがて後世に出現したのではない。白石の思考の順序は実は逆であって、後世の状況を基準にするともはや戻ることのできない過去を、上古に設定しているのである。武家が常に「兵馬の権」を司る時代になってしまえば、天皇がみずから出征することはもはやありえず、白石はそれが行われていた過去を上古に設定したのである。

前節で指摘したように、『神皇正統記』における上古や中古という表現は、後世を基準にした過去認識であり、上古は先例の対象とならない時代であった。この『読史余論』における上古の事例を念頭に置けば、「神皇正統記」の上古も、後世の状況を基準にするともはや戻ることのできない過去を意味していることは、まず間違いないだろう。『神皇正統記』で中古の初めに聖代が置かれているのは、復古の対象が上古にはなりえないことと表裏一体の関係にあると考えられる。

田中聡氏は「大まかにいって一九世紀前半までの『古』は、『今』との直接的な対比において位置づけられ、まだ古代・中世・近世と時代区分するような発想自体が未成立だった。いいかえれば『今』と対置される『古』の内部に、逆行不可能な歴史的階梯はまだ想定されていなかった。」としているが[23]、再考の必要があるだろう。上古を逆行不可能な時代とする認識が、一八世紀初頭の『読史余論』にすでに確実に存在しており、この過去認識は一四世紀前半の『神皇正統記』にまでさかのぼることが、以上の考察によって明らかだからである。そしてこの上古認識は、中古の初めに聖代を置きつつ上古を正法の時代と記した慈円の『愚管抄』にも通底する、と私は判断する。したがってむしろ問題とすべきは、上古と中古との関係も含めて過去認識の全体構造がどうなっているのか、この上古観がどこまでさかのぼるのか、という点になるだろう。

以上、『読史余論』中巻第一節では、天皇がみずから出征する上古と、将帥を任命して出征させる時代が具体的に記述され、「文武の職」が「世官世族」となる時代が次に続くことが見通されていた。では、天皇が将帥を任命して出征させる時代がすでに上古ではないとすると、白石はその時代をどう認識していたのだろうか。

3　「中世以来、将帥の任、世官世族となりし事」

「中世以来、将帥の任、世官世族となりし事」という節題が付いた『読史余論』中巻第二節は、平将門・藤原純友の反乱から平家滅亡までを記している。

ここで注目したいのは、難太平記にある著名な源義家置文の記事に関して行われた、白石の次の説明である。(24)

按ずるに、中世には将帥の命を承りて其功を奏しぬれば、その勲労に報るにかならず卿相の位をもつてす。大野東人が藤広嗣をうち、大伴駿河丸・藤原小黒丸・坂上田村丸・文室綿麿等が東夷をうち し類これ也。

天皇が将帥を任命して出征させる時代を、白石は「中世」と認識していた。大野東人の事例が上古に属さない点はすでに前述したが、それは「中世」の最初の事例ということになる。白石にとって、上古と「中世」の画期は奈良時代に置かれている。

前項で確認したように、「文武の職」が「世官世族」となる時代は、この「中世」の「後世」になるというのが、白石の認識であった。では、白石のいう「中世」とはいつまで続くのか。同じことだが、「文武の職」が「世官世族」となる始まりを白石はどこに見ているのだろうか。

『読史余論』では、「中世」の記事がこれ以外にあと二箇所あるので、まずはそれを確認してみよう。

中世より此かた、喪乱の際、節をしり義をおもひ、力をつくし死を致すは、たゞ武人のみなり。世すこしもおだやかになりぬれば、高位厚禄に居て、武人をば奴婢・雑人のごとくおもひなし、世みだれぬれば、棒首鼠竄して、一人も身をふるひ忠を致すものなきは、公家と僧法師のみなり。おもへば、国の蠹害とは此輩をぞいふべき。されば、天道は天に代りて功をたつる人にむかひ給ふことはりなれば、そののちの代に武家世をしり給ふ事、その故ある事と覚ゆる也。しかるに建武のみだれ出来しはじめに……

これは、「武家の代」の三変に含まれる「足利殿、北朝の主を建られし事、弁室町家代々将軍の事」にある記事である[25]。この「中世」は、前記の「中世」と同義と考えてよいが、傍線部のようなありふれた内容では、「中世」の時期は特定できない。

按ずるに、中世より叡岳の僧徒兵仗を帯し、やゝもすれば朝家をおびやかし奉る。代々の帝王将相おそれて、かれが申す旨に任せられしかば、その残害、すこぶる仏氏の所為にあらざりき。しかるに信長、その破戒無律をいかりて、つゐにやきほろぼせり。

これも、「足利殿、北朝の主を建られし事、弁室町家代々将軍の事」の記事である[26]。注目すべきは傍線部にあるように、「中世」から比叡山の僧徒が武装して朝廷を脅かしていた、という認識を白石が示していることである。この認識を白石は、中巻第二節のなかで、次のようにより詳細に記述している[27]。

按ずるに、白河法皇、朕が心にかなはぬは双六のさい・山法師と仰られしといふ也。此比は山僧のみにもあらず、三井・興福の僧徒等も、やゝもすれば兵革を動して朝威を蔑如せしとみえし。その事の始、後朱雀長暦三年の春、山徒等関白頼通を恨みて兵起せしに始れる歟。これ又、執柄権を恣にし、皇威すでに衰へしによれるなり。古は僧徒兵器をかくす事は、もつとも国の重禁にてありしなり。しかるにかくみだりがはしくなれる事、いはゆる王綱解紐の一端なり。此のちや、もすれば僧徒兵を動して世をみだり、甚しくしては保元よりのちには、僧徒の兵を仮りて征伐の事を行はれんとす。

この傍線部の記述は、先に指摘した「中世より叡岳の僧徒兵仗を帯し、やゝもすれば朝家をおびやかし奉る」

ことの始まりを述べたものである。したがって、白石の認識においては、長暦三年（一〇三九）が「中世」という時代に属している点は明らかである。

では、「中世」の次の時代になる「文武の職」が「世官世族」となる時期を、白石はどこに見ているのだろうか。中巻第二節に次の認識がみえる[28]。

外戚の権を専にせしより、執柄の職をもて我家の物となして、みづからこれをその子弟に譲るに至れり。されば朝廷にあらゆる卿相、皆々その門葉にあらずといふ事なし。ことごとく皆その譜第をもて其官その職をしりしかば、かの将帥の職も又その譜第をもて任ぜしほどに、つゐにいはゆる世官世族となる。されば又それに属せし兵も又譜第の属兵となりしかば、鳥羽の比ほひに、源平に属すべからずとしきりに制符を下されし也。

傍線部から判断すれば、文官だけでなく、「将帥の職」に代表される武官もが「世官世族」となる時代を、白石が鳥羽院政期以前にみていることは確かである。

以上から、『読史余論』における「中世」の下限は、長暦三年（一〇三九）から鳥羽院政期の間にあることがわかる。もとより、「中世」の下限が特定の年に決まるわけではないだろうから、ここでは少し幅をとって、「中世」の下限を白河・鳥羽院政期頃と判断しておきたい。『読史余論』上巻「五変　上皇御政務の事」に、「白河・鳥羽の御代の比より、政道の古きすがたやうやう衰ふ〈審には武家の下にあらはすべし〉」という『神皇正統記』からの引用記事があるが[29]、「審には武家の下にあらはすべし」と付した白石の注記を勘案すれば、この記事は「中世」の終焉と対応する関係にあると考えられる。

ところで、神武から始まる上古の後に「中世」が続き、その後に「武家の代」の一変（鎌倉幕府の創始）が始まるというのが、白石の理解であるが、『神皇正統記』で使われている中古という一般的な用語を使わずに、白石はなぜ「中世」という用語を使用したのだろうか。その理由は、『神皇正統記』や『愚管抄』において、中古の初めに聖代が置かれていることと深く関係すると考えられる。中世や近世の史料に登場する「古」という時間には、それが上古であれ中古であれ、特定の時代価値が存在するが、すでに明らかにしたように、中古は上古と違って、先例の対象となったり日本国内に聖代が出現した時代であった。ところで『読史余論』における上古の次の時代は、天皇が「坐ながら将帥に命じてこれを討」つ時代であるが、このような政治形態が、徳川幕府の理想になるはずはない。だから白石は、上古と、「武家の代」の一変を導く「文武の職」の「世官世族」化との間を、時代価値をもたない「中世」という言葉で表現した、と私は判断する。『読史余論』の「中世」は、『神皇正統記』の中古とはまさに似て非なるものであったのである。

以上、本節で明らかにした要点を、上古概念を中心に整理し直せば、以下のようになるだろう。

第一は、上古の相対性についてである。新井白石にとっての上古とは、奈良時代の大野東人より「上つかた」のことであり、「光孝より上つかたは一向上古也」とする『神皇正統記』の上古認識とは、全く異なっている。北畠親房から新井白石へと時代が下るに従って、上古の下限が延びるわけではない点にも注意しなければならない。白石が『読史余論』の総論の冒頭に、『神皇正統記』の上古認識を示す一文を引用したのは、南北朝期の公家であった北畠親房の上古認識が、「本朝天下の大勢」一変（良房摂政）から九変（南北朝の成立）までの歴史を考えるうえで、大いに参考となるからであろう。白石が親房の上古認識に異議を唱えなかったという事実は、上古が唯一の絶対的時間ではなく、相対的時間であることを如実に示している。

第二は、上古の不可逆性についてである。白石は、後世の状況を基準にするともはや戻ることのできない過去を、上古に設定している。上古は逆行不可能な時代であると認識されていた。また『読史余論』では「古」が二分されず、過去の時間は、逆行不可能な上古と、時代価値をもたない「中世」およびその後の「五変」という組み合わせで構成されているが、この上古の不可逆性は、「古」を上古と中古に二分している『神皇正統記』や『愚管抄』の上古認識に基づいていると考えられる。

このように、中世以降の歴史書に使われる上古観念が、相対性や不可逆性という性質をもつ時間であるとすると、上古の時空構造はどのように認識されていたのかが問われねばならないし、そのような認識の形成過程も気になるところである。

第三節　上古の時空とその成立

1　『平家物語』の上古

前節で、一九世紀前半までの「『古』の内部に、逆行不可能な歴史的階梯はまだ想定されていなかった」とする田中聡氏の見解に疑問を呈したが、「『古』は、『今』との直接的な対比において位置づけられ」ているという田中氏の指摘に合致する事例は、中世において確かに存在している。その代表例が『平家物語』の上古表現である。(30)

『平家物語』巻第二の「小教訓」に、次の記述がある。(31)

北野天神は時平のおとゞの讒奏にてうき名を西海の浪にながし、西宮の大臣は多田の満仲が讒言にて恨を山陽の雲によす。これ皆延喜の聖代、安和の御門の御ひが事とぞ申つたへたる。上古猶かくのごとし、況や末代にをいてをや。賢王猶御あやまりあり、況や凡人にをいてをや。

一〇世紀の醍醐朝や冷泉朝の時代が、ここでは上古と表現されている。上古に対して末代が対置されているが、『平家物語』における上古の語は、そのほとんどが末代との対比であらわれている。たとえば、巻第一「殿上闇討」には「上古にはか様にありしかども事いでこず、末代いかゞあらむずらむ。おぼつかなし」の記述があり、[32]巻第三「医師問答」に「是程国の恥をおもふ大臣、上古にもいまだきかず。まして末代にあるべし共覚えず。」とあるのは、[33]その一例である。このような上古は、中古の存在を前提としておらず、末代との対比で直接あらわれている。また、上古の下限について、ほとんど意識されているようにはみえないことが、この上古―末代表記の特徴である。

たとえば、巻第一「俊寛沙汰鵜川軍」に、「北面は上古にはなかりけり。白河院の御時はじめをかれてより以降、衛府どもあまた候けり。」という記述がある。[34]この上古は『平家物語』では珍しく上古―末代関係の用例ではないが、この事例では、上古の下限を白河院以前に比定できる内容になっている。このような下限のある上古と、上古―末代関係の上古では、違いがあるとすべきだろう。下限が意識されていない、上古―末代関係の上古は、末代からみた不可逆的時間というよりは、あたかも神棚に祭り上げられた時代のようにみえる。延喜の聖代や賢王統治の時代が上古とされているのも、この点との関連で考えるべきであろう。

『平家物語』の上古表現には、このような特徴のほかに、さらに重要な要素が存在している。それが上古の空間に関する問題である。

たゞし殷湯はかたいにとらはれ、文王はゆうりにとらはるといふ文あり。上古猶かくのごとし。況や末代においてをや。弓矢をとるならひ、敵の手にかゝて命をうしなふ事、またく恥にて恥ならず。たゞ芳恩には、とく〳〵かうべをはねらるべしとて、其後は物もの給はず。

これは、巻第十「千手前」の一節で[35]、源頼朝が平重衡に南都炎上の件を問いただしたのに対して、重衡が回答している場面である。ここでも上古と末代が対置されているが、この場合の上古は中国古代聖王の事例である。上古の空間は日本の領域内に限定されず、中国にまで拡大している。

漢家の蘇武は書を鴈の翅に付て舊里へ送り、本朝の康頼は浪のたよりに歌を故郷に傳ふ。かれは一筆のすさみ、これは二首の歌、かれは上代、これは末代、胡国・鬼界が嶋、さかひをへだて、世々はかはれども、風情はおなじふぜい、ありがたかりし事ども也。

これは、著名な巻第二「蘇武」の一節である[36]。漢の武帝が胡国を攻めた時、捕虜となり片足を切られて追放されたという設定のもとに語られた、漢の大将軍蘇武の物語を上代とし、鹿ヶ谷事件で鬼界が島に流された平康頼の話を末代として対置している。上代―末代という表現方式や、傍線部分が『延慶本平家物語』では「上古末代ハカハリ、境ヒ遼遠ハ隔レドモ、思心ハ一ニシテ、哀ハ同ジ哀也」となっている点から判断して[37]、この上代は上古と同義と考えられるが、この上代の空間も中国を含み込んでいる。

『平家物語』の上古は、日本の聖代や賢王統治の時代ばかりではなく、中国の聖代にまで及んでいる。このような国境を越えて認識される上古―末代関係は、実は日本の古代・中世史料に大量にあらわれる中国故事の表記方法と、本質的になんら変わりがない[38]。末代との対比で直接あらわれるこのような上古の空間は、東アジア文明圏にまで広がりをもっている。より踏み込んで言えば、東アジア文明圏における「古代世界」の時間が、上古という一般的な時間表現で立ちあらわれて、末代としての「今」に対置されているのである。

しかも注意すべきは、この状況が、たとえば過去の話には空間的な限定など付かないものだというような、ありふれた問題ではないという点である。なぜならば、管見の範囲では、古代・中世に作成された史料や物語、歴史書等において、中古における中国故事の使用例にまだ接したことがないからである。これは、二・三の例外はあるとしても、中古の空間は日本の領域内に収まる可能性がきわめて大きいことを示している。中古は日本固有の時間としてあらわれるのである。

以上の点を念頭に置いたうえで、上古認識の成立場面を検討することにしよう。

2 『古事記』の過去表現

和銅五年（七一二）に太安万侶が記したとされる『古事記』序文に、次のような著名な記事がある。(39)

歩驟《ほしょう》各異に、文質同じからずと雖も、古を稽《かんが》へて風猷《ふういん》を既に頽れたるに縄《ただ》し、今に照して典教を絶えむとするに補はずといふこと莫し。……重加、智海浩汗として、潭《ふか》く上古を探り、心鏡は煒煌として、明に先代を観たまひき。是に天皇詔りたまはく、朕聞く、諸家の賷たる帝紀及び本辞、既に正実に違ひ、多く虚偽を加ふと。今の時に当りて其の失を改めずば、未だ幾年をも経ずして其の旨滅びなむとす。斯れ乃ち、邦家の経緯、王化の鴻基なり。故、惟れ帝紀を撰録し、旧辞を討覈《とうかく》して、偽を削り実を定めて、後葉に流《つた》へむと欲ふとのりたまひき。……然れども上古の時、言《ことば》・意《こころ》並びに朴《すなほ》にして、文を敷き句を構ふること、字に於きて即ち難し。已に訓に因りて述べたるは、詞心に逮《およ》ばず、全く音を以ちて連ねたるは、事の趣更に長し。是を以ちて今、或は一句の中に、音訓を交へ用ゐ、或は一事の内に、全く訓を以ちて録す。即ち辞理の見え叵《がた》きは、注を以ちて明にし、意況の解り易きは、更に注せず。（雖歩驟各異、文質不同、莫不稽古以縄風猷於既頽、

照今以補典教於欲絶。……重加、智海浩汗、潭探上古、心鏡煒煌、明覩先代。於是天皇詔之、朕聞、諸家之所賚帝紀及本辭、既違正実、多加虚偽。当今之時不改其失、未経幾年其旨欲滅。斯乃、邦家之経緯、王化之鴻基焉。故、惟撰録帝紀、討覈旧辞、削偽定実、欲流後葉。……然上古之時、言意並朴、敷文構句、於字即難。已因訓述者、詞不逮心、全以音連者、事趣更長。是以今、或一句之中、交用音訓、或一事之内、全以訓録。即辞理叵見、以注明、意況易解、更非注。）

『古事記』において、上古および時間表記として単独使用される古は、この序文にのみみられる。中古表記は序文・本文ともに存在しない。本文における過去表現は、「又昔、新羅の国王の子有り、名は天之日矛と謂ひき」という応神天皇段にみえる「昔」[40]と、「往古より今時に至るまで、臣連の王の宮に隠ることは聞けど、未だ王子の臣の家に隠りませることは聞かず」という安康天皇段にある「往古」[41]の、二つにすぎない。『古事記』は、題名に似合わず、著しく過去表現の乏しい書物である。

ここで注目したいのは、太安万侶が「上古の時、言・意並びに朴にして、文を敷き句を構ふること、字に於きて即ち難し」と述べ、上古の言意を漢字の訓と音で表記したときに、「即ち辞理の見え叵きは、注を以ちて明にし」たと説明している点である。そこで、本文に付された注記を調べると、「高の下の天を訓みて阿麻と云ふ。下も此に效《なら》へ。」（訓高下天云阿麻。下效此。）のような、漢字の訓読みを指示した注記は、本文冒頭から宣化天皇段の「石を訓むに石の如し。下も此に效へ。」（訓石如石。下效此。）まで存在し、また「流字以上の十字は音を以いよ」（流字以上十字以音）のごとく、漢字の音読みを指示した注記は、本文冒頭から継体天皇段の「波流岐の三字は音を以いよ」（波流岐三字以音）までみられることがわかる。したがって、宣化天皇の時代までを上古とみていた可能性もなくはないが、宣化天皇段以後の欽明・敏達・用明・崇峻・推古の各天皇段の記述内容や分量を勘案すれば、序文にいう「言・意並びに朴にして、文を敷き句を構ふること、字に於きて即ち難し」という上古の時間は、天地開闢から推古天皇まで、『古事記』の時代すべてを指すと考えるべきであろう。

このように、『古事記』において、今と上古を区分する要素の一つは、言葉の違いであった。ところで前掲序文において、初めの傍線部にある古と、次の傍線部にみえる上古は、いずれも規範性の高い過去を表現しており、これだけでは確定しがたいものの、同義の可能性が高いと思われる。このような、『古事記』序文において天皇の徳を称えるために引き出された規範性のある古や上古と、太安万侶が『古事記』編纂に際して苦心することとなった「言・意並びに朴にして、文を敷き句を構ふること、字に於きて即ち難し」という上古とが、同質の過去なのかどうか、気になるところである。これは、『古事記』の表題となった「古事」の意味に直接関係することであるし、八世紀初頭の統治層の過去認識に関わる問題でもある。

3 『日本書紀』の上古と古

『古事記』本文の書き出しが「天地初めて発《ひら》けし時」であるのに対して、『日本書紀』は「古に天地未だ剖《わか》れず」という著名な文言から始まる[42]。ここから、『日本書紀』においても『古事記』序文と同様に、古と上古が明確には区別されていないことが了解される。

まず、上古の記事を確認しておこう。『日本書紀』では五箇所に上古表記が登場する。なお、《 》は割注の文言である。

A 《上古の時の俗、鞆《とも》を号《い》ひて褒武多《ほむた》と謂ふ。》（上古時俗、號鞆謂褒武多焉。）（応神即位前紀[43]）

B 今国樔《くずひと》、土毛献る日に、歌訖りて即ち口を撃ち仰ぎ咲ふは、蓋し上古の遺則なり。夫れ国樔は、其の為人《ひととなり》、

甚だ淳朴なり。（今国樔献土毛之日、歌訖即撃口仰咲者、蓋上古之遺則也。夫国樔者、其為人甚淳朴也。）（応神紀一九年）(44)

C　詔して曰はく、上古治むること、人民所を得て、姓名錯《たが》ふこと勿し。今朕、践祚りて、茲に四年。上下相争ひて、百姓安からず。或いは誤りて已が姓を失ふ。或いは故に高き氏を認む。其れ治むるに至らざることは、蓋し是に由りてなり。朕、不賢しと雖も、豈其の錯へるを正さざらむや。群臣、議り定めて奏せとのたまふ。（詔曰、上古之治、人民得所、姓名勿錯。今朕践祚、於茲四年矣。上下相争、百姓不安。或誤失己姓。或故認高氏。其不至於治者、蓋由是也。朕雖不賢、豈非正其錯乎。群臣議定奏之。）（允恭紀四年）(45)

D　天皇、安倍倉梯麻呂大臣・蘇我石川万侶大臣に詔して曰はく、当《まさ》に上古の聖王の跡に遵《したが》ひて、天下を治むべし。復《また》当に信を有ちて、天下を治むべしとのたまふ。（天皇詔安倍倉梯麻呂大臣・蘇我石川万侶大臣曰、当遵上古聖王之跡、而治天下。復当有信、可治天下。）（孝徳紀大化元年）(46)

E　天皇、大極殿に御して、川嶋皇子、忍壁皇子、……に詔して、帝紀及び上古の諸事を記し定めしめたまふ。大嶋、子首、親ら筆を執りて以て録す。（天皇御于大極殿、以詔川嶋皇子・忍壁皇子……、令記定帝紀及上古諸事。大嶋・子首、親執筆以録焉。）（天武紀十年）(47)

Aは、言葉の違いを説明したものであり、『古事記』の上古観と共通する上古認識である。また、この上古表記は割注に記されているので、『日本書紀』編纂時点からみた上古である。Bの記事は注記ではないが、そこに記された「今」は『日本書紀』編纂当時を指しており、Bの上古も『日本書紀』編纂時点からみた上古である。「其の為人、甚だ淳朴なり」という表現は、『古事記』序文にある「上古の時、言意並びに朴にして」という表現と通底する。この点は重要なので後にもう一度問題にしよう。また、「今」にいたるまで上古の遺則が存在するとしている点は、これまで検討してきた不可逆的な上古認識と異なっている。そして最も注目すべきは、AとBの上古には、規範性のある時代価値が認められない点である。

一方、「治むること、人民所を得て、姓名錯ふこと勿し」とするCの上古と、聖王統治の時代を指すDの上古は、AやBのそれと異なり、政治規範としての価値がある過去を意味している。またDの上古は、「聖王」表記から判断して、古代中国の事例と考えられる。CとDの上古は、いずれも天皇の詔のなかで使われている過去表現である点にも注目しておこう。

Eは日本書紀編纂の出発点をなす著名な記事であり(48)、これも天皇の詔に上古があらわれている事例である。

以上が『日本書紀』にみられる上古表記の特徴である。『古事記』同様、『日本書紀』にも中古表記が見られず、中古を前提とした上古表現は存在していない。『日本書紀』には、規範性が認められない上古と、政治規範としての価値を有する上古が混在していることがわかるが、後者の上古は、古代中国の事例を含んでいる。しかし、上古表記そのものが多いとは言えず、また前述したように、『日本書紀』では古と上古が明確には区別されていないと思われるので、『日本書紀』の過去認識を読み解くには、「古」表記にも注目しなければならない。

ここでは、政治規範としての価値をもつ上古に、古代中国の事例が含まれている点を勘案して、『日本書紀』にみられる主要な「古」記事を、古代中国の古を指す事例と、日本国内の古の事例とに分類して、検討することにしたい。まずは、中国の「古」記事を掲げる。なお、〔　〕で示した書物は、史料中の古の説明文に使われた中国の典籍名であり、すべて岩波文庫版『日本書紀』の頭注・補注に依拠している。

F　朕聞けり、古は、聖王の世には、人人、詠徳之音《ほむるこゑ》を誦《あ》げて、家毎に康哉之歌《やすらかなりといふうた》有り。今朕、億兆《おほみたから》に臨みて、茲に三年になりぬ。頌音《ほむるこゑ》聆《きこ》えず。炊烟転《いよいよ》疎なり。即ち知りぬ、五穀登らずして、百姓窮乏しからむと。（朕聞、古聖王之世、人人誦詠徳之音、毎家有康哉之歌。今朕臨億兆、於茲三年。頌音不聆。炊烟転疎。即知、五穀不登、百姓窮乏也。）（仁徳紀四年[49]）〔文選、尚書〕

G　天皇の曰はく、其れ天の君を立つるは、是百姓の為になり。然れば君は百姓を以て本とす。是を以て、古の聖王は、一人も飢ゑ寒ゆるときには、顧みて身を責む。今百姓貧しきは、朕が貧しきなり。（天皇曰、其天之立君、是為百姓。然則君以百姓為本。是以、古聖王者、一人飢寒、顧之責身。今百姓貧之、則朕貧也。）（仁徳紀七年[50]）

H　軍中に令して曰はく、夫れ勝ちても敗れむことを忘れず、安けれども必ず危きことを慮るは、古の善き教なり。（令軍曰、夫勝不忘敗、安必慮危、古之善教也。）（欽明紀二三年[51]）〔呉志、孫権伝〕

I　六に曰はく、悪を懲し善を勧むるは、古の良き典なり。……七に曰はく、……故、古の聖王、官の為に人を求めて、人の為に官を求めず。……十六に曰はく、民を使ふに時を以てするは、古の良き典なり。（六曰、懲悪勧善、古之良典。……七曰、……故古聖王、為官以求人、為人不求官。……十六曰、使民以時、古之良典。）（推古紀十二年[52]）〔左伝、尚書、荀子、論語〕

J　天皇、古の道に順考《かむが》へて、政をしたまふ。（天皇順考古道、而為政也。）（皇極即位前紀[53]）〔魏志〕

K　朕前に詔を下して曰ひしく、古の天下を治めたまひしこと、朝に善を進むる旌《はた》、誹謗の木有り。治道を通《いた》して、諫むる者を来す所以なり。皆広く下に詢《とぶら》ふ所以なり。管子に曰へらく、……（朕前下詔曰、古之治天下、朝有進善之旌、誹謗之木。所以通治道、而来諫者也。皆所以広詢于下也。管子曰、……）（孝徳紀大化二年[54]）〔舜・尭の故事〕

L　詔して曰はく、朕聞く、西土の君、其の民を戒めて曰へらく、古の葬は、高きに因りて墓とす。封《つちつ》かず樹《きう》ゑず。……といへり。廼者《このごろ》、我が民の貧しく絶《とも》しきこと、専墓を営《つく》るに由れり。（詔曰、朕聞、西土之君、戒其民曰、古之葬者、因高為墓。不封不樹。……廼者、我民貧絶、専由営墓。）（孝徳紀大化二年）(55)（魏志）

M　詔して曰はく、聖王世に出でて、天下を治むる時に、天応へて、其の祥瑞を示す。曩者、西土の君、周の成王の世と、漢の明帝の時とに、白雉爰に見ゆ。我が日本国の誉田天皇の世に、白烏宮に樔ふ。大鷦鷯帝《おほさざきのみかど》の時に、龍馬西に見ゆ。是を以て、古より今に迄《いた》るまでに、祥瑞時に見えて、有徳に応ふること、其の類多し。（詔曰、聖王出世、治天下時、天則応之、示其祥瑞。曩者、西土之君、周成王世、與漢明帝時、白雉爰見。我日本国誉田天皇之世、白烏樔宮。大鷦鷯帝之時、龍馬西見。是以、自古迄今、祥瑞時見、以応有徳、其類多矣。）（孝徳紀白雉元年）(56)

中国の古代を示すF~Mの古は、いずれも規範的価値をもつ過去としてあらわれている。この場合の古は、IとJの二例を除けば、天皇の発言のなかにあらわれた過去表現であり、規範性をもつ過去を表現した先のCとDの上古が、天皇の詔のなかで使われていたことと共通する点に注意しなければならない。また、前掲史料Dの「上古の聖王」の事例が、GやIの「古の聖王」の例となんら変わるところがないこともわかる。そして、このような古の多くは、掲示史料の末尾に（　）で表記した中国古代典籍からの引用文言を伴っていることにも注目すべきであろう。なお本書第三章「規範的歴史意識の時空」ですでに指摘したように、史料Mの古には、中国と日本の両方の事例が入っている。

次は、日本国内の古の事例を検討しよう。

N　爾より以來、世、笠蓑を著て、他人の屋の内に入ること諱《い》む。又束草を負ひて、他人の家の内に入ること諱む。此を犯すこと有る者をば、必ず解除《はらへ》を債《おほ》す。此、太古の遺法なり。（自爾以來、世諱著笠蓑、以入他人屋内。又諱負束草、以入他人家内。有犯此者、必債解除。此太古之遺法也。）（神代上[57]）

O　是を来目歌と謂ふ。今、楽府に此の歌を奏《うた》ふときには、猶手量の大きさ小ささ、及び音声の巨さ細さ有り。此古の遺式なり。（是謂来目歌。今楽府奏此歌者、猶有手量大小、及音声巨細。此古之遺式也。）（神武即位前紀[58]）

P　群卿に詔して曰はく、夫れ生に愛みし所を以て、亡者に殉《したが》はしむるは、是甚だ傷なり。其れ古の風と雖も、良からずは何ぞ従はむ。今より以後、議りて殉はしむることを止めよとのたまふ。（詔群卿曰、夫以生所愛、令殉亡者、是甚傷矣。其雖古風之、非良何従。自今以後、議之止殉。）（垂仁紀二八年[59]）

Q　吾妹《わぎもこ》、《妻《つま》を称《い》ひて妹《いも》とすることは、蓋し古の俗か。》（吾妹、《称妻為妹、蓋古之俗乎。》）（雄略即位前紀[60]）

R　天皇、遂に殊儛《たつづまひ》《殊儛を、古に立出儛《たつづのまひ》と謂ふ。立出、此をば陀豆豆《たつづ》と云ふ。儛ふ状《かたち》は、乍《ある》いは起ち乍いは居て儛ふなり。》作《し》たまふ。（天皇遂作殊儛《殊儛、古謂之立出儛。立出、此云陀豆豆。儛状者乍起乍居而儛之。》）（顕宗即位前紀[61]）

S　日鷹吉士、使に遣されて後に、女人有りて、難波の御津に居りて、哭きて曰はく、母にも兄《せ》、吾にも兄。弱草の吾が夫㤉怜といふ。《……弱草と言ふは、古に弱草を以て夫婦に喩ふるを謂ふ。故、弱草を以て夫とす。》……《……古は兄弟長幼を言はず、女は男を以て兄と称ふ。男は女を以て妹と称ふ。故、母にも兄、吾にも兄と云へらくのみといふ。》（日鷹吉士、被遣使後、有女人、居于難波御津、哭之曰、於母亦兄、於吾亦兄。弱草吾夫㤉怜矣。《……言弱草、謂古者以弱草喩夫婦。故以弱草為夫。》……《……古者不言兄弟長幼、女以男称兄。男以女称妹。故云於母亦兄、於吾亦兄耳。》）（仁賢紀六年[62]）

T　廷尉《ひとやつかさ》、其の子守石《もりし》と名瀬氷《なせひ》と《守石・名瀬氷、皆名なり。》を収《とら》へ縛りて、火の中に投れむとして、《火に投れて刑するは、蓋し古の制なり。》呪《かし》りて曰はく……（廷尉収縛其子守石與名瀬氷、《守石・名瀬氷、皆名也。》、将投火中、《投火為刑、蓋古之制也。》呪曰……）（欽明紀二三年[63]）

U　大別王《おほわけのおほきみ》と小黒吉士《おぐろのしき》とを遣して、百済国に宰《みこともち》とす。《王人《つかひ》、命を奉りて、三韓に使と為り、自ら称《なひ》ひて宰といふ。韓に宰になると言ふは、蓋し古の典か。如今《いま》は使と言ふなり。余も皆此に倣《なぞら》へ。》（遣大別王與小黒吉士、宰於百済国。《王人奉命、為使三韓、自称為宰。言宰於韓、蓋古之典乎。如今言使也。余皆倣此。》）（敏達紀六年[64]）

V　是に綾糟等、懼然《おぢかしこま》り恐懼《かしこ》みて、乃ち泊瀬《はつせ》の中流に下て、三諸岳に面《むか》ひて、水を歃《すす》りて盟ひて曰さく、臣等蝦夷、今より以後子子孫孫《うみのこのやそつづき》、《古語に生児八十綿連《うみのこのやそつづき》といふ。》清き明《あきらけ》き心を用《も》て、天闕《みかど》に事《つか》へ奉らむ。（於是、綾糟等懼然恐懼、乃下泊瀬中流、面三諸岳、歃水而盟曰、臣等蝦夷、自今以後、子々孫々、《古語云生児八十綿連。》用清明心、事奉天闕。）（敏達紀十年[65]）

W　是の時に、廐戸皇子、束髪於額《ひさごはな》して、《古の俗、年少児の年、十五六の間は、束髪於額す。十七八の間は、分けて角子《あげまき》にす。今亦然り。》軍の後に随へり。（是時、廐戸皇子、束髪於額、《古俗、年少児年、十五六間、束髪於額。十七八間、分為角子。今亦然之。》而随軍後。）（崇峻即位前紀[66]）

X　現為明神御八嶋国天皇《あきつみかみとやしまぐにしらすすめらみこと》、臣に問ひて曰はく、其れ群の臣・連及び伴造・国造の所有《たもて》る、昔在《むかし》の天皇の日に置ける子代入部、……及び其の屯倉、猶古代の如くにして、置かむや不《いな》やとのたまふ。（現為明神御八嶋国天皇、問於臣曰、其群臣連及伴造国造所有、昔在天皇日所置子代入部、……及其屯倉、猶如古代、而置以不。）（孝徳紀大化二年[67]）

Y　直広肆当摩真人智徳《ぢきくわうしたぎまのまひとちとこ》、皇祖等の騰極《ひつぎ》の次第を誄《しのびこと》奉る。礼なり。古には日嗣《ひつぎ》と云《まう》す。畢りて、大内陵に葬《はぶ》りまつる。（直広肆当摩真人智徳、奉誄皇祖等之騰極次第。礼也。古云日嗣也。畢葬于大内陵。）（持統紀二年）(68)

まず、PとXの古は、『日本書紀』編纂時点からみた古ではなく、天皇の詔や発言で使われた過去表現としてあらわれている。Pの「古の風と雖も、良からずは何ぞ従はむ」という文言を勘案すると、PやXの古には前掲Cの上古同様、なんらかの規範的価値が含まれていると思われる。

日本国内での過去を表記したN～Yの古表記のうち、PXを除いた古は、『日本書紀』編纂時点で古と判断された過去を示している。そのうち、QRSUVYの古は、前掲Aの上古と同様、言葉の違いがある過去を示している。『古事記』序文の上古と通底する言葉の違う過去を示す古が、『日本書紀』ではYの持統紀まで続いていることがわかる。

もちろん、古と今の相違点は言葉だけではない。Tは刑罰における火刑の有無についての、Wは束髪於額と呼ばれる年少児の髪型についての、古と今の違いを説明する。他人の家を訪れるときの服装の禁忌に関するNの「太古の遺法」や、久米歌の歌い方に関するOの「古の遺式」にある太古や古は、前掲Bの「上古の遺則」として表現された上古と同義と考えられる。つまり、天皇の発話に含まれる古表記を除けば、日本国内での過去を表現する古のほとんどは『日本書紀』編纂時点からみた古であり、それは前掲ABの上古と同様に、規範性が認められない時代を示していることになる。

ところで、『日本書紀』編纂時点で古と判断された過去の下限が、Yの持統紀であるということは、『日本書紀』の時代全体が古であったということになる。『古事記』の上古ないしは古の範囲が、その記述の最後になる推古没年の六二八年までだとすると、[69]『古事記』献上から八年後に奏上された『日本書紀』の判断する古の範囲は、持統から文武に譲位がなされた六九七年（持統十一年）までになる。『日本書紀』は、せいぜい二・三十年前にすぎない過去をも、古の時間に組み込んだことになる。

本書第四章「豊葦原水穂国の変換と統治理念」で述べたように、『日本書紀』の過去認識は現在（八世紀）とのつながりを重視した過去認識であり、『古事記』のそれは現在につながらないものに視点を据えた過去認識であった。[70]『古事記』と『日本書紀』の古の下限が、少なくとも七〇年ほどずれていることは、二書の古ないし上古への向き合い方が基本的に相違していることと、表裏一体の関係にあると考えられるが、このような過去認識の違いは何に由来しているのだろうか。

4 『続日本紀』の上古と中古

前項ですでに指摘したように、八世紀初頭にあいついで完成した『古事記』と『日本書紀』には、中古表記が存在していなかった。中古表記がないということは、古が二分されていないということである。ところが『続日本紀』を読むと、日本における中古表記の出現が、実は『日本書紀』奏上の時期に重なっていることがわかる。しかも『続日本紀』だけではなく、六国史全体において、中古表現がみられるのはこの時期の二つの記事のみである。まず、それを確認しよう。

a　詔して曰はく、開闢《くにひら》けしより已来、法令尚し。君臣位を定めて、運属《つ》くる所有り。中古に洎《およ》びて由《したが》ひ行ふと雖も、綱目を彰さず。降りて近江の世に至りて、弛張悉く備る。藤原朝《ふじわらのみかど》に迄《いた》りて、頗る増損有れども由ひ行ひて改むること無し。以て恒法とす。是に由りて遠祖の正典を稽《かんが》へ、列代の皇綱を考ふるに、洪緒を承け纂《つ》ぐは、此れ皇太子なり。（詔曰、開闢已来、法令尚矣。君臣定位、運有所属。洎于中古、雖由行、未彰綱目。降至近江之世、弛張悉備。迄於藤原之朝、頗有増損、由行無改。以為恒法。由是、稽遠祖之正典、考列代之皇綱、承纂洪緒、此皇太子也。）（養老三年（七一九）十月）[71]

b

太政官奏して言《もう》さく、上古淳朴にして、冬は穴、夏は巣にすむ。後の世の聖人、代ふるに宮室を以てす。亦京師有りて、帝王居と為す。万国の朝する所、是れ壮麗なるに非ずは、何を以てか徳を表さむ。その板屋草舎《くさや》は、中古の遺制にして、営み難く破れ易くして、空しく民の財を殫《つく》す。請はくは、有司に仰せて、五位已上と庶人の営に堪ふる者とをして、瓦舎《かわらや》を構へ立て、塗りて赤白と為さしめむことをとまうす。奏するに可としたまふ。（太政官奏言、上古淳朴、冬穴夏巣。後世聖人、代以宮室。亦有京師、帝王為居。万国所朝、非是壮麗、何以表徳。其板屋草舎、中古遺制、難営易破、空殫民財。請、仰有司、令五位已上及庶人堪営者構立瓦舎、塗為赤白。奏可之。）（神亀元年（七二四）十一月）[72]

史料aは、『日本書紀』が奏上される養老四年（七二〇）五月の約半年前に出された、元正天皇の詔の一節である。大宝律令の制定にいたるまでの法令制度の歴史が、開闢以来→中古→天智朝（近江の世）→文武朝（藤原朝）の時代区分で表記されている。「近江の世に至りて、弛張悉く備る」の文言から、天智朝が法文の具備した時代として画期をなすという認識が読み取れる一方で、「中古に洎びて由ひ行ふと雖も、綱目を彰さず」とあるように、ここでは中古の時代価値がいわば宙に浮いた状態になっている。上古表記はないものの、開闢以来の時代が上古に該当するのは明らかであり、開闢以来の時代（上古）と中古とで、明らかに古が二分されているのに、それぞれの古は内容的に差のない時代として描かれているのである。しかも、法令制度からみた場合ではあるが、開闢以来の時代（上古）や中古よりも、天智朝や文武朝の方が、時代的評価が高く描かれている点に注目したい。その思想的背景を教えてくれるのが次の史料bである。

史料bは『日本書紀』奏上から四年後の記事だが、日本において上古と中古が実際に史料上に併記される初見である。住居に関して、上古↓後世の聖人の時代↓中古という時期区分がされているが、聖人の時代が上古の後世となっている点と、「その板屋草舎は、中古の遺制にして、営み難く破れ易くして、空しく民の財を殫す」とあるように、中古を規範となるような時代としては想定していない点が読み取れる。ところで、新日本古典文学大系『続日本紀　二』の頭注によれば、「上古淳朴にして、冬は穴、夏は巣にすむ。後の世の聖人、代ふるに宮室を以てす。」の文章は、周易・文選・礼記の記事に拠って作成されたものであるという[73]。この点は、古代日本の上古認識の源流を考えるうえで大変重要なので、それぞれの史料にあたっておきたい。

昔者《むかし》先王未だ宮室有らず、冬は則ち営窟に居り、夏は則ち橧巣《そうそう》に居る。未だ火化《かか》有らず、草木の実、鳥獣の肉を食《くら》ひ、其の血を飲み、其の毛を茹《くら》ふ。未だ麻糸《まし》有らず、其の羽皮《うひ》を衣《き》る。後聖作《おこ》る有り、然る後に火の利を脩め、金を范し土を合せ、以て臺榭《たいしゃ》・宮室・牖戸《いうこ》を為《つく》る。（昔者先王未有宮室、冬則居営窟、夏則居橧巣。未有火化、食草木之実、鳥獣之肉、飲其血、茹其毛。未有麻糸、衣其羽皮。後聖有作、然後脩火之利、范金合土、以為臺榭・宮室・牖戸。）

これは『礼記』礼運篇の一節である[74]。「昔者先王未だ宮室有らず、冬は則ち営窟に居り、夏は則ち橧巣に居る」と「後聖作る有り」のところが、史料bの表現と似ているものの、『続日本紀』と直接の引用関係にはないと判断してよいだろう。

上古は穴居して野処す。後世の聖人これに易《か》うるに宮室をもってし、棟《むなぎ》を上にし宇《のき》を下にし、もって風雨を待つは、蓋しこれを大壮に取る。古の葬る者は、厚くこれに衣《き》するに薪をもってし、これを中野に葬り、封せず樹せず、喪期数なし。後世の聖人これに易うるに棺椁《かんかく》をもってするは、蓋しこれを大過に取る。上古は結縄《けつじょう》して治まる。後世の聖人これに易うるに書契をもってし、百官もって治め、万民もって察《あきら》かなるは、蓋しこれを夬《かい》に取る。（上古穴居而野処。後世聖人易之以宮室、上棟下宇、以待風雨、蓋取諸大壮。古之葬者、厚衣之以薪、葬之中野、不封不樹、喪期无数。後世聖人易之以棺椁、蓋取諸大過。上古結縄而治。後世聖人易之以書契、百官以治、万民以察、蓋取諸夬。）

これは『易経』繫辞下伝の一節である。[75] 史料bの「後の世の聖人、代ふるに宮室を以てす」（後世聖人、代以宮室）という特徴的な言い回しが、若干の語句の違いはあるものの、この『易経』繫辞下伝に基づいていることが明らかである。史料bにある上古文言も、この場合、繫辞下伝にならっている可能性がきわめて高いが、右の二つ目の傍線部にある古は上古と同義と考えられ、古と上古に区別はなさそうにみえる。この点は、『日本書紀』で古と上古が明確に区分されていないことと通底するだろう。一方、繫辞下伝の別の箇所に、「易の興るや、それ中古においてするか。易を作る者は、それ憂患あるか。」（易之興也、其於中古乎。作易者、其有憂患乎。）とあり[76]、また「易の興るや、それ殷の末世、周の盛徳に当るか。文王と紂との事に当るか。この故にその辞危うし。」（易之興也、其当殷之末世、周之盛徳邪。当文王與紂之事邪。是故其辞危。）ともあるので[77]、繫辞下伝全体では上古→後世の聖人の時代→中古（文王の頃）という時期区分がなされていること、形式的にいえば中古は易が成立する画期となる時代とされていることがわかる。ただし、「易を作る者は、それ憂患あるか」、「この故にその辞危うし」の表現からわかるように、この場合の中古は、暴君として名高い殷末の紂王に文王が捕らえられた故事を踏まえており、中古という時代が規範的な過去に該当するかどうかは必ずしも即断できない内容になっている。『続日本紀』史料ａｂにおける中古の使い方は、このような『易経』繫辞下伝の中古記述から大きな影響を受けていると判断してよいだろう。

式《もっ》て元始を観て、眇《はる》かに玄風を覿《み》れば、冬は穴《あなす》み夏は巣にすみし時、毛を茹《くら》い血を飲みし世、世質《すなお》に民淳《あつ》くして、斯文《しぶん》未だ作《おこ》らず。伏羲《ふっき》氏の天下に王たるに逮《およ》んで、始めて八卦を画き、書契を造りて、以て縄を結びし政に代えたり。是に由りて文籍生《な》れり。易に曰えらく、天文を観ては、以て時の変を察し、人文を観ては、以て天下を化成すといえり。文の時義遠いかな。（式観元始、眇覿玄風、冬穴夏巣之時、茹毛飲血之世、世質民淳、斯文未作。逮乎伏羲氏之王天下也、始畫八卦、造書契、以代結縄之政。由是文籍生焉。易曰、観乎天文、以察時変、観乎人文、以化成天下。文之時義遠矣哉。）

これは『文選』序文の冒頭の箇所である[78]。『文選』序文には上古の語が全く使用されておらず、ここでも「元始」という表現が使われている。先に、史料ｂの上古文言が『易経』繫辞下伝にならっていると推定したのは、この理由からである。史料ｂの「冬は穴、夏は巣にすむ」（冬穴夏巣）という表現は、明らかに『文選』序文からの引用である。ところで右の掲示箇所で特に重要なのは、人々が「冬は穴、夏は巣」に住んでいた「元始」の頃の社会状況を、「世質に民淳くして」と表現している点である。このように、はるかなる過去を素朴な時代と明記する表現は、梁の昭明太子が『文選』序文作成時に参照したと思われる『礼記』礼運篇や『易経』繫辞下伝には存在していないので、これは『文選』序文において新しく追加された「元始」の要素である可能性が高い。

さらに、右の『文選』序文では、「文」と「時」との密接な関係を示す事例として、『易経』の記述が真っ先に引かれており、『易経』が「時」を論じた書物であるという認識が『文選』序文の基礎に存在したことがわかる。

『漢書』芸文志に「易道は深し、人は三聖を更《へ》、世は三古を歴《へ》たり。」（易道深矣、人更三聖、世歴三古。）という著名な記述があり、『易経』が三聖人（伏羲・文王・孔子）によって三古（上古・中古・下古）という長い時を経て成立したことが述べられている点や、[79]『易経』繋辞下伝に「それ易は往を彰らかにして来を察す」（夫易彰往而察来）というよく知られた記事があることを踏まえると、[80]『易経』が「時」と関わり「時」を論じた書物であるという認識は、当時の日中の知識層に広く共有されていたと考えて間違いないだろう。日本最初の国史である『日本書紀』が陰陽論の影響を受けていることはよく知られているが、[81] その理由は、『易経』と「時」を関係づけるこのような当時の『易経』認識によると考えられる。

『続日本紀』史料bで太政官奏にあらわれる「上古淳朴」という認識が、『易経』繋辞下伝と『文選』序文に基づいて生み出された過去イメージである点は、以上の考察によって明らかだと思うが、本節で縷々述べてきたように、この上古認識は当時の日本の統治層に大きな影響を与えている。

まず想起されるのが、『古事記』序文での「上古の時、言・意並びに朴にして」という太安万侶の説明である。この上古観念が、『古事記』や『日本書紀』において、上古や古における言葉の違いの指摘としてあらわれている点は、前項で述べた通りである。また、当時の国樔が「土毛献る日に、歌訖りて即ち口を撃ち仰ぎ咲ふ」点を「上古の遺則」と説明し、「夫れ国樔は、其の為人、甚だ淳朴なり」と語った『日本書紀』（前掲史料B）の記事も、「上古淳朴」に相通ずる認識である。ということは前項で検討したように、『日本書紀』編纂時点で判定された日本国内の古の事例のほとんどが、『続日本紀』の史料bに記された「上古淳朴」認識に通底するものであったことになる。

このような上古認識を、ここでは淳朴型上古認識と呼ぶことにしよう。この淳朴型上古認識の特徴は、そこに規範性が全く含まれていない点である。これに対して一方では、上古や古を規範的価値をもつ過去とする認識が存在しており、前項で確認したように、この上古や古には古代中国の事例が数多く含まれている。このような上古認識を、ここでは規範型上古認識と呼んでおく。この規範型上古認識には、次のような事例も含まれる。

是に、三月廿日戊辰に、朕が住屋の承塵の帳《とばり》の裏に、天下大平の字を現すこと、灼然にして昭著《いちしる》し。斯れ乃ち、上天の祐くる所、神明の標《あらは》す所なり。遠く上古を覧、歴《あまね》く往事を検ふるに、書籍の載せぬ所、前代に聞かぬ所なり。方《まさ》に知りぬ、仏・法・僧の宝、先づ国家の大平を記し、天地の諸神、預め宗社の永固を示すことを。（於是、三月廿日戊辰、朕之住屋承塵帳裏、現天下大平之字、灼然昭著。斯乃上天所祐、神明所標。遠覧上古、歴検往事、書籍所未載、前代所未聞。方知、仏法僧宝、先記国家大平、天地諸神、預示宗社永固。）

これは、『続日本紀』天平宝字元年（七五七）四月の記事である。(82) 道祖王を廃して大炊王を皇太子とする孝謙天皇の勅の一節だが、『続日本紀』における上古の使用例は、先の史料bとこの箇所の二つのみである。「遠く上古を覧、歴く往事を検ふるに」とあるように、ここでは上古という時代が祥瑞の先例調査の対象に据えられているが、「書籍の載せぬ所、前代に聞かぬ所なり」の文言が虚飾でないとすれば、この場合、上古を調査するためにひもとかれた書籍の多くは、中国古代の典籍であったことになる。規範型上古認識が孝謙天皇の勅の基礎に存在していたことは明らかであろう。

このように奈良時代においては、淳朴型上古と規範型上古の二つの上古認識が併存していた。『古事記』は淳朴型上古認識に基づいて記述された「古」の物語であった。『古事記』が現在につながらないものに視点を据えていたのは、このためである。一方、『日本書紀』は淳朴型と規範型の両方の上古認識に依拠して作成された歴史書であった。ただし国家統治に関しては明らかに規範型上古認識を基軸にしており、これが天皇統治の場面における中国古代典籍の積極的な活用を導き、過去と現在とのつながりを重視する国史を生み出したと考えられる。

ところで、淳朴型であれ、規範型であれ、奈良時代の上古認識には、『神皇正統記』や『読史余論』の上古認識の特徴であった相対性や不可逆性がみられない。これは、『日本書紀』に中古があらわれず、『続日本紀』においても『日本書紀』奏上の時期のみに、時代価値を伴わない中古や規範的価値をもたない中古があらわれる点と、深く関係すると思われる。論理的に考えれば、上古が今に対して相対性や不可逆性をもつということは、上古が相対的であったり不可逆的であってもかまわない状況が前提にあるわけで、そのためには古が上古と中古以降に明確に二分され、上古が独占していた規範的な時代価値が中古にも分与される必要があるからである。しかも、本節1項ですでに述べたように、中古が日本固有の時空としてあらわれるのだとすれば、国家統治の場面を中心に特徴的に引き出される中国古代がもつ規範性に匹敵する価値ある時代が、日本国内に出現しなければならないだろう。今のところ、それに最もふさわしい状況は、本書第三章「規範的歴史意識の時空」で論究したように、延喜・天暦聖代観の出現とその定着であろうと私は推定している。

おわりに

それぞれの時代において、現在を説明し、今を生きぬくために自己の歴史が求められるとすれば、現在との関係で必要な過去は限定的なものとなる。それは決して太古の昔にはさかのぼらない。古代から南北朝期までの間でみれば、ある時点までの過去を現在との関係で大きく区分けする行為は、少なくとも二回あったと考えられる。その一つは、『古事記』と『日本書紀』の成立に象徴される。『古事記』は淳朴型上古認識に基づいて過去と現在を区分けしたが、一方では規範型上古認識を取り込んだ『日本書紀』も作成されており、この二つの上古認識の併存が奈良時代の特徴である。もう一つは延喜・天暦聖代観の成立である。この延喜・天暦聖代観は、その後の公家社会において上古・中古認識の基盤となっていく。

しかしいずれの場合においても、上古の空間が日本国内に収まることはなく、中国古代にまでさかのぼる歴史意識の回路が開かれていた。日本における上古認識の成立は、中国古代知の自己歴史意識への編入と、いわば表裏一体のかたちで起こっているのである。このような、他国の古代をも「古」として自己の規範的時間の一部に取り込む行為のもつ意味を、制度の模倣に力点を置く所有論的視点からではなく、社会的依存の視点から、いずれあらためて考えてみることにしたい。

(1) 玉懸博之「『神皇正統記』の歴史観」(『日本中世思想史研究』ぺりかん社、一九九八年、初出は一九六七年)。
(2) 我妻建治「『神皇正統記』における『正理』」(『神皇正統記論考』吉川弘文館、一九八一年、初出は一九七三年)。
(3) 石田一良「『愚管抄』と『神皇正統記』」(『愚管抄の研究』ぺりかん社、二〇〇〇年、初出は一九七六年)。
(4) 河内祥輔『古代政治史における天皇制の論理』(序論第二節、吉川弘文館、一九八六年)。
(5) 白山芳太郎「『神皇正統記』の歴史思想」(『北畠親房の研究』ぺりかん社、一九九一年、初出は一九八九年)。
(6) 下川玲子『北畠親房の儒学』(第四章、ぺりかん社、二〇〇一年)。
(7) 玉懸博之「『読史余論』の歴史観」(『日本思想史研究』三号、一九六九年)は手堅い論考だが、『読史余論』の上古への言及がないのは、玉懸氏が『神皇正統記』の上古と中古の区別に重要な意味を見いださなかったことと関係があるのかもしれない。
(8) 日本古典文学大系『愚管抄』(岩波書店)より引用した。丸山二郎校注『愚管抄』(岩波文庫)では、「メデタクテシカモ又ケチカクモナリケリ」の箇所が「メデタクテシカモ又ケダカクモアリケリ」となっていて、聖代の意味がよりはっきりあらわれている。

（9）河内祥輔『古代政治史における天皇制の論理』については、その全体の検討も含めて、すでに拙稿「水林・小路田報告と河内説」（小路田泰直・広瀬和雄編『王統譜』青木書店、二〇〇五年）で述べている。

（10）日本古典文学大系『神皇正統記　増鏡』（岩波書店、一二四～一二五頁）。

（11）富田正弘「室町殿と天皇」（『日本史研究』二一九号、一九八九年）。

（12）日本古典文学大系『神皇正統記　増鏡』、一七八頁。

（13）永原慶二氏はこの箇所を「だから、何ごとについても先例を考えるときは、光孝天皇の仁和年間以降のことを例とする」と現代語訳している（中公バックス『日本の名著9　慈円　北畠親房』中央公論社、一九八三年）。

（14）益田宗校注「読史余論」（日本思想大系『新井白石』岩波書店、一九七五年）。『読史余論』の引用は、以後すべてこれによる。

（15）宮崎道生『新井白石の史学と地理学』（吉川弘文館、一九八八年）に所収。この論文の初出は一九五六年で、のち宮崎道生『新井白石の研究』（吉川弘文館、一九五八年）に収められ、それが再度この著書に収録されている。この論文は宮崎氏の自信作なのであろう。

（16）『読史余論』では、中古ではなく中世と表記している。この点、後述する。

（17）村岡典嗣校訂『読史余論』岩波文庫、三一五～三一八頁。

（18）日本思想大系『新井白石』、一七九頁。

（19）同前、二八〇頁。

（20）同前、二八一頁。

（21）前掲注14に同じ。

(22) 白石は「天下の大勢一たび変じて」と記しているが、功臣が常に「兵馬の権」を司るのは鎌倉幕府の成立からであり、それは「本朝天下の大勢」の六変と「武家の代」の一変とが重なる時代である。

(23) 田中聡「『上古』の確定―紀年論争をめぐって―」(『江戸の思想』第八号、ぺりかん社、一九九八年)。なおこの論考は、明治期における「上古」の紀年論争を丁寧に論じた労作である。

(24) 日本思想大系『新井白石』、二八七頁。

(25) 同前、三七七頁。

(26) 同前、四一九頁。

(27) 同前、二八九頁。

(28) 同前、二八九頁。

(29) 同前、二一五頁。

(30) 以下の考察は、語り本系『平家物語』の時空表現に関するものである。北原保雄・小川栄一編『延慶本平家物語　本文編　上下』(勉誠社、一九九〇年)をみると、読み本系『平家物語』にも上古―末代、上代―末代表現が確認できるが、『平家物語』の諸本における時空表現の違いとその意義の考察は、今後の課題としたい。

(31) 日本古典文学大系『平家物語　上』(岩波書店、一六〇頁)。

(32) 同前、八七頁。

(33) 同前、二四四頁。

(34) 同前、一二五～一二六頁。

(35) 日本古典文学大系『平家物語　下』(岩波書店、二六二頁)。

(36) 日本古典文学大系『平家物語　上』、二〇七～二〇八頁。

(37) 北原保雄・小川栄一編『延慶本平家物語　本文編　上』、第一末「漢王ノ使ニ蘇武ヲ胡国へ被遣事」、二〇一頁。

(38) 中国故事と歴史意識との関係については、小峯和明「故事の変転」(『説話の言説』森話社、二〇〇二年、初出は二〇〇一年) 参照。
(39) 日本古典文学全集『古事記・上代歌謡』(小学館) より引用。
(40) 同前、二六二頁。
(41) 同前、三一〇頁。
(42) 坂本太郎・家永三郎・井上光貞・大野晋校注『日本書紀』(一) (岩波文庫、一六頁)。以後、『日本書紀』一—一六頁のごとく略記する。
(43) 『日本書紀』二—一九二頁。
(44) 『日本書紀』二—二〇八頁。
(45) 允恭天皇四年九月己丑条、『日本書紀』二—三一二頁。
(46) 大化元年七月戊寅条、『日本書紀』四—二四四頁。
(47) 天武天皇十年三月丙戌条、『日本書紀』五—一六八〜一七〇頁。
(48) 日本古典文学大系『日本書紀　上』(岩波書店、一九六七年) の「解説」(小島憲之氏執筆箇所) 参照。
(49) 仁徳天皇四年二月甲子条、『日本書紀』二—二三六頁。
(50) 仁徳天皇七年四月条、『日本書紀』二—二三八頁。
(51) 欽明天皇二三年七月是月条、『日本書紀』三—三三四頁。
(52) 推古天皇十二年四月戊辰条、『日本書紀』四—九八〜一〇四頁。
(53) 『日本書紀』四—一八六頁。
(54) 大化二年二月戊申条、『日本書紀』四—二六二頁。
(55) 大化二年三月甲申条、『日本書紀』四—二七六頁。

(56) 白雉元年二月甲申条、『日本書紀』四―三一二頁。
(57) 神代上第七段、『日本書紀』一―八六頁。
(58) 神武即位前紀戊午年八月己未条、『日本書紀』一―二一四頁。
(59) 垂仁天皇二八年十一月丁酉条、『日本書紀』二―四二～四四頁。
(60) 『日本書紀』三―一八頁。
(61) 『日本書紀』三―一一〇頁。
(62) 仁賢天皇六年是秋条、『日本書紀』三―一三八～一四〇頁。
(63) 欽明天皇二三年六月是月条、『日本書紀』三―三三二頁。
(64) 敏達天皇六年五月丁丑条、『日本書紀』四―一八～二〇頁。
(65) 敏達天皇十年閏二月条、『日本書紀』四―三二頁。
(66) 『日本書紀』四―六六～六八頁。
(67) 大化二年三月壬午条、『日本書紀』四―二七四頁。
(68) 持統天皇二年十一月乙丑条、『日本書紀』五―二四六頁。
(69) 周知のように、『古事記』序文はその記述範囲を「天地開闢」から「小治田御世」までと説明し、本文も推古天皇の陵墓記事で終わっている。この点について、水林彪『天皇制史論』(岩波書店、二〇〇六年、一七六～一七八頁)は、「推古に先行する敏達天皇に関する文中に、敏達の孫にあたる舒明の即位に言及する記事が存在」する事実から、「『古事記』皇統譜について、重要なことの一つは、系譜の終点が舒明天皇であったことである」と判断し、その理由を『古事記』編纂時における大化改新の同時代意識と、律令天皇制の天智系観念に求めている。しかし、敏達天皇段にある舒明に関する派生的記述を「系譜の終点」あるいは「『古事記』皇統譜の最後に位置づけられた」ものと断ずるのは、『古事記』の皇統の語り方からみて、あまりに強引すぎる理解である。実際の血統からみても、欽明の子があいついで皇位についた時代（推古朝がその最後）と、欽明の曾孫と曾孫の娘で、天智・天武の父母である舒明・皇極の時代以降を区別するのは、皇統譜的にも合理的な発想である、と私は思う。『古事記』が推古天皇を下限とするのは、「現代」を舒明王朝の時代として理解していたからである、とする金子裕之氏の研究も参考になる（「飛鳥・藤原京と平城京―七・八世紀の都と舒明王朝―」『都城制研究（1）』奈良女子大学二一世紀COEプログラム報告集一六、二〇〇七年。同「記紀と古代都城の発掘―舒明王朝論からみた古事記・日本書紀―」『日本史の方法』七号、二〇〇八年）。

(70) 神野志隆光『複数の「古代」』（講談社現代新書、二〇〇七年）。
(71) 『続日本紀』養老三年十月辛丑条（新日本古典文学大系『続日本紀　二』岩波書店）。
(72) 『続日本紀』神亀元年十一月甲子条（新日本古典文学大系『続日本紀　二』）。
(73) 前掲注71に同じ。
(74) 竹内照夫『礼記』（上）（新釈漢文大系27、明治書院、一九七一年、三三二頁）。
(75) 高田真治・後藤基巳訳『易経』（下）（岩波文庫、一五七頁）。
(76) 同前、二七四頁。
(77) 同前、二八二頁。
(78) 高橋忠彦訳『文選　上』（中国の古典23、学習研究社、一九八五年）。
(79) 『漢書』第六冊（中華書局、一七〇四頁）。『易経』については、金谷治『易の話』（講談社学術文庫、二〇〇三年、初出は一九七二年）を参照した。
(80) 高田真治・後藤基巳訳『易経』（下）、二七二頁。
(81) 神野志隆光『古事記と日本書紀』（講談社現代新書、一九九九年）。
(82) 『続日本紀』天平宝字元年四月辛巳条（新日本古典文学大系『続日本紀　三』岩波書店）。

初出一覧

序章　所有と依存の歴史学（新稿）

第一章　盧舎那仏をめぐる時間と空間（舘野和己・小路田泰直編『古代日本の構造と原理』青木書店、二〇〇八年）

第二章　中世の東大寺盧舎那仏と仏教的世界観
（原題「東大寺盧舎那仏と仏教的世界観」『日本史の方法』三号、二〇〇六年）

第三章　規範的歴史意識の時空
（原題「歴史意識の時空──文明圏・国家・地域社会──」、研究代表小野寺淳『八瀬童子の空間認識と歴史意識』平成十五・十六年度科学研究費補助金基盤研究C（1）研究報告書、二〇〇五年、を一部改稿）

報告記録　記紀の読み方──神野志隆光氏の所論によせて──（『日本史の方法』七号、二〇〇八年）
付記──水林彪氏による西谷地批判をめぐって──（新稿）

第四章　豊葦原水穂国の変換と統治理念
（原題「水穂国の変換と統治理念」『国立歴史民俗博物館研究報告』一五二集、二〇〇九年）
第五章　上古の時空（新稿）

あとがき

本書は、先に上梓した『日本中世の気候変動と土地所有』（校倉書房、二〇一二年）に続く、私の二冊目の論集である。私はかねて、研究業績は論文の数より内容が重要だと考えてきた。しかし、四半世紀以上も研究を続けながら、研究書を二冊しか出せない自分のふがいない現状には、猛省すべき点が数多ある。せめて本書が、内容を云々《うんぬん》できるレベルに達していることを願うばかりである。

「序章」の執筆には、構想から数年の年月を費やした。しかし歴史における進歩の問題に関しては、それを認識論の範囲に限定してもなお、検討すべき課題を多く積み残しており、まだ道半ばの感が強い。「序章」に対応した「終章」が本書に付いていないのはそのためでもあるが、今の私の能力ではこのあたりが限界である。どこかに頭の良くなる薬はないものだろうか。

「序章」で論究した依存論については、その全体像の提示を目指して、理論と実証の両面から、さらなる研鑽を続けていきたいと思う。だがそのためには、私にとって最も苦手で不似合いな研究分野である、歴史における文化的領域や、人間にとっての芸術の意味世界へ、足を踏み入れる必要が出てくることだろう。私の凡庸な能力では、かつて中世の気候研究に着手したときや、中村元氏の『龍樹』を理解するためにやみくもに仏教経典を読み出したときと同様、文化論の全体像をつかむための基礎研究で、また数年を要するに違いない。

しかし私の懸念は、研究に必要な準備期間の長さだけにあるのではない。周知のように日本史学界は、古代史・中世史・近世史・近現代史の分権化と、研究者の時代分属体制が構築されて久しい。さらに各時代史のなかは、研究史と呼ばれる固有の歴史意識を共有する研究者たちが、学説対立を秘めながらも、それぞれの研究分野をゆるやかに統合して後進を指導する状況にある。だから日本史学界の内部には、自分のなわばりに越境してくる他時代や他分野のよそ者に対して、条件反射的に白い目を向ける排他主義的研究者――歴史の総体には何の関心ももたない、時代史ムラや分野史ムラの番頭や住人――が、いつの間にか棲みついている。ただしそれが誰なのかは、時代や分野の越境が普段はめったに起きないため、はた目にはわからない。もし運悪く、このような質《たち》の悪い研究者のなわばりを、よそ者が踏み通ることにでもなれば、思いも掛けずひどい目にあうことになる。私自身、本書の研究を進める過程で、学外で何度かそういうよそ者の悲哀を味わってきた。しかし依存論のような、歴史の総体に関わるテーマを追究するためには、居心地の良い自分の指定席にだけ腰を据えていたのでは、およそ仕事にならない。

未踏の研究領域に飛び込むのは、だからなんとも気の重い話なのだが、一方でそれは、研究者としての自分の原点を見つめ直す良い機会にもなるし、今回は成果にいたる道筋が、灯火の向こうにほのかに垣間見える気がしている。それが幻でないことに、賭けてみる価値はあるだろう。

本書に収録した個々の論考は、奈良女子大学での講義やさまざまな研究会を通じて生み出してきた。近鉄奈良駅から至近距離にあって、東大寺や興福寺にもほど近い奈良女子大学は、教師であれ学生であれ、歴史を専攻する者には贅沢な学びの庭である。しかし私にとっては、いつでも質問に答えてくれる文学部の気さくな先学たちと、自由な発想を投げかけてくる個性あふれる学生や院生のほうが、はるかにありがたい存在である。

文学部と大学院の二〇一二年度後期の講義では、所有関係と依存関係の相違を中核に据えた話をしているが、このような抽象度の高い授業を文句も言わずに聞いてくれる、心優しい多くの優秀な学生や院生がいなければ、私の研究は少しも進展しないに違いない。加えて、文学部歴史学コースの西村さとみ氏（日本文化史担当）と小路田泰直氏（日本近代史担当）による、研究・教育両面での日々の支援がなければ、あらゆる学問の実学化が声高に叫ばれる御時世に、本書の研究を自由気ままに進めることは難しかったことだろう。

寒風吹きすさぶ大学の「喫煙場所」で凍えそうになるたびに、私は身に過ぎた人的環境のありがたさをかみしめている。

東日本大震災と東京電力福島第一原子力発電所の大事故をうけて、直近の出版計画を白紙に戻し、前書を先行出版することにしたため、本書の原稿が宙に浮いた。「序章」はまだ完成していない。さてどうしたものかと思案した末に、以前一度だけ研究室でお会いしたことのある塙書房の寺島正行氏に、厚かましくも早期出版の可否を打診してみた。今こうして本書を世に出せるのは、その時に寺島氏と塙書房が出版を快諾してくださったおかげである。末筆ながら、あらためてお礼申し上げる。

二〇一二年十二月

西谷地晴美

西谷地　晴美（にしやち　せいび）

略　歴

1959年　福島県に生まれる
1981年　埼玉大学教養学部卒業
1984年　神戸大学大学院文学研究科（修士課程）修了
1989年　神戸大学大学院文化学研究科（博士課程）単位取得退学
同　神戸大学文学部助手（任期２年）
1991年　日本学術振興会特別研究員（２年間）
1994年　博士（文学）（神戸大学）の学位取得
同　神戸大学文学部講師（留学生担当・任期付き）
1997年　奈良女子大学文学部助教授
2012年　奈良女子大学教授（文学部・大学院人間文化研究科担当）

主要業績

『日本中世の気候変動と土地所有』（校倉書房、2012年）
「災害における所有と依存」（『歴史学研究』898号、2012年）
「日本古代史に関する覚書―未開・文明・国家―」（広瀬和雄・小路田泰直編『弥生時代千年の問い』ゆまに書房、2003年）
「網野史学と古代認識―関係・所有・国家―」（小路田泰直編『網野史学の越え方』ゆまに書房、2003年）

古代《こだい》・中世《ちゅうせい》の時空《じくう》と依存《いぞん》

2013年５月10日　第１版第１刷

著　者　西谷地　晴美
発行者　白　石　タ　イ
発行所　株式会社　塙　書　房
〒113-0033　東京都文京区本郷６丁目８-16
電 話　03(3812)5821
FAX　03(3811)0617
振 替　00100-6-8782

シナノ印刷・弘伸製本

定価はカヴァーに表示してあります。落丁・乱丁本はお取替えいたします。

ISBN978-4-8273-1261-4　C3021

索　　引

I　事項名

あ行

か行

さ行

た行

な行

は行

ま行

や行

ら行

II　人名

あ行

か行

さ行

た行

な行

は行

ま行

や行

ら行

III　研究者名

あ行

か行

さ行

た行

な行

は行

ま行

や行

ら行

わ行